La Historia de Tolomea

Mi nombre:

Abilio Trujillo Martínez, me siento orgulloso de haber nacido hace 67 años en un pueblito conocido con el nombre de Campo Florido, en las inmediaciones de la playa de Guanabo, al Este de la ciudad de la Habana.

Pero bien por razones ajenas a mi voluntad hace diez años resido con toda mi familia, en la ciudad de North Bergen en el estado de New Jersey, aquí en la rivera Este del Rio Hudson, desde donde al fin y después de tantos tragos amargos, puedo contemplar a mis anchas, la bella ciudad de Nueva York. Seguidamente paso a contarles la historia de cómo, porque y dónde, nació la pujada Tolomea.

Mi novela Tolomea está basada en una historia real, es parte del sentimiento de un pueblo y en ella incluyo mi vida misma, meditando y recogiendo en mi memoria pasajes reales de mi vida, la fui desarrollando a cada instante con experiencias tomadas de aquí y de allá y aquella que comenzó a ser escrita en el año 2002 en una casita con el número 866 de la calle Infanta en la bella ciudad de la Habana, pasó a ser la que es hoy, mi bella novela Tolomea.

A mi regreso de un viaje que di a España tratando de escapar de Cuba me di a la tarea de escribir algo con respecto a mis peripecias negativas ocurridas en ese viaje, cuando después de un terrible fracaso, llena mi cabeza de nuevas ideas, traté de concebir otra forma de escapar de esa tierra, y poder dar a conocer al mundo, lo extensa y variada de la obra artística de mi segunda hija, Ariacne Trujillo Duran.

Después de otros intentos no menos infructuosos llegué por fin en el año 2005 al aeropuerto de Miami aquí en los estados unidos de América de una forma ordenada y sin dolores de cabeza.

Al llegar yo a los Estados Unidos en el 2005 la historia inicial de mi novela hubo de enriquecerse más y la misma creció con las altas y bajas que acompañaron el proceso de adaptación a este sistema, mis esfuerzos diarios no cesaron y se dirigieron en todo momento a entender mejor mi nuevo entorno político y económico, hasta que llegó el día soñado, cuando pensaba que mis esfuerzos habían sido en vano, gracias a mi amigo personal Paquito de Rivera pude conocer a la directora general de la prestigiosa editorial Printed Fine Arts de esa ciudad de Miami.

Se me ocurrió nombrar a mi novela "Tolomea", ya que consideré que Tolomeo fue un personaje muy importante de la historia, y su legado ha llegado a nuestros tiempos, por eso pensé en ese nombre, sencillamente Tolomea, es el femenino de Tolomeo, porque no, que motivo pudiera tener mi obra para que no permanezca en el tiempo como lo hiso la historia de Tolomeo y me convencí a mí mismo de que este nombre para siempre, ocuparía el titular de mi novela.

Tolomea sale a la luz en su segunda edición después de algunos años, esta vez sin peligro, con el nombre verdadero del autor y en un país completamente libre, pues en su primer lanzamiento, no tuvimos otra opción que mantener al autor real de la novela en el anonimato, y gracias a esto, logramos reunir en tierras de libertad a parte de la familia, que, a pesar del tiempo trascurrido, algunos de sus integrantes aún continuaban viviendo dentro del infierno cubano.

La segunda edición de Tolomea, ha sido escrita para que de alguna forma pase a la historia como un pequeño homenaje a todos aquellos que se han visto en situaciones parecidas, vengan de donde nos lleguen, desde Cuba, o de cualquier parte del mundo.

Tanto en su primera edición como en la segunda, la portada de este libro habla por sí misma de la cruda realidad, nos expresa gráficamente y con reveladoras señales todo su contenido, ideada en su totalidad por la señora Paulina Aly, la que no deja absolutamente nada por expresar, dos figuras en la parte superior izquierda simbolizan las realidades fijas en nuestras mentes desde que tenemos uso de razón, La libertad y la Muerte. La isla de Cuba, está cruzada por su mismo centro por una embarcación semi destruida, que separadas en dos partes resalta en su interior a todos aquellos que, utilizando sus propios medios, llegaron con éxito al final de su viaje, la otra mitad vacía totalmente, representa a todos los que no pudieron satisfacer con éxito sus planes y con sus gritos insatisfechos continúan desde cualquier parte alertando al mundo, de la real y verdadera historia de nuestra patria.

Por eso creo que lo más acertado es invitarlos a leer la última edición de mi novela Tolomea, la que podemos encontrar en el departamento de libros de Amazon.com

Y sin más les doy las gracias por su valioso tiempo y sé que les gustara leer a Tolomea pues está escrita con amor, recuerden amigos lectores. Que Tolomea los espera.

Tolomea, La historia de un pueblo
Editorial Printed Fine Arts
Preparado para la publicación por Paulina Aly
ISBN-13: **978-0615977058**
ISBN-10: **0615977057**

TOLOMEA
LA HISTORIA DE UN PUEBLO
SEGUNDA EDICIÓN
Abilio Trujillo Martínez

Prologo

La narración que les acabo de contar con respecto a mis peripecias por España, Haití y República Dominicana son una pequeña muestra de lo que se cuenta en las páginas de esta novela, donde, además, relato algunas de mis más amargas experiencias vividas posteriormente al tratar de sincronizar mi vida en el año 2005, a mi arribo definitivo a los Estados Unidos.

Mis altas y bajas con las costumbres de este país, solo son una pequeña muestra de lo que hemos sufrido, para obtener una mínima ración de libertades en el suculento banquete de la Democracia, ausente esta durante más de cincuenta años en la isla de Cuba, mis anheladas esperanzas son, poder encontrar de alguna forma un camino que nos conduzca a lograr por lo menos el simple derecho de pensar libremente, deseando para todos los cubanos donde quiera que estos estén, un mejor porvenir.

Uno de mis objetivos principales contándoles en este libro estas tristes y descabelladas vivencias, es rendirle un pequeño tributo y un merecido homenaje a todos aquellos que se han visto en iguales situaciones, peores o más sencillas que las mías, quiero que se den cuenta al llevar esta obra a sus manos, que están frente a una novela basada en una historia real, que plasma en sus páginas, con un sencillo lenguaje la historia de mi vida.

Aprovecho para que la misma, engrose también un poco más la larga lista de testimonios, los que, durante más de cincuenta y tantos años, involucran a un pueblo que ha tratado contantemente de escapar de las garras de un tirano y por el que todo un país sufre, llenos sus pechos de un miedo terrible, nacido de lo más profundo de sus cuerpos y de sus almas.

Los cubanos están actualmente separados de su gente y de sus raíces, del mundo y de su familia, unos allá y otros acá alejados por las ideas retrogradas de un solo hombre y por un pequeño trozo de mar en el que sería muy bueno recordarles, que en sus inmensas profundidades reposan los restos de miles de testigos, que con sus gritos insatisfechos muestran a toda la humanidad, lo real de esa historia, en la que se oculta muy sutilmente al mundo la verdad de nuestras vidas, pienso que he colaborado con difundir la verdad y con ella he puesto mi pequeña piedra en la construcción del gran edificio que llegado el momento ha de ponerle fin de una vez y por todas, a este terrible, absurdo y total desastre.

DEDICATORIA

Dedico esta obra a todos aquellos que en sueños creyeron y al final de la historia, según su estrella ricos o muy pobres murieron.

Sueño americano, quimérico pecado, fuente interminable de anhelos y suspiros, de bellas ilusiones y al final, resultados para muchos, negros y baldíos.

A mi hija, que, a pesar de todo el tiempo perdido, aún nos motiva y nos da esperanzas de ver realizados nuestros más preciados sueños, también a la memoria de mi padre, por su fuerza y tesón al haberme enseñado que para triunfar en la vida no se puede titubear jamás.

A mi esposa, por su amor y ternura puesta en todas nuestras decisiones

Y por último a mi madre, por su magnífico ejemplo trasmitido día a día en una aurora de completas y acertadas enseñanzas.

Jamás pensé escribir un libro

Imaginarme yo, *Abilio Jesús Trujillo Martínez*, nacido un día del frio mes de febrero en el pueblo de Campo Florido allá en la provincia de la Habana, de padres sin trascendencias literarias y para continuar esta larga historia, una persona extremadamente pobre y sin trazas de escritor, pudiese al final de sus días, escribir un libro.

Como podríamos pensar que aquél ser tan completamente profano a la lectura, tuviera escondido en lo más recóndito de su ser, la gema valiosa de la escritura, la que sin un previo aviso y sin ni siquiera pensarlo, brotara a la luz en fracciones de segundos, fluyendo directamente desde el alma como un manantial incontenible, de bellas y completas oraciones.

De un tirón y sin notarlo fui lanzado hacia el pasaje maravilloso del conjugar las letras, quizás de una forma muy singular, pero les aseguro que les descubrirá poco a poco, un nuevo y complejo contorno para señalarles con muy diferentes matices, una forma muy distinta de llegar a lo profundo de sus corazones.

Por esa razón, le doy gracias a Dios al permitir comunicarles mis experiencias y de una forma muy distinta poder tratarles muy ligeramente, pero con una fuerza espiritual incalculable, pasajes reales de mi vida, momentos que, expresados desde un plano muy humilde y sencillo en su momento, podrán persuadirlos de ideas metidas desde hace mucho tiempo en sus cabezas y que de seguro las califico muy personalmente de irreales, banales y para mi entender sin un pleno juicio.

El conocer bien el tema les permitirá llegar a la luz de una muy compleja realidad, sé que los iluminaré con una llama objetiva y que al final del camino, el conocimiento de la misma los conducirá sabiamente hacia al túnel del verdadero conocimiento.

El solo leer este libro los guiará por un sendero lógico y con su lectura, sé que accederán automáticamente a una nueva opción, podrán recapacitar y corregir con sobrado tiempo sus errores que como verán, fueron en su momento, mis propios errores y que estoy completamente seguro que después de conocerlos, no se dejarán entusiasmar por cantos de sirenas y sin equivocación, dirigirán sus vidas a una muy oportuna y sabia decisión.

Mi primer libro llamado Tolomea, editado bajo el seudónimo de Rogelio González Cuba y el que fue lanzado a la luz por la editorial *Printed Fine Arts Publishing* en Miami Florida, en el año 2010, no trató con suficiente amplitud lo que yo quería que se conociera. Me refiero en él a una parte de la Historia, historia escrita y basada en mis experiencias vividas en España, Haití y República Dominicana tratando como muchos, de obtener una solución a algunos problemas y que de alguna forma pudiera permitirme transitar por un firme sendero que me llevara a lograr un mejor porvenir para mi familia y en la que plasmo crudamente, momentos reales vividos en este periodo de mi vida.

Desde hace mucho tiempo no podía conciliar el sueño, meditaba en noches de insomnio y me preguntaba. ¿Qué pasaría cuando se develara la verdadera identidad del autor de estos libros? Cuando al paso de los años y viviendo aquí en los Estados Unidos, perduraran en el tiempo los reveces recibidos y sin apenas notarlo, llegó a mí la necesidad de continuar escribiendo mi obra.

Entonces fue cuando Tolomea resurgió de las cenizas como lo hizo la reaparición en la historia del Ave Fénix. Así reviví las ilusiones y las esperanzas de ver realizados todos mis sueños y con esta obra poder rendirle un pequeño homenaje a todos aquellos que de alguna forma continúan ligados muy estrechamente a estos hechos, pues como les dije, esta puede ser tu misma historia, o la de cualquiera que venga a este país con sus esperanzas metidas dentro de una bolsa, no solo desde Cuba, sino desde cualquier parte del mundo.

Para lograr mis propósitos tuve que aplicar a mi proceder el famoso pensamiento de nuestro apóstol José Martí, pues no encontré otra forma idónea para lograr mis objetivos, cuando nuestro apóstol en una carta se dirigió a su amigo Manuel Mercado desde el campamento Dos Ríos el día 18 de mayo del año 1895, solo apenas unos días antes de su muerte y dónde le manifiesta categóricamente a su amigo.

"En silencio ha tenido que ser, porque hay cosas que para lograrlas han de andar bien ocultas."

Y así mismo fue, ahora después de vivir tantos años entre sustos, limitaciones, falta de comunicación y todas las penurias que se les pueda a ustedes imaginar, llegó a mi corazón la paz y la tranquilidad que durante tanto tiempo esperaba.

Pensé ser rastreado y descubierto algún día como autor de esta obra y producto de ello, jamás poder pisar tierra cubana y mucho menos unir junto a mí a toda mi familia, pues después de algunos años de separación muchos de sus integrantes se encontraban aun prisioneros dentro de la pequeña isla, pero al fin gracias a mi plan y a mi obligado silencio a pesar de todas las trabas y limitaciones puestas en nuestro camino por el sistema comunista cubano, logré reunirlos de nuevo en tierra de libertad.

Tocaron al fin mis manos la esencia de la verdad y descubrí el sacrificio vivido y lo que nos puede costar el llegar a conocer lo que encierra la palabra.

Al fin libres totalmente, la sonrisa y la vida vuelve a mi cuerpo y aprovecho para ponerles a su alcance la continuación de mi obra, mi compleja y vivida Tolomea y junto a ella, mi pequeño aporte al sacrificio de un pueblo, una muestra más de la triste historia de Cuba y de este sencillo y verdadero personaje que ha vivido en un mundo real.

Ese soy yo, pero puedes ser tú o cualquiera, lo mismo puede ser él o aquél o alguien que solo por estar vivo y lleno de esperanzas, se lance también en su propia aventura para lograr algún día con su esfuerzo sacrificio y dedicación, lo más cercano a una forma de vida donde obtengamos para todos, un bello y seguro porvenir.

A través de mi vida he sido un hombre dichoso, la suerte me ha sonreído a cada instante encontrando paz siempre al doblar de la esquina. Aunque he tenido muchos tropiezos para lograr lo poco que tengo, ahora me siento un hombre libre y a la vez un ser humano completamente realizado. Dentro de mis posibilidades algo he logrado y al final del camino recorrido me siento seguro, pues después de todo mi sacrificio, actualmente vivo libre y en una completa democracia.

A pesar de condiciones bien adversas y al haberme encontrado tanto tiempo en desventajas, traté de subsistir en el único país comunista que queda en el hemisferio, durante todo este tiempo pude crecerme ante todas las dificultades, pues en más de cincuenta años, me las arreglé para resistir un régimen que se mofa, de no cometer errores y jamás le permite una pisca de libertades a nadie que manifieste ideas contrarias y estén bajo sus dominios, por lo tanto, si vives bajo sus reglas y posees otra ideología, no tienes un segundo de reposo.

He podido lograr algo a punta de lanza, creo que al final estoy en paz conmigo mismo y aunque he vivido de prisa muy de prisa, aun así, me siento un hombre extremadamente afortunado.

Tolomea

Parque de la calle Ochenta en North Bergen estado de New Jersey

Lolo..., Lolo. ¡Lolo!!! así me llama mi nieto con su carita sonriente, semblante alegre de un niño de apenas cinco años de edad, encantador fuerte y muy saludable, el que ha llegado a mi vida como un regalo de Dios después de tanto, presente bendito que un día enviado desde el cielo todos esperamos. Me encanta ver como corre detrás de los animalitos que merodean por un parque de la ciudad de North Bergen, aquí en el estado de New Jersey en los Estados Unidos de Norte América, donde hace unos cinco años resido con toda mi familia. Dios al fin después de todo me ha premiado y junto a estos bellos momentos de felicidad, he decidido detener el reloj de mi vida para tratar de organizar un poco mis ideas, claro está que entre todos mis nuevos proyectos está él no dejar inconclusa y sumida en el olvido a mi bella Tolomea.

El hecho de colmar con un irreal y no muy marcado triunfo mis ansias de libertad, no ha sido un motivo para dejar de pensar en todos aquellos que siguen allá en mi tierra, sumidos en un interminable encierro y los que esperan por un milagro que los ayude a sacar la nariz para respirar un poco de aire puro, fuera de aquel terrible infierno.

He llegado a la conclusión de que la vida en este país no es nada fácil, quien lo ha dicho de otra forma pues nos golpea el desfavorable estatus del emigrante y con él, la práctica y el aprendizaje obligatorio de otras costumbres, muy diferentes a las nuestras que junto a otro idioma, nos limitan enormemente, aquí en el exilio se trabaja, se sufre y se muda la piel como si fuéramos una lagartija, no crean que es juego de muchachos no, la vida del emigrante es muy dura donde quiera que esté, pero eso sí, les aseguro que hay otra ilusión, se vive en familia, en una verdadera democracia y con "Libertad" ese componente ideal que se necesita para que un ser humano llegue a su verdadera felicidad.

Por eso se los aseguro qué. - "La libertad vale la pena"

A partir del año 1959, fuimos condenados a vivir en nuestro país sin esperanzas, nos referimos a las que nos conducirían a logros y perspectivas de triunfos, tanto socio económicas como políticas ya que se implantó en Cuba un régimen totalitario que por más de cincuenta años, solo nos ha conducido al empobrecimiento total de todo un pueblo, llevándonos a todos de una forma segura a un profundo y cruel abismo de miserias originando para nuestra patria el hambre y una segura y completa destrucción.

Por lo tanto, para tratar de solucionar parte de este problema, podemos contar en nuestra agenda el fracaso que han tenido durante más de cincuenta años algunos grupos minúsculos en el exilio, que blandiendo una equivocada política del bloqueo americano a nuestra nación, llenaron sus bolsillos y vivieron a las anchas durante más de cinco décadas del sudor y de la desgracia del verdadero pueblo cubano, al cubano de la isla solo se le ocurrió utilizar durante todo este tiempo dos alternativas.

La primera, tratar de sincronizarse con aquel proceso tergiversador de ideas, creando así inevitablemente para su existencia una doble moral política, que por cierto, para muchos lejos de una acertada decisión fue todo lo contrario, un muy errado y equivoco fallo, pues este camino se convirtió para los que lo tomaron, un terrible y seguro sepulcro.- Lo más acertado pensé yo, tomar la segunda opción, olvidar lo poco logrado dentro de ese terrible sistema y crear las condiciones para emigrar hacia cualquier parte del mundo, que nos pudiera garantizar por lo menos, lo más mínimo que conocemos con el nombre de libertad.

Decían los mal llamados comunistas cubanos, adentrarse en la construcción de una bella y creativa sociedad, pero podemos calificar su intención, como una de las mayores y más conocidas mentiras que hemos conocido, pues las mismas solo respondieron a los caprichos e ilusiones del expansionismo unipersonal de un solo hombre, el que pisoteando y burlándose cada día más de las aspiraciones de todo un pueblo, utilizó primero las casualidades y después las coincidencias históricas, para desarrollar sus planes, agregándole además a todo este mejunje diabólico, un poco más de componentes, el miedo, la violencia y las contantes y bien elaboradas ficciones.

Con todos estos ingredientes confeccionó un platillo especial y muy difícil de digerir por los estómagos de once millones de personas, que durante años pusieron sus esperanzas en que aquella Revolución, la que en sus inicios fue bañada con la sangre de todo un pueblo, nos llevaría de una vez y por todas por un camino seguro y a la cima de una sociedad verdaderamente justa.

Que cruel realidad, que gran equivocación o quizás para decirlo de alguna otra forma que gran error para la mayoría de todos aquellos que creyeron en sus cuentos, aquella obra imaginada en tan cedible escenario, fue montada día a día, y minuto a minuto con un sincronismo maquiavélico casi exacto por un cerebro astuto digno de un increíble e inmejorable matemático, el que fue capaz de elaborar para Cuba en todo este periodo de ruina, un mecanismo casi perfecto de una completa y bien pensada destrucción.

Fidel Castro preparó y calculó muy bien aquella gigantesca obra teatral, la cual nos condujo paso a paso a tristes e irreales logros, le mintió a la opinión pública, ocultando lo burdo y falso del sistema impuesto, para así y de esta forma poder deslizarse como una serpiente con su paso de elefante, para introducirse lenta pero aplastantemente en todo el hemisferio, enarbolando taimadamente como su propia bandera, su sed incontrolable de mandato y de poder.

Estados Unidos, Nicaragua, El Salvador, Honduras Granada, Bolivia, El Congo, Haití Jamaica, Santo Domingo Angola, Venezuela por mencionar algunos de ellos, han sentido en sus propias entrañas, las amenazas totalitarias que emanan del cerebro podrido de Fidel Castro, uno de los dictadores más terribles de la historia, creador de un sistema pestilente idealista y peligrosamente destructivo, basado en el terror el blof ismo y la mentira. Por estas razones como les manifesté anteriormente, el pueblo cubano ha buscado otras alternativas, viéndose obligado desde el comienzo de este periodo vivido en nuestra preciosa isla, de dirigir su mirada hacia otras tierras o al infinito, para tratar de encontrar en él otra salida, ¿cuál? Emigrar ¿Hacia dónde? Pues como les mencione, hacia cualquier lugar del mundo que nos pueda garantizar por lo menos, lo mínimo que el ser humano después de perderlo añora. "La Libertad".

Un pequeño comentario

La sala de maternidad del Hospital Calixto García en la ciudad de la Habana se encontraba llena de pacientes aquel frio y a su vez soleado domingo del mes de febrero. Mi madre, enorme gigante que con su pequeño cuerpo se perdía en el lecho, desencadenando con su presencia un verdadero contraste en aquel lugar, entre estertores, dolores de parto gritos pujos y jadeos llegaba a este mundo una nueva vida, era increíble como aquella mujer poseedora de una complexión tan débil pudiera resistir cuatro días para dar a luz aquella hermosa criatura. Todo lo que allí ocurría era una locura, las idas y venidas de la única enfermera en aquella sala de maternidad eran por aquel entonces interminables.

Y al fin llegó la hora, después de tanto revolico aquel día del mes de febrero en el referido Hospital nací yo, Abilio Trujillo Martínez el autor de esta obra, la que le pongo en sus manos acompañada de un buen café, para su pleno goce y en un azucarado y pleno disfrute. Pues bien, continúo mi relato para ustedes y les comento en lo adelante algo de mi sencilla y modesta educación, pues decirles quiero, que desde muy pequeño la misma me llegó directamente de mis padres, como decimos muchos en Cuba, la recibí desde la misma cuna, les diré que como legítimos pichones de isleños, vino acompañada del potaje de judías con gofio que originaron sus raíces allá en la madre patria, directamente desde el arsenal de tradiciones que fueron grabadas en nuestras memorias y afianzaron en nosotros las costumbres de la vida diaria del pueblo cubano Canario, o sea, que desde pequeños recibimos los primeros toques de conocimientos llegados del pueblo isleño que nos introdujeron posteriormente, a las páginas de una natural y muy sencilla educación.

Mi anhelo de lograr el sueño americano comenzó desde una etapa temprana, cuando allá en mi barrio observaba en sus juegos a niños de la clase media, orondos todos con sus manos llenas de juguetes, los que de seguro representaban para cualquier familia pobre, el equivalente a lo máximo que se podían gastar en la compra de sus principales alimentos.

Veía con tristeza como después de unas pocas horas, aquellos juguetes tan lindos y costosos eran abandonados en cualquier rincón, destrozados casi por completo y que en un segundo pasaban de las manos de sus ricos dueños, a formar parte del sucio y apestoso contenido de cualquier latón de basura. Qué pena me causaba aquello.

Eran juguetes de todo tipo, cacharros para aquellos niños ricos, pero que, en nuestras manos, calmarían el ansia de juego de cualquier niño pobre, juguetes que, aunque ya rotos, en un abrir y cerrar de ojos se convertían para nosotros en un seguro motivo de alegría. Mi niñez transcurrió feliz, aunque jamás abandoné la idea de que algún día, la vida para todos los pobres del mundo mejoraría y sería completamente diferente.

Dios o alguien se apiadarían de nosotros, dándole un vuelco a nuestra existencia, dejando de favorecer tantas riquezas y de algún modo, nos revelaría la fórmula mágica para llenarnos de alegría y de esperanzas, permitiendo que nuestros niños lleguen a tener en algún momento de sus vidas, algún juguete entre sus manos y puedan calzar cuando más lo necesiten, un par de zapatos nuevos. Aunque por aquella época jamás me acosté con el estómago vacío, les aseguro que viví con cientos de necesidades, mis padres se reventaban diariamente trabajando y malamente podían conseguir con el fruto de su trabajo para darnos a mi hermana y a mí, el vaso de leche y el acostumbrado plato de arroz con frijoles negros que tanto necesitamos.

Pasó el tiempo y mi niñez se hacía mucho más difícil combinaba la escuela con la venta en las calles de mi pueblo de aguacates, limones, flanes y duro frio, productos obtenidos en gestiones propias que se hacían en fincas de los alrededores y otros confeccionados por las diestras manos de mi madre, que al efectuar yo su venta diaria, ayudaba de esta forma a permanecer a flote nuestra familia en el mar de aquella desigual y convulsa República. Sabemos que hambre y la necesidad viajan siempre juntas, pero así y todo al final del diario recorrido y muy cansado mis pies, después de sudar con sangre el sustento diario, mi espíritu de niño pobre, dirigía mi cuerpo al juego callejero.

Me convertí en un payaso triste, pues, aunque con mi alegre sonrisa dibujada siempre en mi rostro simulaba mi tristeza, trataba con mis payasadas de hacer reír a todos, ocultaba en mi semblante la mueca cruel de la pobreza y detrás de aquella eterna mascara, se escondían mis grandes dolores.

La historia continua allá en el barrio de Cachito el aguador en una barriada pobre de mi querido y bello pueblo de Campo Florido. Increíble lo claro que están estos recuerdos en mi mente y aunque la gota de agua haya abierto un agujero con el tiempo en la dura piedra, siento momentos de mi pasado como si los estuviera viviendo actualmente, perfectamente tengo ante mí las peripecias en nuestros juegos, junto a mis queridos e inseparables amigos, "Basilito Corona, Pepe Fano y Enriquito el negro, Papito el de Amadeo y Justo el sordo. Cómplices todos en mi locas y descabelladas travesuras.

Desde muy pequeño siempre caminé por el centro de la calle, aunque muy triste por no tener acceso a lo que otros, de abundancia se podrían. Nunca envidie a nadie y lejos de retorcerme entre sentimientos insanos, como lo son el odio y la envidia, me reía de todo, era un niño que aparentaba alegría dentro de mi pobreza y me sentía el rey del barrio, quien podía dudarlo, *era el rey del barrio*, de mi barrio y con mi tirapiedras siempre listo para romper cabezas, le disparaba lo mismo un seboruco al parabrisas de un carro, como a la bombilla indiscreta, que perturbara el beso de cualquier pareja de enamorados en la oscuridad de la noche. Mis ropas, aunque muy pobres siempre estaban relucientes, mi madre con mucho amor las mantenía bien limpias y remendadas, el conjunto de todo junto a mis ampollados pies descalzos, no dejaba nada fuera del paisaje rescatando del medio su característico contraste, mis pies, aunque descalzos y bien adoloridos, jamás se detuvieron un segundo en su andar por conocer algo nuevo, todo lo que fuera referente a lo que encerrara aquella pobre pero feliz vida. Me movía de un lugar a otro, no podía estarme tranquilo pasaba horas enteras jugando en casa de mis amigos y después de cierto tiempo, me dirigía al parque donde me reunía con otros que, no eran tan buenos amigos. Retozando en aquel viejo y silencioso parque saltaba entre sus bancos de granito y su bella glorieta al Centro, testigos estos de tantos amores, de tantas ilusiones y también de nuestros buenos empujones, del juego al agarrado o de hacer bailar el trompo, nunca estábamos aburridos pues también fabricábamos pelotas de tiritas del cartón, sacadas de las cajetillas vacías de cigarrillos, Partagas, Competidora Gaditana Regalías el Cuño.- Marcas que se hicieron reconocidas por aquellos tiempos y bien aparentes para fabricar nuestras mejores pelotas para nuestros juegos.

Recuerdo también los proyectiles de alambre lanzados con ligas colocadas entre los dedos o aquellos fabricados del más duro cartón que podíamos conseguir. Pero, aunque pobres, que felices éramos en aquellos tiempos.

Recuerdo nuestras escapadas al río, pues en nuestras casas no había el dinero para comprar el jabón para el baño diario, allí aprovechábamos y entre todos, mientras nos bañábamos solamente con agua y en cueros, nos enseñábamos a nadar unos a los otros. Éramos muy felices, en realidad una verdadera familia, nos respetábamos y cuidábamos y en muy pocas ocasiones, tuvimos accidentes que lamentar. Increíble y después de estas travesuras estar completos, no nos faltaba siquiera, aunque no lo crean, ni el pedacito más pequeño e insignificante de una de nuestras uñas. De verdad existe un Dios o el Ángel de nuestra guarda, porque no sé cómo pudimos llegar completos a la mayoría de edad, pero qué vida más sana, que mente más limpia, no existía para nada la maldad ni los malos pensamientos hacia nadie como los que nos invaden hoy en día.

Una vez, nos juntamos para casar tres amigos inseparables sus nombres no importan mucho, pero como estoy escribiendo un libro con historias verdaderas, con mucho gusto los voy a mencionar. Eduardo, más conocido por todos como el mosquito, poseía una escopeta de pellet, y Nail Figueroa otra igual. Todo comenzó cuando permanecíamos debajo de una arboleda de mangos en una finca perteneciente a un señor llamado Emilito Delgado. Eduardo y yo le disparábamos a unas palomas posadas en unas ramas y sentimos desde la distancia como nos pasaban muy de cerca, los proyectiles pertenecientes a los disparos que presuntamente escondido detrás de una palma real, nos hacia Nail, el que se recreaba a carcajadas, practicando con nosotros su mala puntería. Ahí mismo me convertí en mi propio defensor y sin pensar lo que hacía, me eché el arma al hombro y a una distancia abismal de un solo disparo, le metí un pellet en un ojo. Nail adolorido lleno de miedo, pero con una suerte increíble, cayó de espaldas gritando y revolcándose en el suelo lanzando patadas al aire y poniéndose la mano en la cara, gritaba como un loco a los cuatro vientos por su ojo, arrebatado del dolor llena de sangre su cara, Nail parecía haber perdido de seguro por completo su ojo.

En ese instante se formó el rollo y salimos corriendo en direcciones contrarias, yo a esconderme de mi pésima acción y Nail directo hacia la casa de socorros. Permanecí en el bohío abandonado de una finca escondido y sin comer por varios días, hasta que el hambre y la sed me hicieron salir de mi improvisado escondite y en el camino de retorno a mi casa la sangre me volvió al cuerpo al conocer por algunos comentarios, que a mi amigo solo le pusieron una venda dejándole de por vida y para un amargo recuerdo, el pellet de mi escopeta, encajado en lo profundo de la cuenca de su ojo. Los días pasaron y todos me buscaban para partirme la crisma, Robertico su hermano más conocido por fortaleza. Ya se podrán ustedes imaginar el porqué de tal apodo, Delia Aguiar la madre. Si me cogía me asaba vivo, en fin, hasta el mismísimo gato de los Aguiales me quería bajo sus garras, pero como dije en el comienzo de mi libro, he sido una gente con mucha suerte y le doy gracias a Dios por ello, pues con el pasar de los días y el poco daño infringido, lo sucedido solo nos condujo a un gran susto y el tiempo lo llevó todo al olvido, dejando el hecho como una travesura más, en las locas historias de tres buenos amigos.

Aquella Academia Mariana

Mi madre reventaba de tanto trabajar, lavaba bultos de ropa y cocinaba cantinas de almuerzo para ser vendidas en la calle, ganando con este trabajo apenas unos reales y con ellos malamente lograba reunir el pago de los dos pesos, que al mes costaba aquella escuela Mariana, escuela que tanto odiaba por existir en ella aquel insoportable pero formidable maestro, nombrado Tomas Muñoz, el que con mano dura y a puros gaznatones, trató de abundar en mi actual y modesta educación. Después de realizar malamente mis deberes en la escuela y de recibir unos cuantos empujones y puñetazos del maestro, entre gritos y empellones era llevado en la sesión de la tarde y casi a rastro al comedor de su casa. Allí sin haber injerido ni siquiera el más mínimo de alimentos y sentado en su mesa de comedor, veía como pasaban las horas, entre libretas tras libretas que eran rotas por aquel maestro en mi cara, pasaba el tiempo y después de agotadoras tentativas para corregir mi pésima ortografía, me enviaba a mi casa completamente frustrado, pues quiero decirles que jamás en aquella escuela conocida como Academia Mariana, pudieron obtener de mí, una buena disciplina y mucho menos, una regular ortografía.

También recuerdo con mucho amor aquella buena maestra llamada Marta, su esposa, que muy poco le faltó para meterme debajo de su saya, cuando yo irrumpía muy asustado en su vecina clase, buscaba en ella el amparo de aquella furia que ella esquivaba con sus propias manos, evitando como un escudo las trompadas que al azar me lanzaba aquél maestro y que, en más de una ocasión, me salvo de una segura paliza.

Después de la intervención de las escuelas particulares allá por los finales del año 1960, matriculé mi sexto grado en la escuela pública #1 de Campo Florido.

Recuerdo a aquella magnifica conserje nombrada Rita Laria caminando trabajosamente con su gordura a cuesta y haciendo sonar su enorme y ruidosa campana, la que con su estridente sonido avisaba los cambios de turno, en aquella nueva y bella escuela de mi pueblo. Viene a mi mente el recuerdo de las clases que recibí de otra abnegada maestra, Constantina Suarez, conocida con el sobrenombre de Tinita.

En mi educación pude contar con muy buenos maestros insuperables en su profesión, desde el kínder hasta mi Secundaria Básica, recuerdo aquella maestra de educación física Carmen Luisa Moros, también a Dulce María Artiles mi profesora de Matemáticas, Hilda profesora de la clase de Historia, Isabel más conocida con el sobrenombre de la bizca, Rafael Galanos, excelentísimo director de la escuela y profesor de física, los que me acompañaron en mis estudios al llegar a la Secundaria Básica Amador López Mosquera, en la vecina playa de

Guanabo. Me traslado de nuevo a mis recuerdos, jamás desde pequeño como les mencioné anteriormente me separé de mi tirapiedras, él que viajaba conmigo a todas partes escondido a medias en el bolsillo trasero de mis remendados pantalones arma letal en mis manos, cargada y siempre lista para ser usada en cualquier momento. Desde muy niño me especialicé en el arte de tirar piedras bolas calderillas y todo tipo de proyectiles, estas últimas corresponden a pedacitos de metal obtenidos de la ruptura a martillazos de calderas viejas de hierro colado y como decimos donde yo ponía el ojo, ahí mismo ponía el seboruco.

Recuerdo haber apuntado en mi libro de record personales varias travesuras, una de las más desfavorables para mí y que después de pasar años, siento con gran tristeza, la cometida con apenas seis años de edad y fue el mandarle al otro mundo de una certera pedrada propinada en plena nariz, al enorme y bien cuidado gato de mi buena vecina Fefa, también no olvido que incursioné en la construcción de trampas, casillas para capturar palomas, codornices y tojosas, de jaulas tramperas para cazar tomeguines y azulejos, de empinar el papalote en el cuadro de pelota y en la loma del tanque del agua y de hacer girar el trompo por las calles de mi pueblo como nadie por allí lo hacía. Muy ligero en el Maniwiki, creo que mejor debiéramos llamarlo arrebato o robo de bolas de cristal o canicas al descuido, para que me entiendan y poder yo explicarles mucho mejor la forma de irrumpir sin permiso en el cerco redondo marcado en el suelo lleno con bolas de cristal, le llamábamos role y donde un grupo de niños más o menos de mi edad, jugaban muy entretenidos. Cuando yo llegaba con mi rápida e inesperada acción dejaba con la boca abierta y llenos de sorpresa a todos, me abalanzaba al suelo con mis dos manos abiertas y trataba de llenarlas con la mayor cantidad posible de bolas, corría en dirección contraria escapando de los presentes y gritando con todas mis fuerzas a voz en cuello "Maniwiki" claro que nunca tomé en cuenta el ajuste que me darían si lograban alcanzarme en mi rápida huida, me alejaba de allí como un bólido, seguido en mi carrera a veces muy de cerca por alguno que otro niño que al verse robado en pleno juego, se atrevía con ira a perseguirme con un leño entre sus manos, tratando de alguna forma de obstaculizar la inesperada acción que yo además combinaba con el repiqueteo de mis talones descalzos, formando el sonido característico que hacían junto aquellas canicas ajenas, seguras todas ya en mis repletos y atestados bolsillos.

Mi vida de niño travieso transcurrió de forma rápida, muy inestable como lo fue también toda mi vida, siempre en busca de sacar de mis adentros toda la adrenalina que allí se encontraba y que a cada instante saltaba como un volcán en plena erupción desde lo más profundo de mi alma.

Lo mismo me lanzaba desde la baranda de un puente hacia las peligrosas aguas de un rio crecido, como con siete años más o menos apostaba con qué rapidez sería capaz, de pasarle por delante y ganarle con mi carrera en la marcha a un tren.

No me importaba dejar a mi madre media loca y pataleando con un ataque de pánico tirada a la larga en el suelo del portal de mi casa, atacada de los nervios por no poder evitar que su hijito querido, se lanzara irremediablemente delante de aquella mole de hierro, sentía al realizar este hecho una satisfacción que en mi quedaba, después de haber cometido aquella barbaridad.

Que memoria la mía, esto pasaba cuando tenía apenas la corta edad de seis o siete años, al paso del tiempo y cuando llegaba ya a los diez, junto a un grupo de muchachos de mi edad, nos trasladábamos a la finca "El Cerezo" para hartábamos allí las panzas, con los cotizados y sabrosísimos mangos manzanos de aquella finca. Me acuerdo del viejo Tano, incansable centinela de aquellos exquisitos mangos, al que siempre burlábamos a pesar de sus fieros perros y su vieja escopeta calibre dieciséis, siempre montada y lista para dispararnos al hombro.

Entre Pito y Flauta

Entre saltos de suiza y piedras al aire, tomábamos el camino al matadero para soltar de los corrales los toros que allí se encontraban y que al día siguiente, serían sacrificados para abastecer las carnicerías del pueblo, con gritos y algarabía formábamos nuestra función, experimentábamos la extrema sensación que producía el haber desatado una estampida de animales bien ardientes, bien untados con Misifuru en las verijas y que volaban a una velocidad vertiginosa por el centro del pueblo, irrumpiendo como locos bólidos sin ningún control, en la escena de aquella función gratuita.

Continuábamos por las calles con aquel espectáculo, con nuestros chiflidos codos y rodillas ensangrentadas, sin importarnos soltar la poca piel que en nuestros cuerpos nos quedara, disfrutando el ser lanzados una y otra vez al suelo desde el lomo de aquellas bestias, sentíamos el dolor en nuestros cuerpos, pero no nos importaba, chocábamos de plano contra los adoquines del suelo. Pero señores, era indiscutible y nuestro sentimiento de júbilo era incalculable. Pues en realidad éramos tan felices en aquellas empedradas y duras calles de mi pueblo.

Mi espíritu aventurero no se detenía ni un instante, entre pedradas al chino naranjero, condenado y castigado por mí por venderles naranjas podridas a mi madre, acompañadas con algunas travesuras por aquí y pequeñas diabluras por allá, me llevaron también a sortear difíciles instantes en mi niñez y también porque no, en mi apresurada adolescencia. Romperle de una pedrada la cabeza a otro muchacho o destrozar una que otra bombilla de cristal, motivaban semanalmente mi acostumbrado encuentro con la guardia rural. Cargando agua y barriendo cagajones de caballo en un aleccionador castigo, terminaba mi semana y ya muy entrada la noche, concluía el escarmiento impuesto por aquel viejo Sargento de mi pueblo apellidado Mijan, el que, sin discusión alguna, su castigo se hacía sentir.

Mijan, cocinero del cuartel de la guardia rural de mi pueblo y muy amigo de mi padre, todos los fines de semana me metía preso, obligándome a limpiar las caballerizas del cuartel de la guardia rural, así trataba de educarme y de esta forma poder evitar que, aunque fuera un niño, ir a parar en una de mis diabluras al tenebroso reformatorio para menores, llamado Torrens. Claro está que lo cortés no quita lo valiente, respetaba a las personas mayores y temía siempre el momento en que me reconocieran y me preguntaran ¿Oye yo creo que tú eres el hijo de Mario? Se lo voy a decir a tu papa. Ayyyyyyyyyyy mi madre!!!!, hasta ahí llegaba mi travesura, temblaba como una hoja de plátano movida al viento, solo al pensar en la surra que me daría mi padre al enterarse de las nuevas quejas, en que lo había metido el carácter tempestuoso, de su incontrolable hijo.

Mi inquietud no paraba y me llevó a buscar la oportunidad de destacarme en una de aquellas fiestas de mi pueblo llamadas rodeos, festejos dirigidos por aquel famoso torero de aquellos arrabales, conocido con el sobrenombre de Perejil, al que recuerdo perfectamente vestido con su traje verde y su capote negro lanzado al descuido a su espalda, empuñando su espada como un indomable guerrero en aquel enorme cerco de tierra, espada lista y con su punta bien afilada, para ser clavada en el duro pellejo del desafortunado toro. Perejil, al que yo un niño con cuerpo de hombre de apenas doce años, pude convencer para que me dejara subir en el lomo de uno de aquellos bravos toros y en la modalidad de capó acompañar a Juan de la Rosa, un experimentado y cojonudo jinete de monta presente siempre en estas fiestas llamadas rodeo, eventos conocidos como los únicos festejos en aquel lugar, donde ni siquiera por aquellos tiempos, la luz eléctrica se conocía.

Monta de toro

Como me hubiera gustado estar reconocido entre aquellas figuras del rodeo de aquella época, personajes como Abilio Ávila el mejor enlazador de terneros de aquellos tiempos y aquel que le llamábamos Coto y de Orlando Monroy, todos vestidos como dandi, siempre con su hermoso sombrero alón de paño negro y sus impecables pantalones de montar, pero aunque ha pasado mucho el tiempo aún me siento muy apenado, pues me cuesta mucho el contarles de mi revés y el momento más difícil que viví en este género.

Les cuento el gran susto que pasé cuando ese día al montarme en aquel toro, me di cuenta de la gran estupidez en que me había metido, los nervios me traicionaron al verme encima de aquella bestia, el susto me dio por cerrar las piernas y apretarme como un chicle contra la panza del animal, con las uñas casi trocé la soga que me sostenía apenas con una mano y agarrándome como podía, traté de simular la extrema situación en que me encontraba agitando cómicamente un pañuelo de colores al aire, cuando me di cuenta de la realidad del problema, con los dientes hice presa en el lomo de la bestia y llenando por completo mi boca de pelo, acompañé la mordida con el apestoso cebo del animal y fue cuando hice gala en ese mismo momento de aquel sabio proverbio callejero que dice.-

Y el tipo, se agarró hasta con los dientes.

Los minutos para mí no pasaban y yo no podía ni pensar como bajarme de aquel toro, el animal no paraba de dar saltos en redondo en toda aquella pista y tristemente sentía mi orine correr y mis pantalones se tornaban húmedos mezclando además en él, mis sudores, baba, mierda gritos y temblores desesperado y mirando a todos lados no veía venir por ninguna parte la ayuda que tanto necesitaba y que a Dios con ansias desde que me subí en aquel toro pedí para bajarme con vida de aquél animal, una y mil veces me arrepentí de estar allí y entonces fue cuando recapacité, en ese momento pensé en mi vida pasada y en las locuras que había cometido hasta ese mismo instante y me prometí, hasta aquí llegarían todas mis travesuras, si logro bajarme con vida de este animal, juro que me tranquilizo para siempre y me retiro de toda esta mierda.

Pensé en miles de cosas en un segundo, en mi madre, en mi padre, en mi pequeña hermana, en mi gato, mi perro en mi vida y en lo joven que era para morir aplastado por aquella locomotora viviente y al fin juré paz, juré no verme montado de nuevo en el lomo de una de aquellas bolas de pelos, juré dejar a un lado lo de loco y lo de ciego y me hice un firme propósito que, si salía con vida de aquella contienda, me quedaría un buen rato tranquilo y sin joder más a esta tierra.

Lo increíble fue que aquel animal por mucho que su cuerpo sacudió, de mí nunca se desprendió y yo después de tanto esfuerzo y con mis piernas completamente sin fuerzas, lleno de pánico entre sofoca y sofoca, buscaba en el cielo todo el aire que me faltaba, pensé que allí mismo mi vida terminaría y cuando de cansancio agotador casi mi vida creía se extinguía apareció de la nada una mano amiga.

La esperanza de poder terminar de una vez con aquel mal escogido momento asomaba y desde un bello y brioso caballo me llegaba la ayuda que a gritos desde lo profundo de mi garganta hacia un buen rato que pedía, era precisamente perejil que interrumpió su labor taurina al verme en la payasada en que me había metido, Perejil se dio cuenta de lo ineficiente y estúpida de mi actuación y con su experiencia en este negocio de un salto montó en su caballo para evitar con su oportuna intervención, que me sucediera una desgracia mayor, así y de esta forma acudió Perejil para tratar de salvar mi pellejo, pues ya por la portada y también entrando al ruedo, asomaba mi padre con una soga doblada al hombro, para con ella sacarme del lomo, la poca piel que me quedara, si al final de todo aquello con suerte el toro me dejara, con alguna de mis ya acabadas siete vidas.

Mi Espíritu Aventurero

Así fue pasando el tiempo y mis deseos de conocer y de vivir nuevas aventuras me llevaron a integrar la organización juvenil que llamaron por aquella época, los Jóvenes Rebeldes.- Organización que comenzó por los años 1960 por mandato del Che Guevara y su jefe inmediato fue el comandante de la Revolución Comandante Joel Iglesias y en la que ingresé con solo trece años de edad, también participaba en actividades adjuntas de la logia Hijos de Cuba # 36 de la gran orden de Orfelos de mi pueblo, en fin que como les decía anteriormente no me podía estar ni un segundo tranquilo.

Entonces no bastó todo aquello y para agregar algo más a mi vida, me alisté como alfabetizador en las columnas Conrado Benítez para enseñar a leer a los campesinos de las montañas del Escambray zona por aquel entonces, repletas de alzados que luchaban en contra de todo lo que oliera a comunista.

Al final de todo por mi corta edad no me dejaron alfabetizar fuera de mi pueblo y me quedé varado como una goleta con las velas rotas sin apenas comenzar mi viaje integrando una brigada de alfabetizadores locales, haciendo guardias en aquellas noches frías, marchando por las calles horas tras horas gritando uno dos tres cuatro y siguiendo a vos en cuello con el estribillo, comiendo mierda y rompiendo zapatos.- Jamás pensé cual equivocado estaba y cuánto me costaría el haberme metido dentro de aquellos para mí, tan costosos y apretados zapatos que al final, un día, me quitaría de mis pies para siempre, al percatarme que solo servían para defender a un dictador y gastar el duro asfalto de las calles de mi pueblo. Alfabetizando en la zona pasé buen tiempo, donde experimenté un sentimiento que jamás olvidaré y una de las alegrías más grandes de mi vida, enseñar a leer a mi primer alumno, mi propio padre.- Después siguieron otros como Jesús el escobero, los viejos vecinos de Rancho Grande campesinos residentes en una finca a las afueras de Campo Florido y según recuerdo llegando a la suma en su totalidad de unas veinte personas las que por mí cuenta al final de aquella contienda enseñé a leer.- Esta etapa de mi vida fue decisiva para mí, pues aquí comprendí lo útil del saber y lo triste que es el estar sumido en la ignorancia. Mi padre al igual que muchos jamás tuvieron la oportunidad de ir a la escuela, pues de ellos dependía el sustento de su familia, en aquel tiempo o se estudiaba o se trabajaba y el escogió trabajar.

Era mi padre, el hijo más pequeño de un estudiante para curas en la ciudad de La Laguna en la lejana Santa Cruz de Tenerife, allá en Las Islas Canarias, el que había llegado a Cuba por los años 1898 en pleno apogeo de la guerra cubana de independencia contra la Corona Española.

Domingo Trujillo, mi abuelo natural de la ciudad de la Laguna en Santa Cruz de Tenerife, jamás pensó viajar a una tierra tan lejana, hijo de Carmen García y de Diego Trujillo siempre fue un niño muy estudioso llegando a cursar por aquel tiempo saberes de preparatoria para ingresar en la carrera de sacerdocio en su tierra natal, pasó el tiempo y producto de un amor de aquella época acompañado de un pequeño desliz en su ciudad natal, lo empañó todo, siendo el motivo principal para hacerlo tomar el rápido e inesperado viaje que lo alejaría de su patria para toda la vida, esta realidad lo obligó a alistarse en una escuadra de fusileros de la real fuerza española, escapando raudo y veloz de España en el famoso vapor Marques de Comilla y viviendo todo lo que le quedó de vida, en la lejana tierra cubana.

Al llegar a Cuba participó en algunas escaramuzas pero en la que más se destacó, fue en la de capellán de toda aquella tropa Domingo impartió servicios religiosos a todo el regimiento de fusileros al que pertenecía y al terminar la guerra conoció a María Rosales Bernal, una campesina del pueblo de Alacranes en la provincia de Matanzas, contrayendo juntos allá por el año 1899 matrimonio en el pueblo de Regla, dándole a esta tierra con este enlace el bello fruto de 16 hijos, Domingo el primero y Mario mi padre el ultimo, entre ellos, le seguían Susa Conchita, Clara, Josefina, Ramón, Andrés, Guillermo, Cipriano, y otros más, llegando a la suma anteriormente comentada de dieciséis Domingo como hombre instruido se pasaba casi todo el tiempo cabalgando aquella zona y su principal objetivo era enseñar a leer, daba clases de aquí para allá y no fueron pocos los que por aquella zona conocieron de sus atributos como maestro, claro está, que esto lo llevaba a estar largas jornadas ausente de su casa y como dice el dicho.- En casa del herrero cuchillo de palo muy pocos de sus hijos llegaron a conocer las virtudes de la lectura, ese fue el motivo que en plena campaña de alfabetización, mi padre fuera uno de aquellos que todavía en aquel tiempo, estaba sumergido en un analfabetismo casi total. Yo tuve la suerte de vivir y crecer en una época distinta muy rica en conocimientos y solo para tener acceso a ellos tenías que tomar un libro, abrirlo y comenzar a leer, el estudio era gratis y además obligatorio, nací en pleno capitalismo pero cuando triunfo la Revolución en Cuba, apenas tenía once años y aproveché el tiempo y lo que las oportunidades y los acontecimientos pusieron ante mí, esta fue la razón que hizo posible que aunque nacido pobre, tuviera la posibilidad de participar en actividades tan costosas en otras épocas, el judo en el que llegué a ser campeón nacional en la categoría de quince años, la defensa personal y el karate, el tiro, la caza deportiva, la natación, géneros que fueron también en algunos momentos, motivo del bien emplear mi tiempo libre, actividades que combinaba también con la pesca submarina, en la que desde los doce años practicaba de distintas maneras agenciándomelas para engañar a mi madre, haciéndole creer que en el momento de estar pescando, recibía clases de física impartidas por aquel tremendo y muy capacitado profesor nombrado Rafael Galano, en la Secundaria Básica Amador López Mosquera de la playa de Guanabo.

Así fue pasando el tiempo y comencé a preocuparme por mi futuro, ya era hora, me faltaban apenas unos meses para cumplir los quince años y en uno de los viajes acompañando a mi padre al lugar donde laboraba con su pequeño camión, pude hacer amistad con un mecánico de maquinarias graduado con honores en la Unión Soviética, el que se nombraba Jorge Luis Coy, el mismo fue el que después de mucho tiempo se percató de mi esmerada atención a su trabajo y que había permanecido paralizado detrás de su máquina varias semanas sin abrir ni siquiera la boca para tomar agua, observando con detenimiento todos los pormenores referente a su empleo, parecía que había encontrado mi futuro, acababa de hallar mi verdadero amor, la mecánica de maquinarias y con ella, la rectificación de cigüeñales.- Por esa época se buscaba por el estado cubano incorporar a jóvenes para ingresar en algunos planes de enseñanza y que se interesaran por estudiar y al ver mi atención puesta a su trabajo el mismo Coy aceptó muy complaciente ser mi futuro maestro.

El tiempo pasó y en menos de dos meses ya trabajaba como un experimentado operario en todas aquellas nuevas maquinarias, peligrosísimas, por cierto, convirtiéndome en los siguientes meses en un técnico calificado, especialista en máquinas rectificadoras en general y más adelante, en el jefe más joven de toda aquella gente.   En esta actividad estuve trabajando hasta el año 1966 etapa que marcó en mi vida un ciclo muy decisivo en mi formación como trabajador y comenzando en ese mismo instante mi verdadera etapa laboral. - Allí aprendí a comportarme como un adulto y solo con apenas quince años de edad conocí gente buena que me ayudó mucho, sirviéndome de maestros en mis ansias de aprenderlo todo. El mulato Zamora Andrés de la Rosa, el negro Wilson jefe de motores Castillo el controlador de calidad y a Elio Acosta a quien le debo también el aprendizaje de toda la técnica de rectificación en general, a Juan el jabado y, en fin, a mis compañeros de trabajo, convirtiéndose con el tiempo en mis mejores amigos. Mi vida como ven ya era bastante asentada en aquella época, el trabajo en la Planta de Reparaciones de Vehículos Soviéticos situada en, Línea de Ferrocarril y Vía Blanca, había convertido aquel muchacho medio loco lleno de inquietudes y adicto a las aventuras, en una persona asentada y con tremenda mesura, meditador, responsable y con un muy buen concepto del pleno juicio. Pero como dice un proverbio nada se obtiene sin sustos ni sacrificios, llegó el momento en que la vida empezó a cobrarme todos sus favores.

El día tres de diciembre del año 1963 me encontraba rectificando un árbol de levas de un motor Ruso Gas 63 en mi maquina preferida, cuando de pronto, me sorprendió un enorme destello de luz que segó mis ojos, seguido de un colosal estremecimiento, el suelo se abrió bajo mis pies y casi perdí la conciencia, cuando un ruido ensordecedor llegó a mis oídos y seguido a esto, me sumergí totalmente en un sueño que parecería ser eterno y del cual posiblemente, jamás despertaría.

Entre un grupo de gente, ensangrentado tambaleante y casi inconsciente, me levantaron del suelo después de tener mi primer accidente frente a una de aquellas máquinas de herramientas y cargado en hombros me llevaron lo más rápido que pudieron, hacia el vecino dispensario, el que por aquel entonces se encontraba en el Ministerio de la Industria de la Construcción frente a las instalaciones de la planta Amistad Cubano Soviética, la que operaba en la antigua agencia Ámbar Motors Corp., ubicada como les mencioné anteriormente en la calle Vía Blanca y Línea de ferrocarril en la Ciudad de la Habana.- Allí llegaba aquel niño de quince años, casi muerto con el pecho ensangrentado dejando al descubierto y casi completamente cercenada, la arteria que irrigaba su brazo derecho, de la cual emanaba la sangre a borbotones y sin poder evitarlo dejaba a cada momento aquel joven cuerpo sin vida.

Imaginarse cómo saber lo que sucedería y menos que menos, aquel preciso día tres de diciembre, donde todos los galenos cubanos, celebraban el día del Médico. Pero bien al ver que no se podía hacer nada en aquel lugar uno de mis acompañantes se le encendió el bombillo como decimos los cubanos y se le ocurrió la vendita idea de meter una toalla en el agujero que se habría en mi pecho y así de esa forma, contuvo con sus propios dedos la hemorragia que emanaba de la herida, más tarde y medio muerto llegué al dispensario de la calzada de Luyano, allí pudieron controlar escasamente y como pudieron con sus pocos recursos la hemorragia, trasladándome nuevamente en hombros hasta el asiento trasero de un viejo carro y convertido mi cuerpo en casi un cadáver, entre pitazos, frenazos, llegué después de un inolvidable viaje, al viejo Hospital de Emergencias. Allí en el cuerpo de guardia y medio moribundo lleno de serias heridas en los brazos, en la cabeza y en mi pecho, continúe con mi dura lucha con la muerte.

El tiempo en el hospital pasó entre pinchazos sueros transfusiones de sangre e intervenciones quirúrgicas, pues se conoció en futuras investigaciones, que no tenía hueso sano y para colmo, también me había fracturado hasta el mismísimo cráneo, increíble estar vivo, la magnitud del accidente había sido tal, que las predicciones medicas eran inciertas, habían fracturas y heridas por doquier y aunque había sido lanzado como un muñeco por el aire, los médicos confiaban en mi juventud y la fortaleza de mi espíritu y que al unirse ambas cosas, se hiciera el milagro, la enorme onda expansiva producida por la explosión de la muela de rectificar al hacer contacto descontrolado y brusco contra la pieza, disemino trozos del material componente de la piedra por todas partes y a más de ciento cincuenta metros, le perforó con uno de sus fragmentos el hígado a un mozo de limpieza, matándolo instantáneamente. La muerte continuo alerta por mucho tiempo paseándose por los pasillos de la sala del hospital, sin atinar a quién llevarse en su pedido diario, no se sabía quién partiría primero, pues aquello era una sala de picadillos, allí en un cubículo próximo a mi lado, también peleaba por su vida otro desafortunado. "Él Vive Bien" aquel famoso compositor y músico creador del guaguancó titulado Sopita en Botella se encontraba también allí a mi lado tirado como un fardo en su blanco lecho, defendiéndose con uñas y dientes de las garras de la muerte, que le había llegado de cuatro disparos hechos a su espalda, cuando en la calle se encontraba cambiando un neumático a su carro, dicen los comentarios que por la venganza de un marido celoso, también allá a lo lejos en el otro cubículo y lleno de mangueras por todas partes Gilberto García, un joven actor de televisión que creyéndose dueño del mundo y medio borracho, aceleró su moto descalabrándose en un accidente que lo dejó sin un pulmón y sin la mitad de su estómago, aquello era increíble gritos, lamentos, lágrimas de día y de noche, quién no pasara por este momento, no podía ni siquiera imaginarse todo aquel sufrimiento.

Y Changó hizo el milagro

Allá a lo lejos en mi pueblo natal, en un grupo de oraciones en el seno de una familia muy pobre, pero con mucha fe se rezaba, se rezaba en casa del Moro dueño de la fritera del pueblo, en casa de los Larias, también lo hacían en la calle, en el sillón del limpiabotas del pueblo, todos le pedían a Changó un milagro, no importaba como lo hicieran y quienes lo pidieran, si fueran creyentes o no.

El cuatro de diciembre en la velada a Santa Bárbara una plegaria llegaba a los pies de Changó por la vida de aquel que todos querían y en sus rezos le pedían, que aquél muchacho volviera a llenar con sus travesuras y alegría, las viejas calles de su pueblo.

El perro tenía el pellejo duro y gracias a Dios y a los rezos acompañados de la buena suerte, pude salir airoso de todo aquello y al año siguiente, regresé al mundo del que había salido. Trabajando frente a la misma máquina, seguí jugando con la muerte durante varios años más, hasta que un día fui llamado a integrar las filas del Servicio Militar Obligatorio.

El Servicio Militar Obligatorio

El día 17 de junio de 1966 fui llamado a cumplir con el Servicio Militar Obligatorio e integré desde ese mismo momento el 1er batallón de la unidad 1138, el número 36 de la 3ra compañía de zapadores me fue asignado y ahí mismo comenzó otra etapa de mi vida.

Servicio Militar Obligatorio

Institución con sede en ▭ Cuba

SMA

País: ▭ Cuba

Servicio Militar Activo (SMA). Anteriormente conocido como *Servicio Militar General* (SMG) o *Servicio Militar Obligatorio* (SMO).

Noche por noche mis escapadas nocturnas después de días enteros de entrenamientos militares, no paraban y los castigos por capturarme en ellas tampoco. Las vejaciones que provenían de aquellos mismos reclutas del servicio militar graduados de cursos anteriores y posteriormente galardonados con grados de sargentos zapadores y profesores en aquel curso era inaudito, el sargento Lealnine Sánchez y el cabo Reina se ensañaban con los nuevos reclutas en las guardias imaginarias, la famosa guardia vieja, donde te ponían a recoger colillas de cigarrillos y papelitos por el suelo, todo aquello le mellaba a cualquiera la autoestima.

Más de noventa y cinco días ausente de mi casa, sin ver a mis amigos ni a aquella que fue mi primera novia, tampoco a mis padres y en mis hombros, descansaba todo lo que respecta a una escuela militar con el máximo del rigor, la que apareció en mi vida sin ni siquiera avisar, haciendo trizas mis esperanzas de poder cambiar el mundo en que vivía, aquí hube de especializarme como zapador, oficio de dos errores, uno cuando ingresas al medio, el otro cuando te revienta en las manos una mina de TNT cambiándote totalmente la suerte, me percaté rápidamente que aquello no era para mí y me di a la tarea de buscar la oportunidad de salir de aquella unidad de combate, lo más rápido posible.

A las dos semanas más o menos y después de noches en vela barriendo calles y haciendo guardias imaginarias, espacio de tiempo que equivalía a más de tres horas mirando un mango bajo una ventisca, sin tocarlo y tratar de que no cayera a tierra o evitar que una hormiga llena de vida escapara de un cerco de piedras hecho por el jefe en el suelo, acosado con estas estúpidas y alarmantes tareas estábamos envueltos en aquel pelotón cuando una mañana preparados, llenos de minas nuestras espaldas y cargados como caballos hasta la misma crin para salir a nuestras tareas diarias, apareció un sargento mayor nombrado Maestre y mencionando mi nombre en voz alta, me hizo salir de la formación. Maestre buscaba un tornero y como yo tenía algo de experiencia en máquinas de herramientas, no perdí aquella oportunidad, vi los cielos abiertos y pensé que aunque una rectificadora no hiciera el mismo trabajo que un torno, para mí en este momento era lo mismo, di un paso al frente saliendo de la formación y mis esperanzas de algún cambio surgieron con aquel hombre, el asunto era salir de allí y sin pensar más arranque junto a él con un rumbo desconocido.- Me enviaron para la unidad de Talleres Centrales en una localidad nombrada "El Caballo Blanco" dónde estuve unos seis meses tratando de hacer funcionar sin resultados un tornito muy pequeño, poco tiempo después me trasladaron a otra unidad, donde pase por diferentes oficios en esos tres miserables años de mi vida.

Tres años completamente perdidos, pues completé mi servicio militar como chofer de camión, mecánico, comprador de piezas de repuesto, profesor de artes marciales y hasta operador de grúas y de equipos pesados, esto fue allá por los años 1966, cuando pensaba que el plátano era completamente verde, las cosas eran parejas para todos y creía en un prometedor y bello futuro para Cuba.- Gracias a todas estas ideas pensé que en mi país con aquel sistema muy pronto los perros se amarrarían con largas jugosas y además sabrosísimas y abundantes longanizas.

Qué gran equivocación aquella, que pérdida de tiempo cuantas bellas ideas lanzadas al cesto de la basura, la juventud la inexperiencia la falta de conocimientos y de comunicación me hicieron creer por mucho tiempo, que aquél era el sistema perfecto y que, sin equivocarnos, si fuera necesario teníamos que defenderlo a consta de nuestras propias vidas.

Pasaron sin ningún evento importante aquellos tres años en mi vida, al terminar la etapa de militar otro problema, encontrar trabajo, difícil muy difícil y solo pude comenzar como chofer en la ruta de ómnibus Habana Guanabo cerca de mi pueblo natal ahí trabajé durante varios años combinando mi labor de chofer con el de profesor de artes marciales gratuito, preparando a distintos grupos paramilitares, policías del orden público bomberos, unos llamados Vigilantes de Cines, guardas fronteras y todos aquellos grupos autorizados por el régimen, a prepararse en el conocimiento de las artes marciales y recibir de mi aquellas clases especiales, mientras impartía mis conocimientos a mis alumnos en los pequeños ratos de descanso pensaba y pensaba, meditaba, mi mente no descansaba y comparaba, estudiaba, analizaba todo lo acumulado por tanto tiempo en mi cabeza y jamás se apartó de mí aquella idea que me asaltó siempre desde muy pequeño. Algún día todos a mi alrededor incluyendo aquellos niños que veía en las calles, en las colas de los cines, a la salida de las escuelas y en los parques, llegarían a tener aquel medio de vida que gozaban aquellas gentes que conocí en mi infancia, llenos de exquisiteces, buena vida, lujos y esmerada educación.

Recordaba que crecí en Cuba en mi bella y prospera tierra la que todos se enorgullecían de vivir en ella por ser de las Antillas la más adelantada y bella de todas y para el que pretendiera vivir en ella un futuro solvente, la más indicada por aquellos tiempos.

Allá por la década de los años cincuenta cuando ni siquiera yo levantaba tres pies del piso, jugaba con los hijos del bodeguero, aprovechaba su amistad y disfrutaba en mis juegos con el paso del tiempo otra ideología se hizo dueña de mi país y no solo los juguetes, hasta la celebración del día de Reyes, se esfumaron de mí ya irreconocible islita de Cuba. Corrían los días que marcaban el principio del año 1959 y para ser más preciso el día seis de Enero del 1959, día de Reyes el amanecer de ese día para todo niño en Cuba aunque fuese muy pobre, era de gozo y algarabía reunido junto a los socios del barrio, unos a otros nos intercambiábamos los juguetes y el que no tenía aunque sea un pequeño trozo de madera en sus manos simulando una escopeta, se limitaba a esperar la oportunidad que otro niño se cansara de jugar y en solidaridad con él, le diera un chance para disfrutar de la bicicleta que sus padres por no tener dinero, le pudieron comprar.

Israelito era un niño negro, hijo de un trabajador de la compañía Coca Cola en el pueblo, su padre era chofer y estibador de uno de los camiones que distribuía la refrescante bebida por todo Campo Florido, Guanabo y otros pueblos aledaños, por su posición económica aunque de raza negra, era un niño privilegiado, había nacido en cuna de oro y para aquella época que se vivía en Cuba, con sus costumbres y limites raciales a pesar de ser un niño negro, pertenecía a una familia de buena posición, pero que distinto era todo yo y muchos más nunca sentimos de ellos la diferencia de razas, nunca me percate del color de su piel, yo era blanco y mis padres pobres, prácticamente en mi casa casi ni se ganaba para comer, pero nunca un día de Reyes sea blanco chino o carmelita debajo del improvisado árbol de navidad, dejaron de aparecer, los juguetes que después compartía en mis juegos con todos, fueran blancos, mulatos o negros.

Una de las primeras medidas del loco sistema que defendía en Occidente la ideología Marxista Leninista, fue tratar de borrar de la mente de todo niño cubano, aquellas costumbres arraigadas por tantos años en nuestras entrañas, la misa de los domingos en la mañana, la adoración por nuestra patrona del pueblo, la Virgen de Santa Ana, los rosarios, los catequismos y para colmo, coincidió la celebración de la fecha del ataque al Cuartel Moncada, con la del día de alabanzas en nuestras fiestas patronales en el pueblo de Campo Florido, por lo tanto ese día fue casi imposible, asistir incluso a la iglesia para poder disfrutar de la tan esperada misa dedicada a nuestra patrona.

Mi primer viaje al Suelo Americano

¡Llevé tantos años acosado por los deseos de viajar a los Estados Unidos! visité la Oficina de Intereses en la Habana tantas veces, pero tantas veces, que hasta había perdido las esperanzas de poder viajar algún día y no sé por qué razón había perdido también la cuenta de las veces que me habían dicho que no. Las filas de personas en aquellos trajines todos los días eran extensas, las esperas durmiendo noche a noche en los bancos del parque frente a la funeraria de calzada y K en la Habana buscando la visa para salir de Cuba, mi cuerpo y mi cerebro ya no las aguantaba más, las incontables madrugadas pasadas a la intemperie, el frío, la lluvia, aquel café completamente frio mesclado con chicharos y la batalla para poder agarrar el resbaloso pan con el apestoso queso, vendido en aquella única cafetería de mala muerte, era ya insoportable.

Ya conocía a casi todos los chóferes de los carros fúnebres el llanto y la acostumbrada gritería de los dolientes, los relatos de lo acontecido el día anterior, de cuantos eran los muertos tendidos en la funeraria, de la escases de flores para acompañar los sepelios, los problemas con las cajas para el funeral cuando eran demasiado chicas y se decía en son de burla y cómo única solución, partirle las patas al muerto para que cupieran en ellas de la locura de Adela la que después de cortarle el pene a su marido durmiendo y por traicionarla le dio candela, en fin de todo y de todos, hasta de los negocios con el vendedor clandestino de turnos para entrar a la embajada, los comentarios que se hacían en vos baja en aquel asqueroso baño del parqueo frente al parque, el dialogo eterno y agotador referente a cuantos habían aprobado el día anterior y a cuantos le habían negado la visa, ya conocía a aquellos que hacían filas durante meses para tener solo la oportunidad de ser entrevistados entre aquellos buches de bilis agrios con sudorosos suspiros y al final de todo, recibir la tan odiada negativa.

Aquellos que llegaban desde lugares tan lejanos y que en silencio deambulaban por todos lados apenas con el mínimo de alimentos en sus estómagos, en su cara se reflejaba una penuria constante, sin bañarse por días enteros muriendo de sueño y cansancio después de tantos días en vela, para asistir a la entrevista aquella, llena de vicisitudes, sacrificios a cientos de kilómetros de sus casas.- Recuerdo los vendedores de chucherías, del pan viejo recalentado con aquella carne dura como la suela de un zapato, a la que todos llamábamos penosamente pan con bisté, que nos llegaba a nuestras manos si acaso nos quedaba algún dinero para adquirirlo pues de lo contrario, nos tocaba desfallecer sin remedio poco a poco, me parece ver el vendedor de cucuruchos de maní que nos ayudaba a mitigar el hambre y sentir la vaga sensación de tener algo en los estómagos, de todos aquellos que ya sin dinero y después de tantos días perecían del cansancio como moscas, mirando desconsoladamente pasar las horas en las innumerables gestiones para poder llegar a obtener una visa de no inmigrante y poder viajar en los Estados Unidos para reunirse por unos días con su familia, también en este lugar deambulaban los estafadores que de una forma u otra aprovechaban a su favor el dolor y la necesidad de los que en estos trajines nos encontrábamos, en el conocido y jamás olvidado, "Parque de los Suspiros"

Después de tanto y tanto dolor al fin me llegó el momento de abortar o de poder parir con vida la ansiada criatura, dando tumbos de cansancio físico y mental me presenté cojeando y ya con mi barba bien crecida delante de la ventanilla del entrevistador, donde detrás de ella me esperaba inmutable el oficial de inmigración, encargado de darle curso a mi gestión de visa para visitar a mi familia en los Estados Unidos, el sonido crepitante del cuño al poner la aprobación en el pasaporte rompió el silencio de aquel día, Siiiiiii!!!!... después de un corto y sufrido interrogatorio y pasar por un susto más, salí gritando el Siiiiiii!!!! Cegado por el triunfo como un loco a la calle, todos me miraban con una sonrisa envidiosa en sus labios, en realidad ninguno se alegraba de los resultados de mi entrevista, pues sabían que al darme a mí la visa, de seguro se la negarían automáticamente a ellos, pues la experiencia les había enseñado que para los que se encontraban en aquella fiesta, no alcanzarían los caramelos.

Algunos les tocarían el sabor amargo de la gestión infructuosa y se llevarían con mucho pesar el llanto del "No" de regreso a sus casas. Pero gracias a Dios y después de tanto esperar esta oportunidad, la suerte había llegado a mí y desperdiciarla, por nada del mundo, al fin conocería la verdad de aquella tierra maravillosa, de la tierra prometida, de la que tantas cosas buenas todos me hablaban, de comprobar la veracidad de las historias que les escuchaba a todos en mi casa desde muy niño, historias referentes a la familia Orihuela o la de los Barreto, que como algo cotidiano, acostumbraban volar en su avioneta particular a la ciudad de Miami, solo para almorzar en alguno que otro Restaurante, según nos contaba recuerdo bien mi abuela, allá por los años cincuenta.

Casi toda mi familia había emigrado a los Estados Unidos desde los primeros años de la Revolución, asentándose en dos ciudades muy importantes, New Jersey y en la ciudad de Miami. Según ellos y como siempre, con sus rimbombantes mensajes lanzados a los cuatro vientos, como decimos todos los cubanos vivían en la opulencia y estaban podridos hasta la medula en billetes verdes.- Ellos no perdían oportunidades para enviarnos fotografías manejando carros del año metidos en sus casas exuberantes, todas con sus piscinas y disfrutando de escalofriantes manjares en mesas bien repletas de comida deambulando en sus bellos y enormes jardines, llenos de animales raros y de plantas exóticas, habían tenido el cuidado de que no faltara nada para la fotografía, que después le enviarían a todos los que vivían llenos de una exagerada y terrible miseria en Cuba y que para vivir no tenían siquiera, ni lo más mínimo de lo mínimo, todo estaba allí en la foto y no faltaba absolutamente nada, es bueno señalarles que en esa época, la diferencia entre el aquí y el allá era abismal y todo lo que pudiera menguar para sembrar un poquito de esperanzas y mejorar en algo nuestras futuras vidas, venía como anillo al dedo y aquellas fotos mandadas desde la tierra prometida, al verlas le levantaban a cualquiera la autoestima.

Las andanadas de cartas y fotos ocasionales mellaron mi intelecto, llenando mi mente de ideas que jamás después de leerlas me abandonaron, atrayendo en mí el insomnio y haciéndome creer en utópicas ilusiones, planes, sentimientos de ansiedad basados en imágenes ficticias de la tierra prometida, que, sacadas de un cuento de hadas, se introdujeron en mi mente como una pesadilla y al final no pude resistir más y se hizo necesario el experimentar. - ¿Porque no probar si todo era verdad? ¡Si se podía o no! ¡Si otros lo hicieron! ¿Por qué no yo? En fin, el dedo en la llaga cada vez se hacía más persistente y tanto escarbó el mono hasta que se sacó las tripas, era solo una nueva experiencia, mi familia me prometía villas y castillos y pensé, ¿Por qué no ver si todo era verdad? .- Si tenían tanto y les había ido tan bien, porque no probar ¡En definitiva, yo no les quitaría nada! que tonto fui al pensar en aquella inequívoca forma y llegar a creer lo que todos dejarían de hacer por encaminar a aquel de su misma sangre que estaba frisado en el tiempo y que de seguro no flaquearía en esfuerzos para lograr también el triunfo y abrirse paso en la vida, les aseguro que pensé que solo necesitaba un pequeño empujoncito para dirigirme hacia la misma dimensión del tan cacareado por todos, Sueño Americano.

¡Qué lejos de la realidad estaba!

Septiembre 6 – 1991, los preparativos en Miami para celebrar los festejos referentes a la conmemoración del día de la Caridad del Cobre en esa ciudad son increíbles, los cubanos para esta celebración no tienen límites y manifiestan de una forma inimaginable, su júbilo y su devoción a nuestra patrona en este señalado día.

También con estas fiestas mostramos al mundo que somos un pueblo creyente, llenos de sentimientos y de fe y expresamos nuestra nostalgia por todo lo que hemos perdido pedimos a la virgen por nuestras ideas y en los rezos ponemos nuestras esperanzas de que se nos escuche desde allá, desde el cielo y desde él, surja un milagro que nos guíe hacia la luz verdadera como lo hizo nuestra santa desde los viejos tiempos de Martí y de Varela.

Vivir con la esperanza de que algún día no muy lejano podamos andar por el camino de regreso a nuestros lejanos y eternos triunfos.

En esta atmósfera de júbilo y de extrema abundancia llegué para pasar unos días junto a toda mi familia, al aeropuerto fueron a recibirme, primos, tíos, sobrinos, algunos de los que allí asistieron, yo ni siquiera los conocía.

Llego el hijo de Mario, gritaban todos, mírenlo ahí está.

Al fin lo tenemos con nosotros. - Ese era el comentario general de aquellos que pertenecían a la familia por parte de mi padre, pasaban mirándome como si fuera un pollo asado y exhibido en un escaparate de vidrio y yo al mirarlos me preguntaba.

¿Quiénes en realidad merecerían estar en ese escaparate?

Espaldas dobladas por el peso de sus gruesas cadenas amarillas de amarrar perros en sus cuellos, incluían todos en el vestuario, además, relucientes manillas de igual material hechas como para amarrar las patas de un elefante. Llenos de puro oro de arriba abajo, los miraba, y no lo creía, como era posible que estuviera viendo algo real. Guajiros nacidos allá muy lejos en lo recóndito de la provincia de la Habana unos años atrás y que en su diario vivir estaban acostumbrados a romper duros terrones con la suela del zapato, saltando como sapos entre surcos de yuca y matas de boniatos, atascados hasta las orejas de tierra colorada, como sería que fueran aquellos los mismos que veía delante de mí.

Como era posible que todos llegaran a este país y según ellos en menos de lo que salta un perico y solo vendiendo papas fritas en los cruces de caminos, pudieran llegar a convertirse en millonarios.

Gente que no sabían leer y menos hablar el idioma inglés y me pregunto. ¿Cómo es que pudieron llegar a tener tanto dinero? ¿Se ganarían la lotería? ¿O la cascara de la papa la convirtieron en oro?

Para creerlo había que verlo, mi mente empezó ahí mismo a trabajar tratando de desenredar aquella madeja de preguntas que me acosaban. - Pensé en quien fuera Máster en Algebra o Trigonometría para llegar a comprender como, pues me hubiera gustado descubrir ecuaciones o fórmulas mágicas para poder resolver aquella incógnita, pero seguro estaba, que nunca y aunque me devanara los sesos, llegaría a un resultado capas de justipreciar tanta opulencia.

Al final después de todo pensé que ese no era mi problema allá aquellos que se quemaban el hocico para obtener ganancias dudosas, allá ellos con sus negocios claro está que no a todos podemos meterlos en el mismo saco, muchos llegaron a este país y el lomo doblaron, trabajando de sol a sol y escupiendo la sangre gota a gota, combinaron todo su sacrificio con el sudor de su frente, esa mezcla y la suerte les dio el resultado esperado, pues en un sangrado final, todos triunfaron.

Otros con menos suerte pensaron vivir como ricos introduciéndose cada día más en la fiebre del consumismo reventándose las entrañas día a día para comprar el carro del año o la casa que jamás, aunque soltaran la vida podían pagar se comportaron como zombis que después de sufrir la adversidad del sistema y repletos de sacrificios, siguieron a su pesar creyendo en el Sueño Americano. Trabajaron a brazo partido llenando sus bolsillos solo de deudas y al final de su agotadora carrera, el sistema les quebrantó los huesos, atacados despiadadamente por águilas hambrientas. Con tanto trabajo año tras año, perdieron la salud y el poco dinero con que contaban y después de zozobrar en el barco de la esperanza, se quedaron sin fuerza y completamente a la deriva, esperando que les llegara pacientemente la muerte.   Y de pronto se invirtió todo surgiendo nuevas cartas en el interminable juego.   Trabajando como burros y pagando hasta el último centavo, trataron de recuperarse del tiempo perdido, pero era el juego de lo imposible, medicinas y cuentas médicas llenaban toda la casa y al final sin salud y llenos hasta el cuello de deudas les quedaba solamente dos salidas.   Una de ellas ganarse la lotería, esperanza del que no tiene y sueña con lo imposible, amarga esperanza para tontos y frustrados moribundos. Inmersos en sacrificios y llenos de privaciones no nos queda otra salida que aceptar la más trágica, acabar con el suplicio meternos una bala en la cabeza, pasando en un segundo de un dulce sueño a una amarga realidad, la triste pesadilla en suelo americano.

Mi objetivo en aquel lugar era pasar unas vacaciones y ver si era verdad todo lo que en sus cartas decían, con el pasar de los días aquellas preocupaciones que me asaltaron al principio fueron olvidadas entre las más exageradas abundancias, al final aquellas inquietudes se las dejé al tiempo y a la vida, encargados de resolver en algún momento aquel intríngulis imaginarme yo, jamás que mi familia fuera aquella, Mercedes y Jaguares nuevos, carros del año, vestidos todos con las mejores ropas, con guayaberas blancas y pantalones de fino dril planchados al vapor, zapatos blancos, combinados con sombreros de paño y en sus manos, el dinero listo para contentar mis bolsillos, aquello era una nube de bellas promesas colmados de buenas acciones. Así que me dije, a olvidarlo todo y a disfrutar, unos me invitaban a comer, alguno que otro me llevaba a su casa situada en los mejores barrios residenciales de Miami y me dije a mi mismo, aquí el billete corre de verdad. No escatimaban en pasearme en sus lujosos barcos, visitar sus supermercados enseñarme sus carros nuevos, sus fortunas a toda vista eran incalculables.

Y me sentí en vez de agasajado aplastado, pues aquella forma de sobreactuar era imperdonable hacia una persona que había vivido en un país pobre y lleno de escaseces durante más de 40 años, me restregaron a la cara como fanfarria, aquella absurda, pobre y espiritual vida de simple lujo, como puercos revueltos en su fango podrido, era desmedida aquella desenfrenada ansia de poder y amor incontrolable al dinero aquella situación solo me hizo sentir un asco indescriptible en mi estómago, sentimiento que viajaba poco a poco hasta las puntas de mis dedos, dejando en mí una sensación repulsiva frente a aquellos, que blandían como su propia bandera aquella actitud de extrema ostentación vulgar y grosera, en un bien pensado y premeditado mal sano gusto.   No faltaron también las malas noticias, las drogas, el Sida y sus estragos con sus respectivas perdidas familiares, claro está en una familia grande las buenas y malas noticias no pueden faltar y con ellas, también llegaban las gracias, desprendidas de las inevitables desgracias. Me ofrecieron una casa con un bote en su muelle, un auto Porche del año en el garaje y un trabajo seguro acompañado de un sustancioso salario, esas fueron las proposiciones que llegaron a mí en aquel momento, el costo para obtenerlas abandonar y olvidarme definitivamente de mi familia en Cuba y pedir asilo político de inmediato, que poco me conocía aquella antigua familia, que poco entendían de mis sentimientos y mi firme criterio con respecto a todo lo que representaba, la verdadera familia y los verdaderos valores humanos.

Ahí empecé a comprender "los porqués de la vida".

Dando un vistazo a mi entorno hube de percibir cosas mucho más importantes que el dinero, el olor de las flores, el frescor del sereno en las húmedas mañanas, de las pequeñas cosas que están compuestas la vida y la hace más grande, el constante y arduo trabajo de las hormigas, el por qué vuelan juntas las aves recorriendo miles de millas para reproducirse en el mismo lugar en que nacieron, percibir el arte del que se valen los peces para retornar juntos a la charca en que desovaron un día sus padres y cómo es que se multiplican muchas especies de generación en generación.

El porqué es necesario unir a la familia para generar con ello el total éxito humano.

En mí comportamiento futuro no existen misterios, ni tampoco enigmas de los porque pues no hay nada oculto en mi decisión y mi retorno era firme e inevitable, el motivo para todo esto solo uno, velar por el futuro de mi hija más pequeña pues mi preocupación era que la había dejado en Cuba y que por ningún concepto la olvidaría, vine a esta tierra con un firme propósito, el descubrir donde estaban las verdades y hasta donde y que bien escondidas, podrían tener todas sus mentiras. Hasta donde podría yo creerles a todos aquellos que con su efímera conducta y sin darse cuenta del daño que hacían aparentaban lo irreal, tratando de ocultar detrás de una imaginaria cortina de opulencia, sus enormes frustraciones, en aquella superficial y odiosa vida deformando a la vista de todos y para siempre, el concepto real de aquella imperfección Socio económica, conocida con el nombre de Sueño americano.

Los días transcurrieron en aquel viaje de visita, tan rápidamente que ni cuenta me di, entre paseos y halagos de todo tipo, toda mi familia estaba pendiente, de cuál sería mi decisión final, hasta que llegó el esperado e inevitable momento. La despedida fue como imaginé, nadie me dijo adiós, me había convertido al regresar a Cuba en uno de aquellos que soportaban por su gusto penurias y privaciones, para aquellos desconocedores de la realidad, el motivo era otro, disfrutar el castigo hasta la flagelación si era preciso y se preguntaron mil veces. - Como podía yo haber rechazado todo lo ofrecido y pensaron fríamente, que quizás yo era un posible loco o quien sabe tal vez, un ciego comunista.

Jamás entendieron mi sacrificio, jamás comprendieron hasta donde llega el amor y el deber de un padre cuando de verdad entiende la responsabilidad asignada por Dios ante toda su familia, nunca comprendieron lo que se siente cuando la pasión familiar se apodera de uno.

Señores no hay misterios en los sacrificios, no hay como justificar lo injustificable, como podría traicionar las esperanzas de aquellos ojitos que depositaron en mí toda su confianza un día al partir de su lado, como después de vivir en tanta opulencia y haber conocido anteriormente a este viaje tantas miserias, podría olvidar a aquellos que seguían viviendo como cenicientas en un país de maravillas. De que material estaría hecho para hacer caso omiso a mis recuerdos y sacar de mis pensamientos tantas necesidades, les aseguro que estaban completamente equivocados Dios mío como yo podría ¿? Los locos eran ellos.

La mirada se pierde allá a lo lejos en el bosque de acero y concreto, lugar donde tantos sueños al final del camino se destronaron, alcanzando el nivel de desespero y despedazando de una vez y por todas, nuestras más bellas ilusiones, ilusiones que nos acompañaron desde siempre, desde la distancia, desde otras tierras, las que suspiran cada día junto a las pesadillas de vivir sin carencias para morir sin sustos manteniendo a toda costa una efímera e irreal abundancia plena.

Hay proyectos que nos nublan la vista y con su irreal proximidad, solo nos acercan a una eterna oscuridad. Lanzamos nuestra mirada al éter y tratando de inculcar en otras realidades acompañadas de silenciosas mímicas, nos introdujeron poco a poco en un mundo de hadas.

Túnica blanca de tiernos abrigos, percibo el calor que desprendes en tu roce de piel, dejando impregnado en mí, la   fragancia mentirosa de sus particulares olores de cedros y olivos.

Me detuve en el tiempo, mis reveces endurecen mi andar me resisto cuando los años arriban a mi cuerpo y aunque mi mente está fresca me acerco tambaleante al final, y laboro futuros proyectos mientras todo llega, como una laboriosa abeja en su panal. Cuanta inmundicia, cuantos tragos amargos cuanta hiel derramada, ideas tras ideas sentimientos encontrados, planes desestimados y quimeras destronadas.

Hoy desperté con la verdad en mi pecho, hoy descubrí su gran sentir, su odio escondido y su brutal venganza, sentimientos que apagaron en mi todo rastro de bondad, que triste me siento ante esta realidad y aunque he volteado el rostro cientos de veces ante sus crueles desechos, no puedo evitar que al final del arduo trabajo, solo me revuelque en mi ira, como un cerdo herido en su asqueroso fango.

Siempre pensé en la unión, en la cohesión de la fuerza, del logro al sacrificio, pero que tristeza al descubrir lo poco que significamos para aquellos que creíste representabas, aunque sea algún elemento mínimo, en cualquier instante de sus vidas.

Tránsito el espacio en diferentes formas, en una nube de constantes sueños. Desde mi trono, me traslado al momento de la creación, recordando que hay instantes que desesperan al ver como hay personas que tienen la dicha de separar lo irreal de la verdad.

Vamos a caminar por la vida dije un día, aunque la vida está llena de escoyos y el tiempo no perdona y a cada paso que damos nos comprime el alma, solo déjame suspirar y poder creer en mí, que a pesar del tiempo transcurrido todavía soy útil y eterno, déjame sentir aquello bello que al pasar la vida se fue, y no son los miedos que acuden a nuestra mente, ni es lo que pensamos no, es la misma vida y lo demás son ideas infundadas que revuelcan la cabeza y que de cuando en vez, nos hacen morir.

De nuevo mi Habana

Mi tierra nuevamente, mi gente, mi barrio, el viejo Manolo esperando su turno en la fila de la carnicería para ganarse, aunque sea el derecho, a la espina del congelado pescado que jamás llega, la vieja María en la cola del pan. - La misma libreta de racionamiento, aquella que había dejado unos meses atrás libreta que nos había servido como un escudo de salvación durante tanto tiempo, y evitar de seguro que sin ella viviendo dentro de tantas escaseces, morirnos de hambre. El conocido grito de mi vecina Leticia en la ventana, llegó el picadillo de soya, con su sonrisa burlona motivo del tan esperado acontecimiento.

Elsa la mujer del Goro, mi querido amigo el flautista ya retirado y al que solo veía en escasas ocasiones cuando detrás de su ventana, se destacaban sus ojos en su improvisado escondite, observaba en su viene y va la gente en todo el acarrear diario del barrio y desde donde se creía seguro y pensaba que nadie lo veía. Tina la vecina incansable que se levantaba con el sol para descubrir un día más, entre aquellas escaseces y necesidades de nuestro diario vivir. Eeeeeeeeeeeh llegó la papa!!!!, me gritaba Roberto el presidente del Comité, metido en sus negras chancletas copadas de churre donde mantenía llenos de hollín y muy negros sus pies, con sus dientes verdes de nicotina y el eterno cabo de cigarrillo apestoso humeándole sus manos. Al cruzar la calle la otra cara de la moneda, el sabroso olor de las panetelas cocinadas al horno por una vecina impregnaba el ambiente aquella pequeña vecina con cara de niña que al cruzar la calle y en su vieja y destartalada casa, luchaba a brazo partido en aquel medio de subsistencia conocido con el sobrenombre de invento una forma de decirle en Cuba a todo lo que fuera perseguido por la ley.- Yosi hacia sus deliciosos dulces a escondidas y a la mañana siguiente después de sacrificar horas de sueño, vendía los mismos para recolectar unos cuantos centavos y poder apenas subsistir en aquel espacio tan agresivo, burlando con su abnegado trabajo, a policías y a guardias del Comité de Defensa.

Ya extrañaba el acostumbrado y conocido toque a mi puerta del vendedor de langosta y pescado, mercancía traída en ómnibus desde el pueblo de la Coloma en Pinar del Rio a la ciudad de la Habana, los sábados en la mañana sorteando puestos de vigilancia y corruptos inspectores, la vieja bicicleta esperando en un rincón, de la pequeña sala y bien engrasada, para emprender el viaje con mi hija a cuestas loma arriba, después de tomar mi escaso sorbito de café mezclado con chicharos.   Esa era mi vida y mi lucha, día a día segundo a segundo luchar por todo, por alimentar a los míos, por el médico, las medicinas, sortear contantemente miles de escaseces, ese era ya mí acostumbrado empeño.

Llegó el algodón, gritaba desde la otra calle una vecina a la otra, el *Meprobamato* para los nervios y controlar la ansiedad repetía como un eco otros a lo lejos. Y allá al cruzar de la calle en la acera opuesta esta mi eterna batalla, mi escuela de la vida y mi diario subsistir. Y una y mil veces me preguntaba ¿Podría mi familia en este medio resistir un solo minuto sin mí?

Como me gustaría ver aquí a aquellos que había dejado atrás, en aquel hábitat de abundancia y derroche, y pregunto. ¿Podrían llevarse a su boca algo de alimentos, sorteando tantos escollos?

Podrían aquellos bravucones que dejé allá con sus panzas repletas de grasa, doblar sus espaldas y tener la fuerza de luchar otra vez entre tantas calamidades, y poder llegar de alguna forma a mitigar el hambre cruel, en los estómagos de su gente.

El tiempo pasó como un soplo por mi vida, angustias zozobras sentado a la orilla del mar frente al atardecer después de las duras faenas del día, miraba aquel ocaso sin nombre mi mente voló como pájaro sin alas cual si fuera mi último día como si estuviera viviendo en un pequeño espacio, un místico sueño y un fundido final. Así me sentí, así viví durante mucho tiempo, allí entre aquellas gentes sin esperanzas apenas con la fe y el soñar con un milagro que los condujera a un amanecer feliz.

Triste vida, mera ilusión, noches enteras contemplando las luces de imaginarias naves allá en el lejano horizonte, pensando formar parte algún día de su fugaz tripulación. Ser parte del soñado viaje dirigido solamente a una idea, salvar mi familia y buscar aquel sueño, escapar no sé a dónde, pero si necesitaba escapar, esa fue la idea que perduró en mi cerebro desde el primer momento que puse de nuevo los pies en aquella bella tierra triste por siempre, pero bella e inigualable tierra, no puedo pensar, en el tiempo que he perdido y en mis años mal vividos.

Caminar no es lo mismo que andar, andar es observar meditar dando vueltas en el mismo sitio como un loco en celda fría, mirar a todas partes ausente de cordura y de imaginación buscando una solución para la ansiada y futura vida, difícil en este estado encontrar un trillo en el monte, o un escape a aquel destino.

Triste y desolado destino, pensaba en mi voluntario encierro, en el aislamiento que había hecho de todo, en la parada obligatoria que había iniciado en el tiempo, me propuse huir de cualquier manera, no importaba como y el viaje hacia la ya conocida estrella, ocupó hasta el más mínimo espacio en mi cerebro. Tenía que lograr aquella constante, aquel pensamiento prendido en mi intelecto que no me dejaba tranquilo meditaciones convertidas en incertidumbre que me condenaban a padecer para siempre en aquel insípido e incoloro lugar, tenía que revelarme y como un niño dar mis primeros pasos y de los errores aprender y para llegar a correr empezar de nuevo a caminar.

Después de una corta pero muy aleccionadora estancia en Cuba en unas pequeñas vacaciones si pudiéramos llamarle así, el día 25 de Diciembre del año 1999, mi querida y anciana madre la cual vivía en los Estados Unidos desde el año 1979, le llevó apenas un abrir y cerrar de ojos para comprobar el pésimo estado físico y sicológico en el que yo me encontraba, por aquella época mi sufrimiento asomaba a flor de piel motivado desde luego, por los trabajos pasados durante tantos años acompañados además, de la lucha extrema en que me desenvolvía para subsistir en aquel medio tan agresivo, se habían poblado de canas mis sienes y mi cuerpo encorvado como una caña azotada al viento, transformaba aquel muchacho joven y fuerte dejado de ver por ella apenas unos años atrás, en un anciano enfermo cansado y dueño ya a su corta edad, de un rostro surcado por profundas arrugas.

Era completamente evidente que no se podía esperar más eso pensó acertadamente mi madre, cada segundo era decisivo no le podía dejar nada de nuevo a la suerte y se dio a la tarea de que, a su regreso de aquel muy aleccionador viaje a Estados Unidos, de alguna forma gestionaría mi salida de Cuba lo antes posible. Pero yo no podía esperar a la reclamación de mi madre pues eso llevaría mucho tiempo y entonces llegó la oportunidad que tanto esperé, logré un viaje a Rusia y con este viaje todas mis esperanzas puestas en que mis planes me llevarían a un triunfo total y que, aunque dejara casi toda mi piel o mi vida en él, me decidí a realizarlo.

Otra vez en el Aeropuerto

6 de junio del año 2000
Una cosa piensa el hacha y la otra el leñador.

La despedida en el aeropuerto, fue como siempre en estos casos, muy tristes y dolorosos. Todos sabíamos que posiblemente aquel hasta luego, sería para toda una vida, en este mismo lugar y en incontables momentos despedimos a mucha gente querida, tanto familiares como amigos y jamás los habíamos vuelto a ver, por lo tanto, el hasta luego, a cada minuto se hacía mucho más difícil.

Por la alta voz se escuchó el anuncio del vuelo Cu. 338 con destino a España. Le di un fuerte apretón y un beso a mi amada esposa, sabía que aquella despedida seria quizás para toda la vida, a mi hija le tiré el brazo por encima como queriéndola con esta acción llevármela conmigo, y con un sollozo contenido en mi pecho y un adiós de mano, les di la espalda adentrándome por el largo pasillo que a cada instante me separaba más y más de todo aquello que para mí significaba tanto en mi vida, tomé por aquel camino que me trasladó en un abrir y cerrar de ojos a otro mundo, a otra galaxia, introduciéndome en un lugar lleno de riquezas y de abundancias inimaginables, parecía estar ya en pocos segundos en otro país, pero no, aunque usted no lo crea, todavía yo me encontraba dentro del aeropuerto José Martí, en plena tierra cubana. El salón de espera del aeropuerto en La Habana, se encontraba casi vacío, como se podía apreciar, el flujo de turismo cada día era menor.

Y eso, que por comentarios llegados a mis oídos se decía que el régimen se hartaba al informar de que en esta época había ingresado al país casi cuatro veces más visitantes, que el año anterior, "otra de sus mentiras". Las noticias del crecimiento económico por los escasos medios castrenses, siempre tienen desinformado al pueblo y solo da a conocer lo que al gobierno de Fidel Castro le interesa, las noticias de primera mano no existen, los medios de prensa son del estado y en todo momento su publicación, es controlada muy celosamente por el gobierno.

El pueblo cubano inconscientemente vive en un constante letargo de desinformación y producto de ello, olvida hasta la fecha de su cumpleaños ¡Imaginarme yo! Por nada del mundo que existiera a solo unos metros de nosotros otro universo, aquél que se nos había prohibido conocer por tantos años y que negándosenos creían ellos, estaría a salvo la integridad y la pureza de la lujuriosa y mentirosa ideología Fidelista, la que durante años nos habían tratado de inculcar como el patrón incorruptible a seguir por todos, pensando de esta forma continuar manipulándonos, explotándonos, engañándonos y convirtiéndonos a su vez, en estúpidos corderos de un mismo rebaño, pero Dios mío, ¿Cuánto dejas atrás? ¿Cuántas lagrimas se pierden para poder descubrir la realidad? Por eso los principales motivos que existe para que el cubano no salga de su país, es evitar que conozca la realidad en viven los demás pueblos del mundo y descubra de una vez y por todas, que una miseria plena, fructifica cada día más en Cuba, esto desde luego se debe a un solo motivo, primero a la total ignorancia, la poca integración en el mundo económico de su pueblo y en el mal elaborado y cerrado sistema político existente en el país, claro está, salvo en casos extremos donde algunos elegidos por el régimen, como son algunos restaurantes particulares conocidos como (paladares) los que logran participar muy insignificantemente en el ridículo y reducido modulo económico, aplicado actualmente en todo el país, los que a su vez son estrangulados con sanciones e impuestos exagerados convirtiéndose en el blanco de leyes creadas contra su actividad sin discusión alguna, alcanzando estos sin darse cuenta resultados a favor del gobierno y de sus propios antojos.

Los cuerpos de inspectores y la policía económica actual, realizan chequeos a todos estos lugares y aquellos que se atreven a operar sin una inalcanzable licencia son atacados infatigablemente con medidas que solo persiguen incrementar el lucro particular y desmedido, de los que aplican las leyes y viven corruptamente del sudor de los demás.

Estos mini mecanismos defensivos que el pueblo a creado por su cuenta y riesgo, solo ha servido para subsistir malamente en este medio agresivo y lograrse a la brava dentro del sistema impuesto un inestable lugar, imponiendo de esta forma una débil participación en el desarrollo de una legal entre comillas y muy pequeña empresa privada, la que subsiste gracias a las gestiones clandestinas en la confección de sus productos manteniéndose escasamente gracias al necesario imprescindible y perseguido mercado negro. Por eso, la claque gobernante al no tener posibilidades de asegurar los insumos necesarios para esta actividad, estrangula todas estas iniciativas, vetando al pueblo de perspectivas para su desarrollo, atacando y destruyendo cualquier ánimo de subsistencia, creada por los que de esta forma esotérica continúan practicando con mucha dificultad.

Todos sabemos, que el poder económico representa hegemonía y una forma libre de vida y esas condiciones son armas muy peligrosas en contra de las ideas cerradas y diseñadas actualmente para Cuba y su pueblo, por la destructora cúpula fidelista.

Le temen a todo lo que origine democracia, a la libertad de prensa, ¿a la televisión por satélite?.......... ¡Ni se diga! A las propagandas capitalistas, a las noticias de la prensa extranjera al Internet, servicio este que desde su implantación en Cuba, es controlado totalmente por el estado a su pleno antojo y de esta forma, pueden distorsionar la veracidad de toda información, la que difunden posteriormente a su criterio a través de programas presentados por la televisión en las ya insoportables y conocidas mesas redondas, noticias mentirosas repetidas una detrás de otras como si fueran papagayos en la red de información nacional, transformadas a su propia conveniencia, en fin, como todos sabemos. Un verdadero desastre. Sentado en la sala de espera del aeropuerto, contemplaba todos aquellos productos de los que hace mucho tiempo carece el pueblo cubano, los que en este lugar son ofrecidos a un precio extremadamente alto a los turistas que entran y salen diariamente de Cuba y se los presenta como símbolo de una mentirosa abundancia en un país, que su realidad es morir todos los días un poco más de hambre.

Después de cierto tiempo me incorporé de mi asiento y me aproximé a uno de aquellos estanquillos, tomé en mis manos unos bombones de chocolate y con gran asombro, el precio de los mismos me electrocutó, por supuesto hablo literalmente, el choque eléctrico recibido me hizo despertar de mi transitorio sueño, haciéndome regresar súbitamente a la cruda realidad.

Catapultado fui y regresé sin querer en fracciones de segundos de un viaje al Siver Espacio, introduciéndome de esta forma en las páginas de una novela de ciencia ficción. Con tristeza me dediqué a mirar las tiendas de confituras descubriendo en ellas caramelos, golosinas, refrescos de todo tipo, cervezas congeladas, bocaditos de pollo, jamón y un sinfín de artículos, que había olvidado existieran, jamás pasó por mi mente encontrarlos precisamente aquí de nuevo, en un país que se decía estar bloqueado por los americanos, hacía más de cuarenta y cinco largos años. Claro está que lo que yo no sabía quiénes en realidad estábamos bloqueados, quienes verdaderamente estamos bloqueados somos nosotros, el verdadero pueblo de Cuba.

En el Avión

Después de un tiempo que se me hizo relativamente corto y muy entretenido además con toda aquella abundancia, mis pasos se encaminaron por un corto pasillo. Dos aeromozas me esperaban muy solícitas frente a una gruesa puerta de cristal ambas mujeres con una sonrisa en sus labios, me miraban como si yo procediera de otro planeta, después de utilizar en mis ciertas maneras protocolares que a las claras habían sido ensayadas por ellas cientos de veces, solicitaron de mí el pase a bordo.

Entré al avión muy lentamente y sentí miedo por un instante, yo lo veía y no lo creía, me pellizqué para ver si estaba soñando, pero no, sentí dolor al hacerlo eso significaba que estaba bien despierto y sentado ya en aquel aparato, que pronto me llevaría en un viaje pensaba yo, de total libertad y junto a toda mi familia. Aquel monstruo comenzó a deslizarse por la pista a una velocidad vertiginosa, todos allí no puedo decirles el por qué, mostraban vestigios de intranquilidad y desconfianza, algunos se miraban entre sí, otros se hacían los que leían una revista, pero de lo que yo si estaba plenamente seguro, que nadie las tenía en ese momento todas consigo, yo me limité a encomendarme a Dios y recé, recé un padre nuestro mientras aquella montaña de hierro se levantaba en el cielo y al fin, el aviso de retirarse los cinturones apareció en las pantallas de información, que problema, pues seguidamente y en pocos segundos llegó a mí otra preocupación más, con atención escuché las orientaciones donde explicaban los métodos a utilizar en caso de un amarizaje o un aterrizaje forzoso y yo al oírla cada vez más me enterraba en mi asiento y apreté mis nalgas ajustándome el cinturón como si apretara la cincha de un caballo, primero me encomendé a Dios y fijé en mi mente un nuevo pensamiento que desde que salí de Cuba no me abandonó ni un solo instante y seguido a todo esto me dije a mí en un total silencio, *quien carajo me habrá mandado a meterme en este viaje, cuando Miami está solo a noventa millas de las costas de Cuba.*

Pero bien, de no ser así, ahora no estaría sentado escribiendo mis memorias, pues hubiera perecido en el estrecho de la Florida en un viaje sin regreso al fondo del mar, o quizás por qué no, estaría preso como tantos pudriéndome en una de las cárceles cubanas, pues, de cualquier manera, quería terminar de una vez y por todas, con aquel eterno encierro.

Hécate

Velada en espacios oscuros,
Penetro el silencio y cabalgo solitaria
Enardecida por la furia a la Nebraska
Acechando el cortijo de vidrio
Y a la llama que duerme en el silencio
Ennegrecida por la cabaña lejana y cálida.
Despido de ti tus solos atuendos
Y me visto de nuevo,
Como quien llama a un pájaro que se va y no vuelve.
Me retiro a mi aposento
Y levitante adjunto mi melancolía de cierva y humilde
De pobre y hechicera
Y me siento descalza
Y lloro atontada y sorda.
Sorda por dejar morir los lirios o al clavicémbalo fantasma.
Ese que aun pasea en los balcones,
Envolviéndose dejado en las cortinas
De un blanco oro en tul cosido.

ARIACNE

Dos Hijas

Dios como les dije, me había concedido la dicha de regalarme dos hijas, una de mi primer matrimonio y que ya se encontraba en los Estados Unidos viviendo hacia algún tiempo y a salvo de todo lo que oliera a comunismo, pero me quedaba por delante otra tarea mucho más difícil que cumplir, claro está imaginémonos en Cuba donde hasta lo más insignificante que quieras lograr, es un verdadero problema y hay cosas que aunque uno las planifique bien, ni Dios ni el Comunismo te las concede jamás, por lo tanto, aunque mi esposa y yo fuimos padres muy agraciados, también por otra parte dijéramos en un sentido figurado "desgraciados" me manifiesto de esta forma por haber vivido durante tanto tiempo bajo un régimen comunista pues bien, desde hacía mucho tiempo sabía que el porvenir de mi hija más pequeña era incierto, ya que aunque se encontrara estudiando el tercer año de Licenciatura de la cátedra de piano clásico, en el Instituto Superior de Artes de la Habana y trabajara además, en el Cabaret Tropicana como pianista de esa orquesta todas las noches, la vida que le esperaba en lo adelante era de una constante incertidumbre.

Ariacne mi hija más pequeña laboró como vedette principal del espectáculo de Tropicana, posición que desempeñó maravillosamente gracias a su versatilidad y frescura en sus actuaciones.

Imaginarse la responsabilidad de padres al traer al mundo un hijo.

Un día se hizo la luz, gracias a la Santísima Caridad del Cobre y a la ayuda oportuna de dos prestigiosos médicos cubanos, Amador Banderas y Norka Puyé, nació la estrella que alumbraría para toda la vida nuestro camino y porque no para decirlo de alguna forma, en muchas ocasiones nos quitaría también totalmente el sueño, el día Once de Marzo de mil novecientos ochenta y uno vino al mundo en el Hospital de Maternidad de Línea en la Ciudad de La Habana Cuba, una pequeña niña dotada por Dios de mucho amor y mucho arte. Creció como todos los niños de a pie, con necesidades y escaseces, pero con mucho amor, tanto de nosotros, sus padres, como de todos aquellos que tuvieron la suerte de poder participar en su crianza y educación.

Pudimos con el tiempo percatarnos que Ariacne, tenía maravillosas condiciones para todas las artes, para la pintura para el baile, para la actuación y preferentemente para la Música.

Ariacne, desde muy temprana edad, se sentaba al piano, y tocando y cantando como un ángel, parecía traer las artes desde el vientre de su madre.

En su sangre traía el componente fundamental, la sabia de la música. Ariacne desde muy pequeña acompañada de su abuela en sus ratos de descanso, juntas tarareaban, viejas canciones que fueron formando un extenso arsenal de conocimientos en ella y así de esta forma, aseguraba su perfecto desarrollo en su futura vida musical. Así fue como aquella pequeña niña que nos acompañaba siempre al teatro, empezó a tocar el piano a cantar y actuar desde apenas sus cuatro años de edad, convirtiéndose poco a poco en uno de los integrantes más jóvenes de la compañía teatral a la que pertenecíamos y en uno de los exponentes más significativos de la música cubana. Y ahí mismo surgió la preocupación para todos, ¿cómo podríamos educar aquello que Dios nos había mandado y que estábamos convencidos era un pequeño genio? una niña de su edad, capaz de incursionar en todas las esferas de las artes y siempre salir airosa, Ariacne creció y nuestra preocupación cada día se hizo mayor, el mundo artístico en el que le había tocado desenvolverse, a cada minuto se le hacía más pequeño e intransitable y había que pensar en otras opciones que fueran un poco más seguras para ella.

Como les decía anteriormente en mis saltos por la vida, he sido un hombre que Dios me dio felicidad y me premió, me dio en mi juventud la posibilidad de tener dos hijas dos hijas inmejorables, por eso ahora una de ellas estaba en problemas y de mis futuras decisiones dependía su futuro, la otra gracias a Dios como les mencione anteriormente, la había podido enviar años atrás hacia los Estados Unidos y ya era madre de tres lindos niños, mis nietos que me esperaban también hacía mucho tiempo junto a mi anciana madre.

Ariacne mi hija más pequeña, todavía estaba en Cuba y pertenecía al arsenal cultural del mundo, no se podía dejar su futuro en manos de personas de mentes escasas y cerradas por lo tanto, con todo el historial musical de mi hija metidos en el fondo de una maleta y con el fuerte deseo en mi corazón de triunfar en el empeño, decidí emprender este viaje solo con una meta, conseguir de alguna forma la atención de alguien que pudiera valorar sus facultades con justeza y lograr con mi acción que el mundo no perdiera en la profundidad de una sucia y despiadada ignorancia, una joya de tanto valor.

Una brusca sacudida del avión me despertó de mi letargo mire el reloj y eran las 12.30 de la noche, llevábamos ya dos horas de viaje y por las ventanillas se divisaban las luces de Nassau tintineando a lo lejos y que desaparecían de nuestra vista poco a poco, mientras allá entre las penumbras iban apareciendo otras, que se iban haciendo más visibles, eran sin discusión alguna, las de la isla de Harbor. Aquella experiencia era algo bello y completamente nuevo desconocida totalmente para mí y no me permití ni un segundo de reposo, cerrar los ojos ni pensarlo, jamás, quería verlo todo no quería perderme absolutamente nada, todos mis sentidos estaban alerta ante aquel maravilloso espectáculo cruzamos entre las Islas de Te Bluff y Bridge Point para posteriormente adentrarnos de lleno, en la inmensidad del Océano Atlántico. A dos horas y media de mi salida de la Habana en mi mente solo persistía una idea que cada vez se hacía más fuerte, llegar a España y en mis meditaciones me formulaba las siguientes preguntas. - ¿Cómo haría para pedir asilo político? ¿Cómo me recibirían en aquella tierra extraña? Además, debía de argumentar muy bien los motivos de mi asilo político, ya que en España según comentarios llegados a mis oídos acostumbraban a retornar a algunos cubanos a su lugar de origen, esta y otras eran las preocupaciones que no me dejaban tranquilo ni un solo instante metido en aquel avión, pensaba en todo lo que había dejado atrás para tener esta oportunidad, increíblemente aunque volaba en un avión perteneciente a una compañía de aviación al servicio de Cuba, me sentía en tan corto tiempo, un hombre ya completamente libre.

El Batacazo

Se me ocurrió nombrar así a este episodio, aunque muchos no conozcan esta terminología y el significado de esta palabra no les diga absolutamente nada, el hecho que no aparezca en el diccionario de la lengua española no quiere decir que el cubano reyollo no conozca la terminología *batacazo*, ésta, al ser empleada en cualquiera de sus aplicaciones lo traslada rápidamente a un clímax superlativo, es el verdadero ejemplo de una situación de extrema hecatombe, también por decirlo de alguna manera, destaca el argumento que nos lleva al concepto de carnicería, destrucción, estrago, ruina, desolación decadencia, retroceso, cataclismo, tragedia y todo con lo que podemos definir cualquier imprevisto no deseado y surgido desde cualquier dirección, como un ente aparecido en el escenario de una muy elaborada obra, que de seguro, daría al traste con todos nuestros planes, sacando del coronado proyecto en un santiamén, los deseos más importante de toda la vida, ver realizadas mis ilusiones y las de toda mi familia era mí principal objetivo, pero al parecer éstas aspiraciones con el paso de las horas, se alejaban cada vez más y poderlas realizar a cada minuto se hacía más difícil, cada vez que profundizaba en mis planes todo se complicaba más, dando paso a problemas y a conflictos que surgían desde todos los ángulos y enmarañaban mis planes en todos los momentos, a cada paso comprobé con tristeza que mis sueños e ilusiones jamás se harían realidad, por lo menos así parecía y aquella salida de Cuba planeada con tantas buenas ganas, solo se convirtió a través de todo este viaje, en una cruel e insoportable pesadilla.

Al comienzo de este viaje, el vuelo se desarrollaba tranquilo de vez en cuando alguno que otro encontronazo, al parecer producto de alguna falta de sustentación del aparato en la atmósfera, ya casi habían transcurrido cuatro horas y según yo tenía entendido, España estaba a más o menos a unas diez de La Habana, así que faltaban como seis horas o quizás más para llegar al aeropuerto de Barajas en la ciudad de Madrid, España el lugar escogido por mí para tomar otro avión que me llevaría posteriormente según mis planes a Rusia, ahí terminaría mi viaje de placer, así estaba todo planificado por las autoridades de inmigración cubanas y también donde yo aprovecharía la oportunidad al hacer escala en Barajas, para presentarme a las autoridades españolas, pidiendo al mismo tiempo mi asilo político.

Pero cuantos sustos me faltaban y que lejos de la realidad estaba, en unos instantes un sudor frío comenzó a brotar por mi frente, mi camisa, mi piel por debajo del suéter empezó mi espalda también a empaparse, el termómetro dentro del sector de tercera clase marcaba una temperatura que para todos debería ser grata, pero yo sentía frío, un frío insoportable que me bajaba por mi columna vertebral hasta alcanzar mis piernas me levanté del asiento y busqué en el compartimento de equipajes, una cobija y me cubrí con ella, al cabo del tiempo toqué mi cuerpo y comprobé que permanecía helado, un frío extraño como si el avión estuviera atravesando en ese mismo instante por el centro de un témpano de hielo y aquello cada vez era más insoportable, decidí llamar a la aeromoza para preguntarle el por qué, la temperatura dentro de aquel avión estaba tan baja, pero al mirar a mi compañero de asiento, me arrepentí de hacerlo, mi vecino estaba tranquilo y al parecer en vez de frio lo que sentía era calor, pues su frente sudaba copiosamente entonces me preocupe aún más, por lo visto el que estaba mal era yo, algo en mi cuerpo no funcionaba correctamente y debía por mi bien cuanto antes saber qué pasaba. Claro, aunque me encontraba viajando en un DC10 perteneciente a una compañía francesa la tripulación era netamente Cubana y mi intención desde que comenzó el viaje era pasar entre ellos totalmente inadvertido, traté por todos los medios de no llamar exageradamente su atención, pues era de suma importancia el que no se reparara en mí en los momentos que se avecinaban, pues a la hora de arribar al aeropuerto de baraja, no quería que mi ausencia se hiciera notar, seguro estaba yo que de no tomar estas medidas, al conocerse de mi deserción saldrían todos inmediatamente disparados a buscarme, por eso me armé de paciencia y traté de pegarme aún más a la ventanilla y por todos los medios hube de poner en mi mente algo positivo que me tranquilizara y que desviara mi atención de todo lo que me estaba sucediendo en aquellos momentos.

Pensé en algo reconfortante a partir de ese mismo instante y mis pensamientos me trasladaron a la familia que había dejado en Cuba, entré en un letargo y recordé en él la infancia de mi hija, cuando era pequeñita y también en sus primeros años de estudios, en su primera maestra aquella magnifica maestra de Pre escolar llamada Elda Pontón, la que me esperaba todos los días con una sonrisa en los labios para contarme de las travesuras de mi pequeña hija, en mis sueños vivía de nuevo el primer día de clases, cuando mi esposa y yo frente a la escuela nos escondimos detrás de un árbol, para esperar a que a nuestra niña se le calmara, el berrinche que formaba al creerse sola y abandonada.

Comenzaba una nueva etapa en la educación de nuestra hija, pues era el primer instante por el que se transita al preparar a nuestros hijos para enfrentarse a la vida, teníamos que abrir puertas y ventanas y abrirle camino al día y a la noche sabemos que por estos mismos momentos transitan todas las familias educan a los hijos, los crían y un día los pichones realizan su primer vuelo y en un segundo, empiezan a vivir sus propias vidas, el consuelo que nos queda es que al final de sus días siempre regresan como pájaros al nido donde nacieron convertidos en experimentados y verdaderos adultos aunque haya transcurrido el tiempo para sentir de nuevo el calor de la familia, ellos como las aves, emigran retornando siempre al lugar donde nacieron, los que no, mueren con ese sentimiento de impotencia de no poder lograr sus sueños, culminándolo todo con un retorno triunfal. ¿Cuántos hemos partido de nuestra tierra durante todos estos años y no hemos podido regresar?

Hemos vivido durante más de cincuenta años bajo un régimen de terror, de calamidades de ignominias y al partir de nuestra tierra lo hacemos pensando en que algún día, regresaremos triunfantes llenos de gloria y de logros, por eso volveremos al lado de aquellos que queremos, para colmarlos de esperanzas y agasajarlos de alguna forma al no tener la suerte que tuvimos nosotros, de poder escapar de ese terror constante que los acompaña día a día y nos preguntamos una y mil veces. ¿Cuándo Dios nos permitirá reunirnos en libertad otra vez? Cuando volveremos a vivir esos momentos gratos como aquellos vividos en casa de los abuelos, donde nos reuníamos sin preocuparnos de nada y volver a disfrutar del cariño y el amor que a todos nos unía, y me pregunto. ¿Hasta cuándo tendrá que seguir sufriendo el pueblo de Cuba? ¿Qué pecado capital habremos cometido los cubanos para que Dios nos castigue de esta forma?

Señor, señor, entre mis sueños escuché una voz muy suave y melodiosa, abrí los ojos y apareció delante de mí, un ángel de pequeña estatura. ¿Estaría todavía soñando? A mí mismo me pregunté. Estaba vestido con el atuendo de las empleadas del avión el color de su vestido armonizaba en una combinación perfecta con sus ojos de un azul cielo, me miraba con mucha atención en sus manos llevaba una revista y me preguntó muy amablemente. ¿Se siente usted bien señor? ¿Desea usted un jugo un refresco o algo en particular? Le contesté con voz entrecortada y con un terrible sabor amargo en la boca, me podría alcanzar un jugo de naranja por favor. La muchacha se retiró y segundos después, regresó con un vaso helado en sus manos, en el que traía la refrescante bebida tome el bazo y lo llevé a mis labios, mi boca hervía de la fiebre y aquél vaso de jugo helado paso por mi garganta como si fuera el elixir mágico que me devolvería la fuerza y que ya para ese momento, había perdido por completo. Traté de saborear la refrescante bebida y después de hacerlo, sentí mareos y traté de calmar mis nervios, desde que salí del aeropuerto no me sentía con ánimo ni siquiera para lavarme la cara, además, estaba molesto y mis ropas se encontraban pegajosas, un ligero olor desagradable predominaba en el ambiente, después de intentarlo dos o tres veces sin ningún éxito, al fin pude levantarme del asiento que ocupaba en el avión y con muchas dificultades y dando tumbos como un borracho me dirigí en dirección al baño. Los zapatos me resbalaban en los pies como si le hubieran untado grasa por dentro, caminé por el pasillo y al llegar frente a la puerta del baño le di un fuerte empujón y entré encendí la luz y al ver lo que me sucedía, el estómago me dio un vuelco.

Tenía sangre por todas partes, las piernas, mis rodillas, mis zapatos se encontraban encharcados por dentro las medias que horas antes eran blancas, ahora habían tomado el tinte rojo negruzco del líquido de la vida y entonces empecé a comprenderlo todo, los mareos, el frío injustificado, la fatiga en todo el viaje, pasé mi mano derecha con cuidado por mis glúteos y entonces fue solo cuando comprendí la triste realidad.

Salud Entre Comillas

Hospital Calixto García, ciudad de la Habana tres meses antes de este viaje.

La consulta de proctología de ese laborioso hospital se encontraba ese día repleta de pacientes, me trataba hacía algún tiempo de una fístula peri anal, la que, por cierto, por aquella época estaba ya bastante avanzada. El médico, un gran amigo mío, llevaba algún tiempo buscando todos los medios para obtener una solución al mal que me aquejaba y evitar con tratamientos no quirúrgicos, una posible y casi segura operación.

Todos los cubanos conocemos bien, que el acudir a un hospital en Cuba y realizarse, cualquier procedimiento por muy sencillo que este parezca, es jugarse como decimos en el mejor sentido de la palabra, el todo por el todo, los salones de operaciones están contaminados por la falta de productos para desinfestarlos, en ellos todos los días se incrementa la falta de lo más mínimo, una aspirina, una jeringa estéril, un pedazo de algodón, alcohol, cualquiera de estos productos sin contar por supuesto los necesarios e inexistentes antibióticos, son cotizados como artículos de lujo en vez de ser catalogados como de primera necesidad, una transfusión de sangre no aparece cuando hace más falta y en muchas ocasiones, es donada por el mismo paciente que va a ser intervenido quirúrgicamente pocas horas antes de su propio procedimiento pues en los bancos de sangre la inexistencia de este precioso líquido disminuye cada día, aunque sea lo contrario a lo que dicen sus dirigentes, los que presumen de que Cuba es un país con una alta conciencia entre su población y se dice de practicar una cultura sistemática con respecto a las miles de ficticias donaciones voluntarias tanto de órganos para trasplantes, como de sangre, los medicamentos en todos sus renglones, siempre están ausentes con escasa diferencia de quienes lo necesiten pero sin embargo aquí viene la gran contradicción, si tienes un amigo o conocido en las altas esferas del gobierno o perteneces a alguna organización política identificada con el régimen, logras un salvoconducto inmediato para entrar a lo que todos llamamos el mismo paraíso, el Hospital Sira García, El CIMEC la tan increíble instalación nombrada La Pradera o el piso # 23 del Hospital Hermanos Almejeiras, son verdaderos paraísos lugares donde se atienden a los privilegiados del régimen comunista, que después de pagar el alto precio durante toda su vida por los servicios médicos recibidos con su lealtad al gobierno, entran también en la clasificación de privilegiados del sistema de salud cubano, ser socios, amigos, familia de los favorecidos de las altas personalidades de la elite gobernante, te convierte inmediatamente de la noche a la mañana, en un cubano sin problemas, desvinculado totalmente por medio de los secretos sorprendentes de una varita mágica, de las escaseces y limitaciones que padece el pueblo de Cuba, que deviene según palabras mentirosas de Fidel Castro, del cruel, criminal e inaguantable bloqueo Americano.

El Dr. Carlos, afamado y capacitado especialista en la rama de la proctología en el país, ese día se encontraba en su consulta de un humor canino, en la mañana como siempre para venir al hospital, tuvo que pedalear su bicicleta china desde la Víbora hasta el hospital en el Vedado, podemos decir que aproximadamente unos diez Km de distancia, el motivo, solo uno, no tener gasolina para su viejo auto Lada del año 1980.

El médico se acomodó en su escritorio, y con síntomas de un gran cansancio y aburrimiento me miró con ojos extraviados seguidamente se rascó la cabeza y enmarcando en su rostro dos o tres arrugas como si pretendiera ser la inspiración principal de una obra de Picasso, se dirigió a mí con una voz que parecía salida de ultratumba, mi amigo. ¿Hasta cuándo tendremos que resistir todo esto? Ya no hay luz en los baños, ni sabanas en las camas, no hay apósitos para curar ni jeringuillas inyectables en el hospital, todo esto se está cayendo a pedazos y continuaba hablando y a su vez con un constante movimiento sacudía su cabeza, estamos operando prácticamente sin personal auxiliar de salón y dando paseítos de aquí para allá continuaba, no hay servicios de anestesia fiable, las faltas de asepsias nos están comiendo por una pata y para que sepas me dijo dirigiéndome de soslayo una mirada acompañándola con una mueca de desagrado en los labios se dirigió a mí, en voz muy baja.- *Quedamos muy pocos, todos los médicos estamos tratando de tomar misiones fuera del país, Fidel paga una miseria por nuestros servicios pero que remedio nos queda, mientras,* y continuo diciendo, *otros tienen un poquito más de suerte y salen de este infierno de escaseces pues nuestro comandante los manda para Venezuela de gratis, para hacerse el gracioso con el nuevo socialismo .*

Los médicos buscan escapar, aunque sea para Haití y así tratar de huir de esta desgracia, yo solo lo miraba y desde mi lugar solo asentía con la cabeza y dirigía la mirada a todas partes, temiendo que aquella andanada de verdades fuera escuchada por algún simpatizante del régimen y se formara allí mismo, lo que de seguro sería inevitable.

Un sentimiento de pena me embargaba al ver los trabajos y las penurias por las que estaba pasando aquella eminencia de médico, de verdad todo aquello era para volverse loco. Con un suspiro y después de darnos un fuerte abrazo, dimos por concluida aquella triste y penosa conversación, terminamos la amistosa entrevista con un apretón de manos y nos despedimos con el firme propósito y el convencimiento mutuo de que yo mientras pudiera evitarlo, bajo ningún concepto me operaria de mis dolencias en la isla de Cuba.   Después de una media hora en el baño, esperando que se me pasaran las fatigas y los mareos, tambaleándome y con mucha dificultad me dirigí de regreso a mi asiento tratando por todos los medios de que no se dieran cuenta del estado en que me encontraba, quise dormir y que el tiempo volara junto con aquel avión, quería llegar a España, estaba muy débil y faltaban casi tres horas para arribar a Madrid, me acomodé lo mejor que pude poniendo mi cabeza en el cristal de la ventanilla y perdiendo la mirada en el vacío de aquella negra noche recé.

Le pedí a Dios que me dejara llegar a mi destino y con mis rezos también imploré por todos aquellos que, en estos mismos instantes, se encontraban en situaciones similares o muy parecidas a las mías.

Yo estaba seguro, que, en estos mismos instantes, alguien también suplicaba por la misericordia de Dios y de la Virgen María, pues tal vez en este momento otros se estuvieran ahogando en el estrecho de la Florida, y desde el fondo del mar los gritos de reclamo de todos los que se encontrara en estos menesteres, de alguna forma por alguien serian escuchados.

Las salidas furtivas de Cuba suceden todos los días y a todas horas, el objetivo de todos es escapar, no importa hacia donde ni como, pues todos los cubanos hemos perdido las esperanzas de que algún día se origine de alguna forma u otra, un cambio en el sistema político de nuestro país, no es una posición derrotista la mía, pero han pasado muchos años y se han diluido en el viento todas las buenas ideas de generación en generación, ha corrido sangre en nuestro pueblo y después de muchos años, mucha gente ha muerto en las prisiones sin ver la luz de la libertad, mientras otros han corrido con mejor suerte pues solo por el simple hecho de pensar diferente han sido deportados sin poder jamás regresar a su tierra.

La luz de prohibición de fumar se encendió en el panel de advertencias para los pasajeros y una voz se hizo sentir por el sistema de audio. "Señores pasajeros en breves momentos estaremos aterrizando en el aeropuerto internacional de Barajas "España" "Les agradeceremos a todos mantenerse sentados en sus asientos y le aconsejamos abrocharse sus cinturones de seguridad por favor, no fumar, esperemos hayan tenido un feliz viaje, el Capitán y la tripulación le damos las gracias por haber escogido para realizar su viaje a Cubana de Aviación" ¡Que descaradooooos! (Pensé)

España

El avión en pocos segundos corría por la pista, al poco tiempo se detenía y al final de su carrera, mis ojos divisaron por primera vez un mundo nuevo y muy diferente al que yo conocía, extrañamente y cosa que no esperaba, el aeropuerto de Barajas no tiene acceso directo del avión a la sala de inmigración, yo me imaginaba un túnel que caminando me tropezaría directo con la oficina de inmigración, pero no fue así, bajé las escalerillas del DC10 y me dirigí caminando hasta la entrada del edificio donde se encontraban las garitas de inmigración, yo había aprovechado el sueño de la azafata para escurrirme a oscuras por el pasillo hacia el baño del avión con mi suéter amarrado en la cintura, mi intención siempre fue que no me vieran las ropas manchadas de sangre, en ese instante me cambié, poniéndome en la salida de la sangre unas servilletas de papel y de esa forma, pude contener la enorme hemorragia de la que era objeto, esta acción me permitió bajar en silencio a tierra sin que nadie se percatara del sofocón, por el que yo había pasado en aquel viaje.

Caminando seguí al último en la fila hacia el lugar donde todos se dirigían, era una hilera larga que semejaba una serpentina de personas y con aquél pesado equipaje tuve que andar aproximadamente unos quinientos metros para llegar a las garitas de inmigración, pero faltando unos cien metros para llegar, observé a mi izquierda un funcionario vestido con pantalón negro y camisa blanca, estaba apostado frente a una puerta donde todo indicaba, que se encontraba el puesto de la guardia civil española, ni siquiera lo pensé, corrí como si me estuviera persiguiendo media seguridad del Estado Cubano, el guardia por supuesto acostumbrado ya a verse envuelto en estas situaciones, me mandó a pasar rápidamente a una pequeña oficina, diciéndome con voz cariñosa y muy afable. - No se preocupe, mantenga la calma ¿Está usted bien? - Me preguntó

- ¿De dónde viene?

Y al decirle yo que era cubano, se dirigió a mí muy amigablemente, con una sonrisa que le llegaba de oreja a oreja.

-No temas, estas en un país libre y nadie puede hacerle absolutamente ningún daño y seguidamente me preguntó. ¿Deseas protección del gobierno español? Yo mirando a todos lados como si estuviera perseguido por una horda de comunistas, asentí rápidamente con un gesto de mi cabeza inmediatamente me hicieron pasar a otra oficina donde otro oficial me solicitó el pasaporte y comenzó a hacerme más preguntas, al cabo de una media hora y después de tomar mis huellas e introducir mis datos en una computadora, me hicieron pasar a otro departamento.- Allí me proporcionaron una taquilla donde puse todas mis pertenencias, también me facilitaron toallas, jabón, champú y me entregaron, ropa limpia. Después de un reconfortable baño y de quitarme todas las ropas sucias del viaje, me visitó una agente de inmigración la que con una seña de su mano me instó a que la siguiera, me llevó a un edificio contiguo en el cual se encontraba la sala de estar, allí unos asientos de hierro pegados a la pared y unas cuantas mesas con sus sillas hacían la función de comedor, en un rincón un teléfono público, un expendedor de Pepsi Cola y un televisor.

Aeropuerto de Barajas (Madrid)

Los cuartos bien espaciosos se componían de a cuatro literas cada uno, los que en esos momentos y muy extrañamente casi todos se encontraban vacíos, un baño con un espejo enorme, con agua fría y caliente eso era todo lo que se ofrecía en aquel lugar. En el salón viendo la televisión se hallaban también varias personas, entre ellas una colombiana y dos cubanos más. Los cubanos, al parecer eran procedentes del mismo vuelo en que yo había llegado, inmediatamente al verme la colombiana se me acercó y saludándome muy cariñosamente me preguntó con voz chillona ¿Tu eres cubano? Asentí con la cabeza sin decir más palabra, ella estrechándome la mano en voz muy baja me comentó que era de Colombia, había llegado hacia como quince días en un vuelo procedente de su país con documentos falsos, también me dijo que fue descubierta y que estaba esperando todos los trámites para ser deportada. Lo triste del caso era, diciéndome en el cuéntame tu historia, que sería devuelta de regreso a Colombia ese mismo día, también me comentó, que no me preocupara, que a los cubanos nunca los deportaban, que de seguro me demoraría ocho o diez días en aquel lugar, pero que al final, me darían la entrada a España.

Ella, me aseguraba que desde que estaba en ese sitio nunca se había dado el caso de que las autoridades españolas hubieran deportado a ningún cubano, el alma después de aquella conversación me vino al cuerpo y me sentí más seguro que clase de lengua como decimos los cubanos, que manera de buscar conversación en menos de un minuto me contó toda su vida y eso que la veía por primera vez, recuerdo que experimenté tremenda pena por aquella niña pues, en conversaciones sostenidas con el guardia que algún tiempo después entablé amistad, pude conocer que aquella muchacha de apenas dieciséis años, tenía en España desde hacía varios años toda su familia y ese era su intento número seis para tratar de reunirse con ellos en este país, pues el caso era que la inmigración de este aeropuerto la había detectado cuatro veces o sea, que en la causa era reincidente, así que ahora entendía porque tenía aquella muchachita tanta experiencia en el asunto.- Como a la hora y media de estar allí me llamaron al comedor para ingerir mi primera comida, pero que extraño, no sentía ni gota de hambre, mire el reloj y conté las horas de diferencia entre Cuba y España y ahí mismo me di cuenta de todo lo que por mi sucedía. El cambio de horario ya estaba empezando a hacer sus acostumbrados estragos, cuando debía de estar despierto como un lince, tenía un sueño de lirón, me estaba quedando dormido hasta de pie y todo se debía a la diferencia de seis horas y el cansancio en mi cuerpo por tan agobiante viaje.   No ingerí nada a pesar que la comida era extremadamente buena, un solomillo de res al jugó con puré de papas y una bella ensalada mixta se fueron al cesto de la basura, tomé en mis manos un vaso de jugo de naranja, guardé una roja y enorme manzana en un bolsillo y me fui a la cama a descansar de mi viaje como si estuviera completamente muerto. Poco a poco me fui adentrando en el sopor de un sueño, que no tenía nada de tranquilo y mucho menos de placentero.

Mi amigo Orestes

Calabozos sucios, horas enteras acompañado por oficiales de la seguridad del estado cubano tratando de resquebrajar voluntades, innumerables métodos sicológicos de torturas después de horas enteras sin ni siquiera obtener una colilla de cigarrillos en fumadores habituales, esas son algunas de las virtudes del sistema y de los interrogatorios del régimen comunista cubano. En mi estado de sueño y vigilia recordaba a mi amigo Orestes, el que me había contado todo lo que había sufrido en las cárceles de Fidel Castro, al ser detenido en una ocasión por la seguridad del estado cubana, acusado de pertenecer a la organización de lucha pacífica por los derechos humanos Félix Varela, todos estos recuerdos no me dejaban descansar, pasaban por mi mente como las escenas de una película, vista en tercera dimensión.

Con el paso de los días, mi amigo Orestes puso en mis manos un documento que por mucho tiempo deseaba conocer por vez primera lo tenía en mis manos, era un proyecto que sin atacar violentamente con rebeliones armadas al gobierno, lo combatía de otra forma más inteligente, utilizando las bases vigentes de la Constitución de la República reclamaba el derecho que tienen todos los seres humanos, de vivir libres tanto de pensamiento, como de palabra u obra, también se le reconoce en él mismo a los ciudadanos cubanos o de cualquier país, su derecho de entrar y salir libremente a Cuba y además obliga a respetar los derechos humanos en todo el mundo acuerdos que indiscutiblemente el gobierno de Cuba jamás ha cumplido, violando una y mil veces desde hace casi cinco décadas, todos los derechos humanos, este proyecto de ley como todos lo conocemos se llama proyecto Varela y desde el mismo instante de tenerlo en mis manos, me dediqué a estudiarlo y a difundirlo entre el círculo de mis mejores amigos.

Con todas estas ideas en mi mente como si los hechos hubieran ocurrido en estos mismos instantes, me levanté de un salto de la cama pensando que todavía estaba en mi casa, allá en mi barrio de Centro Habana. Miré a mi derredor y no me daba cuenta de donde realmente me encontraba, todavía pensaba tener detrás de mí al G2 cubano, pues déjenme contarles que en unas de mis reuniones en la Habana, di a conocer mis sentimientos e inquietudes políticas en una reunión ante la presencia de uno de los agentes comunistas infiltrado dentro de la organización, el que gozaba de toda libertad dentro del movimiento, convirtiéndome de esta forma en un blanco extremadamente fácil para las hordas de la inteligencia comunista.

Todo esto se lo hice saber a los funcionarios del departamento de asilo político que me interrogaron para determinar, si aplicaba dentro de lo establecido por la ley española para merecer el derecho, el que me fue otorgado en menos de veinticuatro horas posteriores a la entrevista, siendo mí caso calificado por todos, como uno de los pocos en haber recibido el asilo, en tan corto tiempo.

Se me perdía la vista observando a lo lejos un campo caprichosamente verde para esta época, terminaba adornado con unas pequeñas elevaciones y a lo lejos, una montaña muy alta remataba en su cúspide un blanco níveo, el que casi imperceptiblemente se veía desde donde yo me encontraba. Madrid es bello y su gente de un valor humano extremadamente grandioso. Todos los que había conocido desde mi llegada, se disputaban la oportunidad de conversar conmigo de cualquier tema, tanto social, político, como histórico, aquella gente adoraba a Cuba y por lo que vi, mucho más, al pueblo cubano. Al mismo tiempo odiaban desde lo profundo de sus corazones a todos sus actuales gobernantes, en cierto momento tuve la oportunidad de acompañar a un oficial de inmigración en su guardia nocturna, el mismo me contó historias de su bisabuelo, el que había viajado a Cuba cuando la guerra de 1895 participando en la Guerra Hispano Americana y defensor por las tropas Españolas en el combate de las Colinas de San Juan, estas posiciones fueron asaltadas por el ejército de los Estados Unidos el día 1 de Julio de 1898 y cinco meses después, se produjo el hundimiento en la bahía de la Habana, del acorazado Maine, exactamente el día 15 de Febrero del año 1898 y este hecho llevó a cabo a lo que tanto el gobierno de los Estados

Unidos buscaba, la política siempre utilizada hacia Cuba y todos los países del tercer mundo, la de la fruta madura dejemos que estén debilitados, llegamos, intervenimos y ganamos. También intercambiamos conceptos con respecto al conocido Tratado de Paris, el que puso fin a este conflicto, llevando al término de la guerra de Cuba y España comenzada el 10 de octubre de 1868 con el levantamiento en el Ingenio de La de Majagua de Carlos Manuel de Céspedes y todos sus esclavos boquiabiertos había quedado, al comprobar el conocimiento de estas gentes, de la vida, la cultura y de la Historia de Cuba.

Permanecía sentado en la sala de espera y muy entretenido mirando las noticias en la TV cuando se me acercó José, aquél guardia que al parecer ocupaba un puesto importante dentro de alguna jerarquía en aquel lugar, pues todo el personal del lugar, cumplían solícitamente y al dedillo todas sus instrucciones.

José se dirigió a mí por el apodo que allí se me conocía desde el mismo día en que llegué y me dijo:- Cuba, algunos periodistas de distintas agencias noticiosas lo están esperando en el vestíbulo de la terminal, interesados en algunas de sus posibles declaraciones.- Con esto sí que no contaba, ya que nunca pensé que mi caso fuera a despertar algún tipo de utilidad para la prensa, porque nunca me había creído una persona de interés político para nadie, pues cubanos como yo, se encuentran en el mundo por montones.

Desde el instante que puse los pies en esta tierra y me relacioné con todas estas personas afables y cariñosas, discutí momentos llenos de carencias, de dificultades y de tragos amargos por los que pasan todos los días la gente de a pie en mi país, que son con toda seguridad, los problemas más comunes por los que a diario transita el pueblo de Cuba, siendo este tema de dominio y conocimiento general para todo el mundo, comenté con ellos en mis largas veladas, del mal pago que recibían los profesionales de mi país, también con respecto a las medidas económicas y absurdas que se aplicaban a los trabajadores, luego de desempeñar labores que le aportan a la economía del sistema grandes beneficios, los que al realizar dichas labores recibían por ello un pago irrisorio y miserable de acuerdo y considerando el costo actual de la vida y que apenas les servía para solucionar lo mínimo de sus carencias, siempre en nuestras reuniones, dialogaba de Cuba y de su Historia tocando superficialmente algunos puntos donde mencionaba a mi hija a mi esposa y demás, comentaba como sería posible el mitigar lo mínimo de sus necesidades, nunca pensé que todas estas conversaciones que yo mantenía con el mero hecho de intercambiar conocimientos e ideas de carácter político y social dentro de aquel reducido grupo de personas, fueran a motivar que se me considerara a mí, una persona de extremo interés para la prensa, me detuve a pensar por un instante aquella comprometedora situación, había dejado en Cuba a toda mi familia, la que había quedado indefensa y a expensa del comunismo como ya se sabe y como todos conocemos el régimen comunista acostumbra a abusar de todos aquellos que tienen la osadía de contradecirlos en sus abominables designios y junto a mis nuevas preocupaciones acudieron también a mi mente, nuevos recuerdos.

Mi Pobre Infancia

Como ya sabemos y hemos tocado este tema en capítulos anteriores, mi vida se desarrolló en el seno de una familia pobre mi padre trabajaba como peón en una cantera de piedras perteneciente a un señor llamado Carlos Parodi en las inmediaciones de la playa de Guanabo, en la provincia de la Habana. Colgaba de las alturas amarrado peligrosamente por la cintura de una soga, disparando cargas de dinamita para la extracción del material que de allí se obtenía, en este trabajo se jugaba la vida constantemente recibiendo por su agotadora jornada de trabajo apenas malamente para subsistir, ya que obtenía la suma de unos veinticinco centavos por hora desempeñando esa labor.

Corrían los años de 1950 y Cuba era un símbolo de oportunidades económicas para algunos. Las empresas americanas tenían el 90% del control económico de todo el país y todos los que tenían la suerte de encontrar un buen trabajo en alguna de ellas, eran amparados automáticamente por el sistema de aquella exuberante y prometedora República y por ende, eran presuntamente salvados económicamente, muchos para llegar a estos niveles comprometían su voto político con aquellos que mentirosamente les aseguraran su estabilidad social y económica, de esta forma corrupta y poco patriótica podían entre comillas asegurar su estabilidad en aquella sociedad mezclándose en un medio putrefacto donde lo único que importaba era el voto en las elecciones al político de turno y de esta forma podían lograr una botella como se decía en aquellos tiempos, manteniendo su posición ventajosa en aquel sistema que estaba diseñado para defender el bienestar y la opulencia de una sola clase, aquella que abanderándose con las ideas de una mal llamada democracia, sumía al pueblo de Cuba en una miseria total, sirviendo solo para llenar los estómagos a las familias de politiqueros, botelleros y algunos de sus amigos.

Estos, jamás pensaron realmente en erradicar la pobreza ni buscar una solución para la clase pobre en Cuba, todas estas irregularidades en la década del 50 llevó a la destrucción de una bella y prospera República, los robos al tesoro del país, las mentiras, los asesinatos a mansalva, burlas al pensamiento progresista y a los estómagos de la clase obrera, hicieron surgir situaciones combinadas también con la inestabilidad del sistema, todo esto origino inevitablemente el alzamiento hacia la manigua de todo un pueblo.

Pasó el tiempo y me convertí con mi joven edad en estibador de camiones de mercancía de aquellos camiones que todos conocíamos con el nombre de Los hermanos Rodríguez también trabajé cargando alimento para el ganado en los camiones de David Aguiar y su tío Ángelo y todo este trabajo lo desempeñaba con la corta edad de once años. Creo yo y es una opinión muy personal, que los principales culpables de haber traído a Castro al poder y haber condenado a Cuba a todos estos años de opresión convirtiendo su democracia en un sistema comunista, llevando al sufrimiento de todo el pueblo de Cuba fue el manejo desenfrenado y la falta de escrúpulos de todos aquellos politiqueros de antaño, que nunca respetaron ni tuvieron la honestidad ni la limpieza de gobernar a un pueblo para el pueblo, por eso aplaudo a mis padres pues aunque estaban llenos de necesidades, jamás montaron el tren que los alejaría de la vergüenza la honestidad y de una verdadera democracia. Aquella gente con sus sucios manejos solo le interesaba desangrar a la clase pobre, para incrementar y resaltar sus propios beneficios, en este medio de vergüenza y de aspiraciones crecí y vi como mi madre no paraba de coser noches enteras, lavando ropa para la calle como única forma de ayudar con el peso económico de nuestro sencillo y pobre hogar.

En el año 1953 como les dejé entrever, nació mi única hermana, la que toda mi vida significó mucho para mí y con este alumbramiento también recibimos en el seno de la familia mucho amor, este acontecimiento nos obligó a incrementar todos nuestros esfuerzos, con más trabajo y mucha dedicación después y al cabo del tiempo mejoramos un poquito nuestra situación económica, pues mis padres, pudieron comenzar a pagar las primeras letras en la compra de un pequeño camión, a partir de ese momento, pasamos de pobres a ser una familia con un poco más de solvencia económica, pero no por eso dejamos de ser aquellos que con necesidades y sorteando escollos, nos manteníamos malamente a flote en nuestras economía, para llevarnos más fácilmente el plato de comida a la boca. La vida en mi Campo Florido desde aquel momento, se hizo para nosotros un poco más llevadera.

Trabajaba yo en una bodega por las mañanas y después me dirigía a la escuela por la tarde para recibir mis clases, al llegar a mi casa después de cambiarme mi ropa de escuela, bajaba al pueblo, todos pensarían que a jugar pelota o hacer travesuras como cualquier otro muchacho de once años pero no, era para trabajar en el sillón de limpia botas de un amigo mío y limpiar zapatos en la noche para ganarme con este trabajo apenas unos centavos, de esta forma, colaboraba con la economía de mi casa, pues ya como les mencioné había una pequeñita que cuidar y por eso con nuestro bien unido trabajo y metiendo el cuerpo con tesón y dándole gracias a Dios, como les mencioné jamás nos faltó un plato de comida que mitigara nuestra hambre y porque no, también para calmar la de algunos imprevistos que llegaran sin avisar a mi casa a la hora de almorzar.

Hoy se habla entre comillas de libertades, de logros obtenidos por la Revolución, de escuelas y de un sistema de salud que, según ellos, envidiaría al de cualquier país del mundo y yo me pregunto ¿por qué? Si es así, hay tantas personas deseando emigrar de Cuba. - Además, recuerden todos lo que dijo nuestro apóstol José Martí.

"Cuando los pueblos emigran, los Presidentes sobran"

Mi actual situación

Por eso, con todas estas memorias en mi mente volví a la realidad, me encontraba ya fuera de Cuba, en un país donde se podía respirar libertad, pero era increíble cómo cambia la vida de una persona en un segundo, después de todo lo que había pasado, la seguridad de mi hija y de mi esposa en Cuba dependían de las posibles declaraciones que les hiciera a todos aquellos reporteros traga noticias, que me esperaban fuera en la sala del aeropuerto.

Publicar mis declaraciones relacionadas con la situación en mi país no era nada nuevo para nadie, pues este desastre político era del amplio conocimiento del mundo entero, pero el yo hacerlo sería para mi familia en Cuba en estos precisos momentos, una verdadera catástrofe.

Inmediatamente al conocer de dicha situación me acerqué a José, el guardia que representaba el orden en aquel lugar y le hice saber que necesitaba hablar con la comisión que me había otorgado mi asilo Político ya que me ocupaba un asunto de vida o muerte y de no ser tratado con la urgencia que requería, sería como ponerle a toda mi familia en Cuba, una pistola lista para ser disparada, apuntando directo a sus cabezas, halar el gatillo y literalmente suicidarlos en vida. José con una mirada de la que se desprendía una inteligencia nada común, asintió con un gesto, y me dijo que me retirara a mi cuarto y que informaría de mi deseo lo más rápidamente posible a sus superiores.

Pasaron aproximadamente dos horas, cuando se personaron en la puerta de mi habitación dos personas, una señora mayor como de unos cincuenta años y un muchacho como de unos veinte o veinticinco quizás, el que con su mano puesta en el marco de la puerta me llamó por mi nombre, me pidieron que los acompañara hasta una oficina contigua en la que nos esperaba el ya mencionado José con unos documentos listos para ser leídos entre sus manos. Solicitaron que tomara asiento y al hacerlo, todos me siguieron con un gesto de amistad y brindándome un cigarrillo me preguntaron si fumaba y al decirles que sí, se miraron como cómplices de una misma aventura y con una sonrisa en los labios me dijeron, menos mal que usted fuma porque si no tendríamos que pasarnos todo el tiempo mirándonos las caras y eso para nosotros es imposible, ya que todos somos como unas chimeneas y con una carcajada nos sentamos amigablemente a dialogar envueltos en una nube de humo como si fuéramos todos miembros de un mismo equipo. José fue el primero en hablar, con un gesto señalando los documentos en sus manos me dijo, queremos saber el motivo del inminente peligro que dice usted tener con respecto a su familia en Cuba.

Segundo, su posible renuncia al asilo político de tener que hacer declaraciones a la prensa, ya que después de haber pasado todos los tramites pertinente por los encargados de estos asuntos y que después de su análisis determinaron otorgarle el asilo político en tan corto tiempo, estamos asombrados que usted renuncie a tal beneficio, después de que se aprobara su caso en un tiempo record, no obstante, nos preocupa, además. ¿Por qué? De ese temor a las declaraciones que puedas dar en un futuro a los reporteros. ¿Acaso usted y su familia están integradas al comunismo en Cuba? Yo les sonreí al ver que aquellas personas por mucho que lo intentaran, nunca conocerían todo lo que de verdad se sufre en mi país y las faltas de libertades que existen en él, traté por todos los medios de hacerles entender la represión de que éramos objeto y como era la realidad de la vida en la isla conocida con el nombre de la Perla de las Antillas.

Para tratar de encausar aquel debate por el camino más corto, comencé primero con el motivo fundamental de mi viaje a España.

Cuando salí de Cuba como conté en mi relato anterior, en un maletín que nunca se separó de mí, introduje toda la información personal y cultural de mi hija, todos los premios obtenidos en concursos tanto nacionales como internacionales documentos, fotografías videos, casetes con su música, pues ella era el principal motivo de mi partida de ese país, ya que la consideré una muy buena causa para arriesgarme y ofrendar si fuera necesario, hasta mi propia vida.

Mi pequeña hija era una compositora premiada internacionalmente y una de las promesas más jóvenes de la cultura cubana, en Cuba cuando salí, ella se desempeñaba como cantante y vedette principal del Cabaret Tropicana, gozando de gran popularidad y esto la llevó a ser seleccionada para una futura gira internacional o sea, que de hacer yo declaraciones en contra del régimen de Fidel Castro y el sistema enterarse en solo un segundo, después de haber efectuado tales declaraciones y solamente por el hecho de ser su padre, automáticamente seria separada del espectáculo y le aplicarían todo el rigor de las medidas cautelares acostumbradas en estos casos, por supuesto una de ellas sería ser separada de su carrera en el Instituto Superior de Artes, donde cursaba el tercer año de la carrera de piano, en resumen, la destruiría totalmente, alejando todas las posibilidades de sacarla del país en un futuro por lo tanto mi objetivo principal de este viaje no se cumpliría, ya que lograr sacar de Cuba a mi hija en un posterior momento sin que el gobierno se diera cuenta de las verdaderas intenciones, era completamente imposible, entonces me pregunté ¿Cómo es que los medios de prensa se enteraron? Esta pregunta se la hice a raja tablas a José, que se quedó un poco sorprendido al escucharla de mis labios, continué diciéndole ¿Cómo es posible que si habíamos hablado y comentado todo en un círculo privado, y sin ningún reportero presente? fuese yo a ser ahora, un objetivo de interés para la prensa, la prensa no conocía si yo era una persona importante o no, si estaba vinculada al gobierno de Cuba o no, por lo tanto había una filtración de mi caso al exterior, se conocía también incluso que mi esposa era una personalidad muy importante dentro de la esfera de la cultura en Cuba pues en la entrevista que me habían realizado los funcionarios de asilo, yo lo manifesté por eso ahora, cualquier declaración que yo hiciese en contra del gobierno cubano, representaría un peligro potencial para el normal desarrollo de las vidas de mi familia en la isla, así pues, si el estatus de asilado político que se me otorgó, dependía de dichas declaraciones a la prensa, yo renunciaba a ese derecho y le pedía muy encarecidamente a todos los allí presentes, que este asunto quedara bajo secreto y contaba con la colaboración y el completo respeto a mis decisiones del gobierno de España.   Y comunicándoles posteriormente mi interés de regresar a Cuba lo antes posible, aunque las consecuencias de esta decisión me llevaran a perder hasta mi propia vida.   Todos se quedaron anonadados, nunca pensaron que yo podía tomar este camino, pero claro, si hubieran estado en mi caso y dominaran todo lo que yo conocía, no se sentirían ahora como peces fuera del agua.

A partir de ese instante José y los integrantes de aquella reunión se mostraron hacia mi muy diferente, solidarios, más amigos y al parecer plenamente convencidos de la situación por la que yo estaba atravesando en aquellos momentos, se levantaron de la mesa y me dieron un fuerte abrazo, José que tenía la responsabilidad de los trámites legales en aquel lugar, me acercó una hoja de papel y un lápiz, bien sea por la emoción o porque le molestó el exceso de humo existente en la habitación, le vi correr una lágrima por su rostro diciéndome a la vez con voz entrecortada.

–Cuba, coloca en este documento todo lo relacionado con tu caso y el porqué de tu dejación del asilo político, espero que tu decisión sea la más acertada y que logres regresar a tu país y no tengas problemas con las autoridades cubanas, pero quiero que sepas que aquí siempre tendrás buenos amigos, cuando hayas resuelto la situación de tu familia y puedas regresar juntos con ellos acá, en los expedientes del departamento de inmigración y el gobierno Español, tu condición de asilo político será siempre respetada para ti y tu familia. Y con un fuerte abrazo se despidió de mí, llevándose consigo mi corazón y el documento que le había firmado.

Habían transcurrido apenas cincuenta horas de mi llegada al país, había arribado a tierra española el miércoles en la mañana y ya era viernes, salí de la Habana el martes o sea en plena semana santa, por lo tanto al yo perder el amparo como asilado político, me trasladaron con todo mi equipaje a cuesta, a la sala de espera del aeropuerto, sin más ayuda que la que me habían proporcionado aquellas buenas personas, tres manzanas, un pote de leche y unos panecillos en una respectiva bolsa de papel componía mi despensa, sin un centavo en los bolsillos y con todo mi equipaje a cuesta, comprendí que estaba completamente solo y sin ninguna protección, era un lugar donde cortantemente aconsejaban por los medios de audio, no apartarse de su equipaje ni un momento por la seguridad del mismo, en aquel lugar me sentí como vigilado por una fiera que esperaba la oportunidad de propinarme su zarpazo, dejándome sin nada y completamente en cueros en aquel lejano lugar. Metí mi mano en un bolsillo, extraje una libreta de notas que me dio mi esposa días atrás, en la que estaban escritos algunos teléfonos de sus amistades en España y que ella me las había incluido entre mis cosas como una última tabla de salvación por si llegara a necesitarlos en algún apuro.

Después de gastar el dedo en el disco telefónico la gestión fue infructuosa, pues todos los ciudadanos en este país en Semana Santa, se encierran en sus casas a invernar como osos en sus madrigueras. Como siempre se dice que un guajiro en la ciudad comete sus novatadas, pues aquel guajiro en España no estaba exento de ello, el dinero en pesetas que llevaba conmigo lo invertí en una tarjeta de llamadas, la que dejé olvidada en el teléfono después de hacer mi llamada y colgar el auricular, rápidamente regresé por ella a buscarla y como por arte de magia, la misma había desaparecido en cuestiones de segundos y rápidamente entendí el mensaje aquel, esto solo me daba una medida, de que en aquel lugar en que me encontraba debía caminar con los pies bien apoyados al piso, pasaron algunas horas y sentado en un banco en la sala de espera sentía desfallecer, comí una manzana y me tomé un poco de leche, gracias a Dios que después de ingerir estos alimentos las fuerzas volvieron a mi cuerpo y pude dirigirme al baño con todo mi equipaje a cuesta.

Necesitaba calmar mi sed y ni una peseta siquiera en mi poder tenía para comprar una botella de agua, así que pasé al baño aproximé mis labios al grifo y calmé mi sed como si estuviera en el medio del desierto del Sahara y hubiera encontrado de pronto, un verdadero oasis.

Me lavé la cara y los brazos y me fui al reservado para tirarle un vistazo al problema de mi fístula, gracias a Dios y a todos los Santos, aquello era historia pasada y al parecer mi sangra miento me dejaría tranquilo por algún tiempo. Salí del baño con aquella pesada maleta, aquél maletón a cada momento me pesaba más, al parecer mi esposa en vez de ropa había colocado piedras en él. Por suerte una pareja de señores dejó abandonado un carrito donde movía su equipaje y al verlo yo, le eché mano como si fuera aquello mi única salvación, me abalancé sobre él y lo agarré con todas mis fuerzas como si fuese lo último que haría en mi vida y a partir de ese instante, me convertí en el lento caminante silencioso enfermo y hambriento, que empujaba un carro de equipajes, por todo el aeropuerto de Madrid.

Las agencias de viaje en aquellos días trabajaban a medias la única oficina que se encontraba abierta dentro del aeropuerto era la agencia Iberia, porque como se sabe, yo no podía salir del área pues al no tener visa para entrar a España, tenía limitados mis movimientos y por ende, no tenía comunicación con Cubana de Aviación, la única agencia a la que le correspondía recoger a aquel pasajero extraviado que perdió su vuelo para Rusia por presentársele un problema de salud muy serio en aquél aeropuerto.- Este era el nuevo plan que yo concebí para justificar ante las autoridades cubanas, la pérdida de mi vuelo de España a Rusia y mi retorno no programado a Cuba, después de varios intentos de comunicarme con la agencia cubana de viajes, pude conectarme al fin con uno de sus agentes, le comuniqué de la forma más rápida que pude mi situación y le expliqué que perdí el vuelo de enlace para Rusia por problemas de enfermedad y me urgía regresar a La Habana lo antes posible por estar en condiciones de salud, muy delicadas.

Toda esta conversación fue por teléfono y en ningún momento el tal agente de ventas presento su cara, manifestándome que se comunicaría en cuanto pudiera con la Embajada Cubana en Madrid y les informaría de las particularidades de mi caso, el mismo me pidió nombres apellidos y el número de vuelo, yo sé que todo lo que se mueva alrededor de una posible deserción tiene que ser del estricto conocimiento del estado cubano, pero todo lo había calculado muy bien y no podía haber ningún error por lo tanto le informé donde estaba, para que después de todas sus esclavizadas gestiones, aquel individuo pudiera contactarme.

Era ya sábado en la noche, aproximadamente las 10.30 PM, en un vehículo de esos de dos ruedas movido por batería de los que utilizan los funcionarios para desplazarse dentro de las instalaciones apareció por fin, el hombre que tanto esperaba.

¿Usted es el caso del C?U 338 preguntó? Con un movimiento de cabeza le asentí y sin mediar ningún otro tipo de palabras, el individuo tomó en su mano mi pasaporte y se retiró tan rápido como había llegado, una media hora después reapareció sin yo pensarlo informándome que debía esperar pues hasta el lunes a las seis y treinta de la tarde no había nada que me pudiera retornar y solo había esa oportunidad para tomar el vuelo que me llevaría de regreso a Cuba.

Me entregó mi pasaporte y el comprobante de mi nuevo boleto de viaje, viro en redondo aquella pequeña carriola a una tremenda velocidad y se alejó de mí en menos de un segundo.

A partir de ese momento me sentí más tranquilo, pues por lo visto solamente tenía que esperar, ya nada me preocupaba ni el tener que aguantar aquellas pésimas condiciones por algún tiempo más, lo único que quería era acabar de regresar a mi casa, y me retiré al mismo lugar donde la noche anterior había dormido a retazos, lo conocía bien, aquel banco era mi único amigo y compañero y me dispuse a montar en él, mi nuevo campamento, pues todo indicaba que la estancia en aquel lugar sería un poco más larga y por supuesto extremadamente agotadora.

Las horas no pasaban en aquel reloj colgado de la pared, el muy condenado, marcaba cada segundo que pasaba en aquel lugar, me levanté del banco en que había pasado la noche y me dirigí hacia los ventanales de la sala contigua desde donde se podía divisar toda la pista del aeropuerto, al llegar confronté de nuevo la hora y comprobé que eran apenas, las 3.20 de la madrugada del domingo de resurrección, mi estómago ronroneaba de hambre, en mi ración anterior había agotado el último sorbito de leche que me quedaba, la fatiga me visitaba constantemente, los mareos iban y venían como un fantasma del que no podía desprenderme, era el hambre, me senté en una de las mesas de la cafetería al lado de los ventanales y sentí como los cristales de las ventanas junto a mi estómago cimbraban a los compases del ruido de los aviones, era insoportable todo aquel ronroneo motivado por el tiempo que llevaba sin consumir alimentos, al rato se presentó en la cafetería un gordo muy bien vestido y lleno su cuello de cadenas de oro, se sentó en una mesa cercana a la mía con dos sendos bocaditos de jamón y queso en sus manos, los que a simple vista lucían sabrosísimos, aquel gordo los engullía como si aquellos bocadillos fuesen el alimento para una hambrienta boa.

El tipo aquel tragó aquello prácticamente de un solo bocado y como un verdadero magnate mal educado y vulgar, me dirigió una sonrisa lanzándome al mismo tiempo un descomunal eructo a la cara y sin decir una sola palabra, se levantó de su asiento ausentándose del lugar con un andar de pato harto zigzagueando de lado a lado con su barrigón repleto para reventar, si no lo veía no podía creerlo. ¡Increíble que yo estuviera muriendo de hambre en un país que la comida se votaba por toneladas! Necesitaba ahora los alimentos aquellos que dejé cuando estaba en el departamento de inmigración y de un salto me levanté de mi asiento molesto conmigo mismo salí de allí y me dirigí nuevamente al banco donde estaba instalado desde la noche anterior, trataría de dormir y así haría que pasara más rápido el tiempo, pero era muy difícil o por decir algo, casi imposible, el hambre era inaguantable y antes de llegar a mi improvisado campamento entré al baño y me embutí de agua hasta casi reventar. Sentía la necesidad de que mi cerebro recibiera la señal que le indicara a mi estómago que estaba completamente lleno.

Por lo tanto, mi vientre se distendió para recibir aquella cantidad exagerada de líquido que, por suerte, fue acompañado de una pequeña porción de mermelada, que tomé al descuido de la mesa del gordo de las cadenas. ¿Quién me diría que, de ahora para luego, la necesidad me convertiría también en un ladronzuelo de sobrecitos de mermeladas?

Al fin me dirigí hacia mi improvisado campamento, el reloj de la pared marcaba ya las cinco y media de la mañana, de cuando en vez pasaban grupos de pasajeros cargados de maletines y en su constante correr, se movían de un lado a otro en busca de las puertas de embarque que los llevarían a su destino.

Era domingo y no se trabajaba, también aquel era un día muy especial para el mundo católico y el pueblo español significaba el fin de la Semana Santa y todos aprovechaban este día para salir a pasear, por eso había tanto alboroto en aquel lugar y claro está que todo aquello contribuía a hacerme pasar el tiempo más ligeramente, en fin, con todo aquel movimiento me entretenía.

Entraba un vuelo y salía otro, de esta forma revisaba con la mirada a las gentes como si fueran seres de otro planeta, sus ropas, su expresión bien marcada en el rostro, su idioma su forma de caminar, sus gestos y ademanes alegres motivaron en mí, algo que me provocaba fijar en ellos toda mi atención y que despertaba de esta forma toda mi curiosidad.

Yo viví durante cuarenta y cinco años increíblemente fuera del mundo, lejos, extremadamente lejos de la pura realidad, con dolor comprendí que el sistema Comunista de Cuba me sumió en un estado de total ignorancia, con respecto a la actual sociedad de consumo y los adelantos existentes en el mundo exterior y tristemente entendí que en todo ese tiempo me había convertido también como los amigos que había dejado atrás, en otro pez fuera del agua.

Qué tristeza, sentí en ese instante, comprendí que había involucionado en el tiempo, mi vida se detuvo en el año 1959 y por eso en aquel mismo instante crecí más, levanté mi frente y me sentí invadido por una fuerza mucho más arrolladora y juré en ese mismo momento a Dios y a las once mil vírgenes que haría todo lo posible y también porque no lo imposible, porque mi hija no perdiera como yo, toda su vida en Cuba como si fuera otro pez fuera del agua.

El tiempo seguía sin pasar en aquel reloj, me até a la cintura el carrito con mis maletas con la faja del pantalón y poniendo un banco delante de mí para evitar que alguien intentase robármelas, me quedé dormido.

Desperté como a las tres horas y el bullicio era tremendo miré mis cosas y sonreí contento, pues estaban todas en el mismo sitio donde las había dejado la noche anterior.

Que sorpresa me llevé al desviar la mirada hacia el lado derecho de mi asiento, allí en una pequeña bolsa de papel sema abierta, habían dejado olvidada dos peras y una botella de agua mineral sellada, mire a todas partes sorprendido y pensé, Dios o alguien quieren que yo aquí no me muera de hambre, tomé aquello en mis manos y comí muy lentamente dándole un mordisco a una de aquellas apetitosas peras, pues las paredes de mi estómago se encontraban tan apretadas, que hasta el respirar el aire, me dolía, tomé un poco de agua y no pasaron cinco minutos cuando sentí por los auto parlantes una de las alegrías mayores que podía recibir en este lugar en aquellos momentos tan difíciles por los que estaba pasando.

Por el sistema de audio escuché una pieza musical inconfundible, era mi hija interpretando al piano una de sus obras y entonces recordé a José, aquél guardia que había conocido en el departamento de inmigración unas horas antes y que en uno de nuestros encuentros compartiendo su guardia nocturna, le había regalado un casete de mi hija de los muchos que llevaba conmigo, en un verdadero gesto de agradecimiento y de sincera amistad.

Al parecer también de esta forma él era reciproco y mandándome un mensaje de amistad en esta forma, me decía que era él quien me seguía ayudando y también colaboraba con la difusión de mi hija en España, así que a partir de ese momento cada cierto tiempo la música de mi hija, inundo los salones de todo aquel aeropuerto, me di cuenta entonces que en realidad, abandonado a mi suerte yo no había estado en ningún instante y entendí la aparición oportuna de las bolsitas de papel con peras y la botella de agua, como un mensaje del mismo Dios cuando más lo necesitaba, y entonces sentí una paz reconfortante y el sueño me visitó de una forma que me fue imposible mantener abiertos por más tiempo los ojos y me lancé como un fardo en un banco quedándome dormido a pata suelta pues al parecer las preocupaciones que podía tener desaparecieron al escuchar aquella bella música que de vez en cuando, se oía en todo el salón del aeropuerto y me pasé toda la madrugada del lunes durmiendo. Al amanecer desperté en el mismo lugar del día anterior. Como por arte de magia, en el mismo lugar apareció otra bolsita con manzanas, panecillos jugo y un pomito con café, además, una cajetilla de cigarrillos Ducados, ahora si me convencí que desde el otro lado de aquellas paredes, donde hacia pocas horas había estado amigos que no me habían olvidado con aquellos mensajes me reafirmaban su verdadera amistad, por fin llegaba la hora deseada, la tarde del lunes pasó sin ningún evento importante para contar, comenzaron a proyectar en la pantalla de los monitores de información, el anuncio del vuelo Madrid, La Habana y que sorpresa, el número de vuelo era el

Cu 338 increíble, como si todo fuera una película regresaba en el mismo avión que me trajo a este país el miércoles de la semana pasada, según por informes de la azafata y respondiendo a una pregunta efectuada con mucho tacto de mi parte, el aparato había presentado a su llegada a España, desperfectos técnicos y retrasó su itinerario y por tal motivo, no regreso a Cuba, no dude usted, que esos desperfectos técnicos me provocaran a mí todas las complicaciones de salud que presenté en el vuelo. Eran las 6.00 de la tarde del lunes, habían transcurrido siete días exactos, de mi salida de Cuba.

La azafata, la misma que me atendió en el avión en mi viaje hacia España, el martes anterior se encargaba de revisar los boletos y el pase a bordo, caminé detrás de un grupo que parecían estudiantes pertenecientes a una misma escuela, los que se veía a las claras que viajaban de vacaciones a Cuba. Faltando apenas tres o cuatro personas para abandonar la sala y abordar el avión, comenzó de nuevo a escucharse la música de Ariacne por los equipos de audio, ahora mucho más alto de lo acostumbrado, por lo visto al abandonar yo España, lo hacía con las interpretaciones al piano de mi hija en aquel lugar y de esa forma tan bella, recibí el mensaje de mis amigos invisibles que, desde el interior de aquellos muros, no me dijeron adiós sino hasta pronto.

El regreso a Cuba desde el aeropuerto de Madrid se realizó en un abrir y cerrar de ojos, al sentarme en el asiento que me habían asignado en el avión pude darme cuenta, que el mismo era uno de los más incómodos en aquel aparato, cerca de los baños, pegado a la parte anterior del avión y sin ningún acompañante, no se me permitió en ningún momento reclinarlo y con esta acción, tener un mínimo de comodidad, el viaje en circunstancias normales hubiera sido terrible, pero de esta forma era tremendamente cómodo, dormí sin enterarme de nada, ni siquiera recuerdo las veces que me despertaron para ofrecerme los escasos servicios que ofrecía en aquel viaje, la compañía Cubana de Aviación en sus vuelos por el Mundo.

Un brusco movimiento del avión con un rápido descenso me pusieron alerta y una vez más las tripas en la boca y todo eso me indico que el piloto realizaba algún tipo de maniobra concerniente al aterrizaje en La Habana, sentí por el audio las instrucciones a los pasajeros y fíjense en qué condiciones de cansancio y agotamiento yo estaba, que ni colocarme el cinturón de seguridad me dio tiempo, cuando ya el tren de aterrizaje tocaba tierra y el avión emprendía su acostumbrada y rápida carrera por toda la pista del aeropuerto José Martí, en la Ciudad de La Habana.

El trámite de inspección Aduanal se limitó al decomiso de dos manzanas, de las mismas que mis amigos me obsequiaron en Barajas, pues de tanta alegría de saber que regresaba al fin junto a los míos, se quedaron olvidadas en el maletín de manos asustado y muy lejos de sentir miedo ante las autoridades de inmigración cubanas, me dirigí sin preocupación alguna a la puerta de salida del aeropuerto, abordé inmediatamente un taxi que me trasladó en un abrir y cerrar de ojos a mi casa, donde mi esposa y mi hija, jamás pensaron que yo a esa hora de la noche me encontraría en Cuba y mucho menos, tocándoles la puerta.

El taxi se detuvo al fin en la agitada calle de Infanta, ya a esta hora los vecinos se habían recogido a sus aposentos y las puertas de todos se hallaban cerradas, por lo que nadie pudo ver que de aquel taxi regresaba a su casa, como de un viaje a la ultratumba, un zombi que malamente podía aparentar vivo estar.

Salí de aquel taxi a una velocidad abismal en ese mismo momento y al ver que había llegado a mi casa olvidé todos mis dolores, de alegría lloraba y al unisonó como un loco reía pues aunque alegre, me sentía como si me hubieran molido todo el cuerpo a palos, le pagué con el único billete de a 20 dólares que tenía entre mis ropas escondido y que había guardado para cualquier eventual ocasión y me dirigí directamente a la puerta de mi casa para abrirla pero cuando introduje las manos en los bolsillos recordé que ya no tenía la llave, me asomé cuidadosamente a la ventana la cual permanecía entornada evitando de esta forma, las miradas de fisgones al interior del inmueble.

Cuando apenas me detuve frente a la ventana, un grito aterrador desde dentro de la casa se hizo sentir, mi hija que en ese mismo instante caminaba con ideas de cerrar la casa, al verme pensó en un milagro y sin evitarlo y casi al desmayarse gritó con todas sus fuerzas. - ¡Mamiiiiiiiiiiiiiiiii! ¡Ahí está mi papá! -Y gritando a voz en cuello casi se cae muerta del susto pensando que estaba mirando a un muerto escapado de la tumba, en ese mismo instante mi esposa que se dirigía en dirección contraria también gritó: ¿Coooomo tu papá? Tu papá está en España y corriendo las dos juntas hacia la puerta, nos abrazamos sin que entre nosotros se necesitara nada más que aclarar.

Aquella agua, mi toalla, mi baño, el calor de los míos, mi casa, mi cuarto mi cama, todas aquellas cosas que para muchos nada significan, en esos instantes representaban para mí, el tesoro más valioso que existiera sobre la tierra, mi esposa mi hija, compartieron toda la noche, mi lecho y después de contarles parte de la historia se quedaron dormidas junto a mí acariciándome y vigilando mi sueño, como mis más celosos guardianes.

Un rayo de sol hirió mis parpados con un destello de luz penetrante y segador, al abrir mis ojos no creía en la realidad y me encontrara de verdad en mi casa allí estaba mi radio, mi viejo televisor, mis pertenencias, no lo podía creer, estaba acostado realmente en mi cama, busqué a mi lado y con gran alegría comprobé que no soñaba, junto a mí y bien dormidas permanecían mis dos grandes amores, mi esposa y mi hija aquella ultima por la cual sin saberlo ella nunca, me había lanzado a aquella aventura de la que por fracciones de segundo y gracias a Dios y a la buena suerte, pude regresar con vida.

Me levanté de la cama sigilosamente para no despertar a mis diosas y me dirigí a la cocina.

Y preparé mi café mezclado con chicharos ¡Que sabroso! Cuanto lo extrañé.

Mi Nuevo encuentro con el Doctor

Pasaron los días y en cuanto las fuerzas me lo permitieron me dirigí a la consulta de proctología del Hospital Calixto García, la que se encontraba repleta de pacientes aquel lunes lluvioso por la mañana, hacía ya unas semanas de mi regreso y me decidí darme un salto y visitar a mi amigo, el Doctor Carlos, el que jamás y bajo ningún concepto se imaginó verme aparecer nuevamente, por la puerta de su consulta. Mi amigo se encontraba atendiendo en ese mismo instante un paciente, cuando levantó la vista por encima del mismo y con gran asombro poso sus ojos en mí. Su cara se tornó pálida y su boca se abrió completamente como si hubiera sufrido en ese mismo instante una parálisis facial, mirándome fijo a la cara, me preguntó en alta voz y con marcada insistencia,

- ¿Qué coño tú haces aquí?

Yo me encogí de hombros como si la pregunta no fuera conmigo y no hubiera de parte de él ninguna justificación para hacerla, sin esperar otra andanada de palabras y sin darme por aludido, salí de la consulta rápidamente y para todos los que allí se encontraban, el Doctor me había echado como un perro del interior de aquella consulta. Estuve esperando fuera como veinte minutos, en ese tiempo el paciente que dejé en el interior de la consulta gritaba como si lo estuvieran crucificando, los gritos que daba hacían sobrecoger al más valiente de los presentes y como yo no me catalogaba en ese grupo, el de los valientes por supuesto, cada vez que sentía un grito los pelos se me erizaban como si fuera un gato al encontrarse al doblar de una esquina sin esperarlo, con un inesperado perro y en ese mismo instante me acordé del refrán que dice.

"Cuando veas las barbas de tu vecino arder, corre y pon las tuyas en remojo.

De un fuerte portazo cerró el susodicho paciente detrás de si la puerta, saliendo de la consulta gritándole improperios al médico, que solo trataba de dilatar aquello que pertenecía a un adulto de cuarenta años y que después de una operación de hemorroides estaba reducido al tamaño, del de un niño acabado de nacer. Mi nombre completo se escuchó de boca de la secretaria, inmediatamente al oírlo entre a la consulta donde de pie mi amigo se apresuraba a quitarse unos guantes de goma esto me puso alerta y aún más nervioso todavía, pensé en esos mismos instantes, en lo que la vida le depara a los hombres haciéndonos pasar por momentos que hay que ser verdaderos machos para afrontarlos y con estas ideas me abalance hacia mi amigo y nos dimos ambos un fuerte abrazo, inmediatamente me hizo sentar pidiéndome que le detallara, todo lo sucedido trascurrió aquella conversación aproximadamente una media hora y después de terminado mi relato contándole paso a paso todos los pormenores de mi aventura, el querido Doctor Carlos se levantó del asiento moviendo negativamente su cabeza y acompañado de un gesto de su mano derecha, me indicó la mesa donde me debía acostar para ser crucificado. Después de revisarme minuciosamente la evaluación de mi caso no se hizo esperar. Una fístula, dos paquetes de hemorroides y un quiste anal, fue el resultado del reconocimiento médico, fijando la fecha de mi operación para la semana siguiente, por el estado tan comprometido, en el que en esos mismos instantes yo me encontraba.

La operación se realizó felizmente como estaba prevista siendo lo más engorroso el postoperatorio, que, por razones íntimas y muy personales, no es de mi agrado estar divulgándolas en este libro, que es demasiado serio para qué en él, se traten asuntos tan superficiales. - Jejejejejejeje

"Por lo menos encontré una justificación para no verme obligado a contarles de momentos muy difíciles y de incontables trances extremadamente dolorosos y sustos que pasé en esos momentos de mi vida."

Y me trate de integrar a mi vida diaria

Pasaron cuatro meses de mi operación me sentía mucho mejor de salud y aunque no estaba bien del todo, me dediqué a acompañar a mi hija al lugar donde todos los días la recogía un ómnibus para llevarla a su trabajo y después bien adentrada la noche, la esperaba de igual forma a su regreso del trabajo en el Cabaret Tropicana. Por las mañanas hacia mis labores de alquiler con mi viejo Chevrolet del año 1957 y con el resultado de todo esto, me iba defendiendo económicamente pues el viaje a España, me había dejado prácticamente sin un centavo.

Antes de mi aventura en España yo me dedicaba al trabajo como un guía de turismo clandestino. Esto me dio la posibilidad de reunir ciertas cantidades de dinero, que utilicé para el pago de varios intentos de salidas desde Cuba, este tema lo acaricio levemente en mi relato porque es imposible plasmar con lujos de detalles todo el trabajo que pasa el cubano, para poder reunir prácticamente unos centavos y destinarlos después de muchos sacrificios, a escapar como se pueda de su propio país.

Todos los negocios que uno emprende, aunque sean pequeños y con esfuerzo propio, son considerados por el gobierno actual de Cuba negocios de enriquecimiento ilícito o simplemente actos fuera de la ley.

El acompañar por la ciudad enseñándole los lugares de importancia histórica, política y económica a cualquier amigo extranjero sin estar autorizado por el gobierno, es perseguido como si fuera un delito de Lesa Humanidad. Recoger en el aeropuerto a amistades en tu carro particular sin licencia de alquiler, te lleva a una multa hasta de mil quinientos pesos por primera vez y si incurres en el mismo delito, te pueden decomisar hasta el cacharro. Los únicos autorizados en Cuba a pasear con extranjeros por donde lo deseen, son aquellos que trabajan en agencias del gobierno dispuestas para estos fines y el que desobedezca estas disposiciones, está permanentemente en peligro de ser hostigado por la policía o por inspectores destinados específicamente para estas funciones, los que en gran número están corrompidos y solo buscan con el constante acoso, una tajada bien suculenta que le arrebatan a cualquiera como aves de rapiña, de cualquier forma de lucha por la subsistencia diaria.

De esa forma trabajaba, cada cierto tiempo, amistades que llegaban por recomendaciones de otros amigos, que fueron atendidos por mí, en sus visitas anteriores a Cuba y que al llegar de nuevo, solicitaban mis servicios, Italianos, americanos, franceses, colombianos y españoles, regresaban a sus países con un verdadero concepto de lo que es la realidad cubana, estuve en este trabajo clandestinamente casi diez años desde el 1991 hasta principios del año 2000, muy poco antes de partir hacia España, en él, tuve la oportunidad gracias a mis conocimientos empíricos de Historia y de Política, mostrarles a mis clientes una Cuba muy lejos de aquella que conocían y que solo se encuentra en la imaginación del cerebro utópico de Fidel Castro, que le envía mensajes al mundo llenos de mentiras manipulando y utilizando al turismo, para engrandecer sus logros inciertos, sacados a la publicidad por un personal escogido y preparado para este fin, perteneciente casi todo a las filas del Partido Comunista Cubano y los que en su acosador trabajo, tratan de hacer realidad todas las falsedades en una sociedad llena de miserias y de calamidades.

Muchos de aquellos turistas que llegaban traían conceptos erróneos con respecto a la mal llamada Revolución Cubana, los que yo inmediatamente y con una base lógica y pruebas indiscutibles de lo contrario, me daba a la tarea de aclarárselos y llevárselos a la realidad de acuerdo a mis posibilidades.

Realizaba con ellos visitas a los barrios marginales de la Habana, donde las familias se aglomeraban hasta diez integrantes para mal vivir apenas en un pequeño y solo cuarto en el que por su capacidad podían dormir a lo sumo dos personas, también recorría los Hospitales entrevistando con mucha sutileza al personal que trabajaba allí, para que de sus propias bocas, mis interesados conocieran con respecto a los logros mentirosos del programa de salud y de todas las mentiras del régimen, comentarios del verdadero pueblo, el de la cartilla de racionamiento, el de la fila en las bodegas esperando por un artículo necesario y prometido que jamás a sus manos llega, el de los niños que visitábamos en las escuelas comprobando con nuestros propios ojos, las necesidades tanto en las instalaciones como la falta de medios para su enseñanza, les mostraba crudamente la real miseria en que vive el pueblo de Cuba, las necesidades, las penurias la falta de todo, siendo el motivo de esto, la incorrecta dirección de la economía y un despilfarro insolente, de todo lo necesario para el buen vivir de una nación motivadas por las ideas caprichosas de Fidel Castro, siendo este el verdadero culpable de esta involución hacia la era del paleolítico y no al Bloqueo Americano.

Y apareció Orestes

Caminando por la calle Infanta y ensimismado en mis recuerdos, sentí una voz que me llamaba a mis espaldas, era de nuevo Orestes mi amigo el de los Derechos Humanos, nos dimos un apretón de manos y continuamos caminando juntos hasta que llegamos a la calle veintitrés, y después de estar bien seguros de no ser seguidos por nadie, doblamos a la derecha a tomar Malecón y allí nos detuvimos, nos encontramos de plano con un mar azul limpio y cristalino, como en ninguna parte del mundo hay otro igual.

Cruzamos la calle y nos sentamos en el muro, mi muro, el que tanto extrañé en mi estancia en España, acompañado de su aire puro y su inigualable vista al mar, más allá a la derecha, El Castillo del Morro y la fortaleza de La Cabaña, emblemas por siempre de poder y en el que en sus muros se reflejan su indiscutible fuerza, al norte las aguas que se perdían allá en el horizonte infinito y muy silencioso a nuestras espaldas nos vigilaba desde su alta colina, el Hotel Nacional de Cuba máximo exponente de la cultura y el buen gusto de una pasada época, recuerdos de una Sociedad prospera y completamente llena de futuro, perdida bajo las botas de una ambigüedad vulgar y grosera, que ha pisoteando y frenado toda forma de mejoras en el buen vivir de un pueblo, que por lógica debería ser muy superior en este tiempo, de acuerdo con el nivel alcanzado por la constante evolución en todos estos años en las esferas Social Técnica, Económica y Política de los distintos países menos desarrollados del hemisferio, o sea que Cuba actualmente no puede competir técnica ni económicamente con nadie incluyendo por decir algunos actualmente ni siquiera al lado de Costa Rica, República Dominicana, Colombia, Venezuela México países que en el año 1959 carecían de las posibilidades Económicas que gozaba Cuba. Recuerden, que el peso cubano se llegó a cotizar a razón de un dólar y tres centavos por dólar americano, esto lo sintetiza todo.

Orestes y yo conversamos por mucho rato, poniéndonos al tanto de lo sucedido en mi ausencia, me dijo que tratara de hacerme ver lo menos posible, porque todavía no podía creer que después de todo lo sucedido, yo estuviera suelto en la calle al parecer yo no era un objetivo de importancia para los planes de aquel supuesto amigo mío, que resultó ser un espía comunista, infiltrado en nuestras reuniones donde manifesté públicamente, mis inquietudes políticas en contra del régimen.

Aquel traidor conocía muy bien toda mi lucha, y que uno de los motivos más presentes era sacar a mi hija del país para estudiar su carrera y los trabajos que estaba pasando para lograr este viaje, al parecer pensó de otra forma, quien sabe y determinó que yo no era de gran importancia para la inteligencia comunista desestimando mi viaje a España y no reportó en sus informes mi existencia como un posible e importante objetivo para la seguridad del estado cubano. Eso pienso que haya sido así, porque de lo contrario, hace mucho rato que yo no estaría gozando, del sol ni del aire libre, en mi Cubita bella.

Los últimos rayos de sol se perdían ya en el horizonte, aquel crepúsculo se proyectaba con una alucinante combinación de bellos colores, el espectáculo que me ofrecía la naturaleza después de mi conversación con mi amigo Orestes y visto desde aquel punto del Malecón Habanero, era impresionante. Como aquella vista que me ofrecía en aquel instante la naturaleza no había nada, nada que pudiera ni siquiera acercársele en belleza era inigualable y gracias a Dios, volvía a verlo a sentirlo y a contemplarlo, no porque hubiese dejado de acontecer diariamente no, siempre estuvo ahí y en todas las partes del mundo.

El sol se pierde en el horizonte, dando paso al entre luces y después a la noche, desde mucho tiempo yo solo viví en la oscuridad y caminaba en las brumas de un futuro inciert o, ahora y después de todas mis reflexiones y experiencias, al fin podemos decir que vislumbro la luz.

Son mis esperanzas de que muchos como yo, se percaten que estamos a tiempo para salvar la Patria y contemplemos a la misma vez, desde cualquier parte del mundo una bella puesta de sol que nos sirva, para unirnos con el esfuerzo de todos, y dar el paso definitivo que nos lleve de una vez y por todas a obtener la ansiada libertad de Cuba.

Lugares interesantes. Ciudad de la Habana

Me despedí de mi querido amigo y me dirigí caminando a mi casa, pasando por el Cabaret Las Vegas los portales de Radio Progreso la esquina de Infanta y San Lázaro, la Ostionería y La bella Iglesia del Carmen.

Me detengo a señalar en mi relato un pequeño pasaje en reconocimiento a este monumental edificio, es un deber señalarlo pues representa para todos los cubanos un motivo de orgullo e ineludible atención. El Carmen y la devoción a la Virgen, llegaron a Cuba con los primeros misioneros pertenecientes a la orden de los Carmelitas descalzos. Ya en 1702 cuando el obispo Compostela estableció a las madres Carmelitas en la calle Teniente Rey en la Habana Vieja, ya se conocía y se veneraba a la Virgen del Carmen, en 1880 la Virgen tuvo su templo en la Habana Vieja, el que fue trasladado a la actual dirección después de ser afectado el anterior por un ciclón.

En Infanta y Neptuno una de las más populares esquinas de la ciudad de La Habana, se encuentra emplazada una muy significativa y bella construcción desde el año 1925, esta posee dos torres, la principal, concebida como torre monumento a la virgen del Carmen, su altura es de 60 metros donde descansa una imagen de bronce de 7,5 metros de altura y 9,5 toneladas de peso, la misma fue forjada en

Nápoles Italia, la que como el faro luminoso de esta ciudad, se elevó a una altura de 60 metros utilizando medios rústicos y aparejos de la época, en un record sorprendente de apenas once minutos.

Caminando entre gentes y carros, mirando a todas partes y a pesar del abandono, la suciedad actual de sus calles y el descuido en las fachadas de sus edificios, podemos observar   también en mi Habana desde su falta de mantenimiento y de pintura, su extrema belleza su estilo predominantemente Colonial, fue diseñado a través de todas las épocas dirigido muy particularmente a deleitar la vista del que tiene la dicha de contemplarla, cuando nuestra Habana nos falta, una sensación de inconformidad nos asalta y nada es capaz de consolar este sentimiento. ´

Al llegar a casa me encontré a mi hija sentada en un sillón esperándome como siempre para que la llevara en mi carro hasta el trabajo, pues en este país el trasporte está como decimos los cubanos (de madre), por eso ni corto ni perezoso y sin pensarlo dos veces, arranqué mi cacharro y salí con mi hija disparado hacia el famosísimo Cabaret Tropicana.

Es bueno señalar que durante muchos años Tropicana fue uno de los centros nocturnos más famosos del mundo y que gozaba de un bien ganado prestigio Nacional e Internacional antes del año 1959 actuaron en sus escenarios las figuras más importantes de la época y hasta el momento a pesar de todo es considerado un baluarte de la Cultura Cubana. Al triunfo de la Revolución, pasó a manos del gobierno y a partir de ese instante, sirvió para ofrecer cierto nivel de recreación, a las clases más identificadas con el régimen Comunista. Macheteros premiados por su participación en el corte de la caña de azúcar, trabajadores de avanzada dentro de las tareas favorecedoras al gobierno, militares premiados por su participación en distintas labores asignadas, incluyendo a círculos de amigos beneficiados de la clase actual dominante y turistas que pagan en dólares, han sido a través de los tiempos los que disfrutan a plenitud de las bondades de esta instalación vedada totalmente para aquellos que no reúnan los méritos económicos políticos y de integración, acordes con la clase gobernante.

Dos años trabajó mi hija en el mencionado lugar y es bueno que en estas notas se plasmen algunas realidades que no son del conocimiento del espectador, claro hablo del espectador que por alguna u otra razón, tiene la suerte de sentarse algún día en una de estas privilegiadas mesas, bien sea por una invitación o porque algún amigo extranjero que visite el país, se atreva a gastar una suma superior a los cien dólares por el pago de una entrada para ver el espectáculo, en un país donde un médico recibe la irrisoria suma en dinero cubano equivalente a veinte dólares mensuales por su labor como especialista. Con cien dólares en Cuba, se llevan a nuestras bocas una buena cantidad de alimentos de primera necesidad, creo que ningún cubano se atrevería a gastar esta suma si acaso la tuviera, en un espectáculo teniendo en su casa tantas carencias, Ariacne mi hija empezó como pianista de la orquesta del show y un cierto día en que se esperaban la figura principal en un ensayo general, la misma se ausentó por problemas de enfermedad.- Y en ese mismo momento Ariacne aprovechó la oportunidad y ocupó el rol de primera cantante y vedette del espectáculo que allí durante tantos años se ofrecía gustó mucho y a partir de ese momento se desempeñó como súplete en ese puesto, siendo la solista alternante de esa famosa y primerísima figura admirada por todos, nombrada Leticia Herrera, pero todo no fue color de rosas, pues su salario no correspondía al nivel y la responsabilidad, que tenía su trabajo.

Seis dólares mensuales y una pequeña prima de diez, que se le daba al final de cada mes, contando que no podía dejar de trabajar ni un solo día incluso, aunque estuviera enferma, en total dieciséis dólares al mes, siendo la primera figura de un espectáculo que todos los días llenaba un lugar con quinientos turistas que pagaban a razón, de setenta y cinco dólares por personas sin contar lo que se consumía en vinos, comida y licores de todo tipo, Ariacne se había convertido en un fiel exponente de la explotación del hombre por el hombre, pero ella sin remedio tenía que trabajar para llevar el plato de comida a su casa, esa era la tarea, trabajar duro y soportarlo todo.

Maltratos de sus dirigentes incremento del tiempo de jornada de trabajo y la prohibición de la asistencia al espectáculo de cualquier familiar, incluyendo, a sus propios padres, eran las leyes que prevalecían bajo el mandato de los dirigentes del cabaret Tropicana. En una ocasión y creo que es una anécdota que puede decirnos mucho, mi hija estrenaba un número como la vedette principal del show, ese día fue el estreno de ella como solista y pudimos malamente grabar un pequeño pedacito del show en un video con la cámara escondida dentro de una bolsa de nilón desde un lugar muy lejano, video que conservamos con gran amor y como único recuerdo del trabajo de ella en el papel de Mayeya en el cabaret Tropicana, todo el video se pudo realizar gracias a un amigo que nos pasó a escondidas a un área restringida del lugar a expensa de perder su propio trabajo, donde no podíamos ni siquiera sentarnos y menos tomar la película, pues de descubrirse el hecho de seguro de allí saldríamos presos, pues el problema es que le temen a que escape de alguna forma al mundo la calidad actual después de transcurridos cuarenta y cinco años, del tan afamado espectáculo del show del Cabaret Tropicana.

Ariacne no le quedaba otro remedio que continuar trabajando todas las noches en este lugar, alternando también con sus estudios de tercer año de Licenciatura en Piano en el Instituto Superior de Artes de La Habana y además también combinaba todo este trabajo como profesora de piano del Conservatorio de nivel medio Amadeo Roldan.

Lo único que buscábamos con la permanencia en todo este trajín, era hallar una posible salida del país y eso, podía surgir en cualquier momento, solo era cuestión de tiempo, solo había una forma que nos llevara con paciencia y suerte, a lograr nuestro objetivo y esa forma era "Esperar"

Mi vida se desarrollaba hasta este momento en un círculo extremadamente agitado, me dedicaba a rebuscar alguna conexión que me dirigiera hacia algún punto que considerara firme donde pudiera emprender nuevamente, un plan que me llevara a sacar definitivamente a mi hija de este siniestro país. Analizaba conexiones con amigos que pretendían salir en lanchas rápidas que venían desde los Estados Unidos a recoger a sus familiares en Cuba y también, como otra posible opción estrechaba las relaciones con amigos que mantenían una posición favorecida dentro de la esfera musical en Cuba y en distintos países del mundo, al fin y gracias a Dios el día llegó.

En el Instituto Superior de Artes, Ariacne estudiaba el tercer año de Licenciatura en Piano y a través de este Centro de Estudios y por distintas gestiones le llegó a sus manos una convocatoria para una beca de composición musical en la ciudad de Virginia, en uno de los conservatorios más prestigiosos de los Estados Unidos, esto nos llevó a guardar un silencio absoluto con respecto al viaje, motivos que de conocerse tal situación y siendo Ariacne una muy segura productora de divisas contantes y sonantes en Tropicana para el estado cubano, los jefotes que tenían que ver con ella, tomarían de seguro represarías en contra de cualquier posible salida e influirían irremediablemente a nivel de Ministerios para que Ariacne no abandonara jamás el país con estos fines.

De ser así, se troncharía todo posible plan para sacarla de este infierno y no pudiéramos ver la culminación de nuestras esperanzas y el objetivo final de nuestros desvelos.

Al fin el día trece de febrero del 2002 abordó silenciosamente mi hija un avión en el aeropuerto José Martí en La Habana, con destino a la Ciudad de Miami, ahora después de lograr esta contienda me quedaba solo un objetivo, planificar mi futura y propia salida de Cuba y pensar que algún día no muy lejano y desde los Estados Unidos cuando las condiciones lo permitieran, el próximo paso a dar sería reclamar a mi esposa para poder reunirnos otra vez todos felizmente en tierra de Libertad, siempre el triunfo de las grandes empresas nos llevan a grandes sacrificios y para nosotros el separarnos después de tantos años, equivalía a perder mucho, siempre aunque lejos estemos, nos amaríamos pero como explique anteriormente en mi viaje a España, todos sabemos cuándo partíamos de nuestra tierra, pero jamás y nunca cuando regresamos.

Y continúe con mi lucha

A partir de este momento como les dije, en mi cabeza solo persistía la idea de una salida del país de la forma que fuera. Cada vez la necesidad de reunirme con mi hija era mayor y todo aquello me llevaba a momentos de tal desesperación que hasta los deseos de sentarme a la mesa perdí.

Primero agoté los medios legales, me dirigí a la oficina de intereses de los E.U en la Habana, en más de diez ocasiones durante ocho años, y desde el 1991 fui siempre para solicitar una visa de no inmigrante, quería visitar a los Estados Unidos pues además de mi hija Ariacne en ese país, vivían hace aproximadamente cuarenta años la totalidad de toda mi familia incluso, hasta mi propia madre, que es ciudadana americana y también mi otra hija mayor, mis tres nietos nacidos en los Estadios Unidos y por ende, ciudadanos americanos y además de ellos viven tíos primos, sobrinos y también para colmo mi única hermana.

El día de la entrevista en la Sección de Intereses para gestionar mi visa de visita a los Estados Unidos me encontraba muy seguro y tranquilo, creía tenerlas todas conmigo, pues con una madre ciudadana americana reclamándome y toda la familia que vivía en U.S.A si yo lo hubiera deseado, en menos de un año, emigraría definitivamente, así pensaba que entendieran aquellos que me entrevistarían, como mis deseos en aquel momento era visitar y no emigrar definitivamente, estaba bien seguro que lograría el permiso de las autoridades americanas para realizar este viaje, me paré delante del entrevistador en la Oficina de Intereses y le contesté con seguridad todas sus preguntas. Me miraba mientras me escuchaba hablar, como si por sus venas no corriera ni una sola gota de sangre, aquel tipo era inconmovible, le hablé de mi familia la de allá y la de aquí claro sin decirle que en este país solo me quedaba mi esposa ya que mi padre había fallecido en fecha muy recientemente. Cuando terminé mi alegato, el entrevistador solo se limitó a poner un cuño en mi pasaporte diciéndome, por esta vía no lo intente más, si desea viajar a los E.U, dígale a su mama que lo reclame definitivamente y de seguro le concederemos su visado inmediatamente y me despidió con un frío hasta luego, este hombre ni se imaginaba a que me había condenado con aquella decisión, con un simple plumazo me obligó a emprender para lograr mi objetivo, una de las aventuras más locas e imposibles por las que pudiera pasar un ser humano. Mi madre había iniciado los trámites de mi reclamación familiar en cuanto regresó de su viaje, pero esos trámites me llevarían para verlos consumados, un aproximado de más o menos cinco años pues me había reclamado junto a toda mi familia y ese grupo de reclamación estaba bien distante, reunidos con mis amigos y comentándole de las incidencias de la entrevista en la Oficina de Intereses Americana con respecto a mi intento de salida de Cuba como visitante, llegamos a una conclusión, para salir de Cuba, debía de ser a través de un milagro y a partir de ese momento, me puse en función de lograr el mismo.

Oficina de Intereses de los Estados Unidos en la Habana

Por muchos años he tenido la suerte de contar con muy buenos amigos, bien haya sido por mi carácter afable o quizás por mi forma desprendida de actuar y de ver la vida. He mantenido el término filosófico de ayudar y tratar a todo el mundo como me gustaría que me trataran a mí y de verdad eso me ha dado en todos los momentos, muy buenos resultados.

Mi amigo Manuel durante muchos años de amistad era de las personas con la que más intercambiaba criterios, ideas situaciones, comentarios políticos y deseos insatisfechos relacionados con el régimen actual que gobernaba a Cuba. Lo esperaba siempre a las seis de la tarde al regreso de su trabajo y nos íbamos directo para su casa que era el lugar donde se podía escuchar la emisora Radio Martí pues en la mía existía con mucha fuerza la interferencia puesta por el régimen de los Castros, hacia como cinco años mi amigo Manuel tenía a su único hermano residiendo en la vecina isla de Puerto Rico y su sueño era algún día, poder reunirse con él pues solo constaba después de la muerte de su mama en Cuba, con la compañía de mi familia, nuestras ideas de fuga iban desde la construcción de un submarino personal hasta un Delta Plano, este último proyecto lo llevamos tan avanzado en su construcción, que lo único que nos faltaba para ejecutarlo era un motor que conjugara ligereza con potencia y eso en Cuba para lograrlo era casi imposible, experimentamos para nuestro objetivo con motores de fumigación, plantas eléctricas hasta instalamos en el módulo transmisiones por cadena de bicicleta y nada nos permitió lograr que aquellos inventos fueran capaces de asegurarnos la travesía por aire hasta la península de la Florida levantando con nosotros dos el vuelo, desde alguna parte de las costas de Cuba.

La necesidad hace pensar al hombre y al cubano, siempre se le ha caracterizado por hacer locuras que al final, en algunos casos han dado buenos resultados, otros en el intento de escapar de Cuba han terminado en el fondo del mar.

Camión   Chevrolet
1952

Recordemos el
camión   Chevrolet
del año 1952 que
realizó la travesía
por mar hasta llegar
a pocas millas de
las costas de Miami
en el verano del
2003, el que fue
interceptado por la
Guardia   Costera
Americana. Esta prueba muestra al mundo de lo que es capaz de inventar un
pueblo rodeado de agua por todas partes, para huir de un régimen totalitario y
comunista.

Recuerden que estamos anquilosados y detenidos técnicamente en el
pasado. Basados en estas y otras noticias eran los comentarios y discusiones de
nuestros proyectos Manuel y yo estábamos claros que lo que construyéramos
tenía que llegar a tierra con seguridad para dos personas, entramos al Internet
con muchas dificultades en el trabajo de Manuel utilizábamos a escondidas el
sistema buscando datos de construcción, tanto naval como aéreos, incluso casi
proyectamos un nuevo autogiro, el que con un motor más pequeño, podía elevar
a dos personas hasta las costas de Miami en un vuelo aproximadamente de ocho
horas.

Con todas estas ideas en la mente nos pasábamos parte del tiempo,
realizamos algunos ensayos pero de ahí no paso todo se limitó a solo eso,
ensayos pues vivimos en un país lleno de escaseces, de limitaciones y de una
vigilancia extrema, las delaciones existen por doquier y conseguir lo más
insignificante para nuestro proyecto se convertía a diario, en una lucha de titanes,
aun así con todas estas irregularidades en contra llegamos a armar un prometedor
artefacto, un ala delta con un motor de moto cierra con capacidad para dos
personas, nos faltaba nada más que su primer vuelo de prueba, cuando nos llegó
un buen día, una ineludible y al parecer satisfactoria propuesta.

A través de trámites agotadores, de situaciones casi inaceptables, de sustos
y sofocones con respecto al logro de nuestro plan, llegamos a las puertas de la
república de Haití, les omito los pormenores de esta acción por no mezclar
métodos utilizados ni a personas que se puedan perjudicar y limitar en sus
proyectos o a posibles seguidores con mejor suerte que nosotros y que
arriesgándose, puedan lograr en el futuro coronarse con el triunfo de esta misma
aventura, el plan se limitaba a una salida legal hacia la república de Haití en avión

desde la ciudad Habana, coronando, con un traslado desde República Dominicana, terminando el viaje felizmente en avión en la ciudad de San Juan Puerto Rico .

Lo difícil seria pasar de Haití para llegar a la República Dominicana, lo demás creíamos que era pan comido.

El vuelo había sido desesperante, el mismo clima cuando la odisea de España, la misma despedida. Los mismos sentimientos y el mismo nudo en la garganta, dejaba a mi gente atrás lo único que ahora lo hacía con un poquito más de experiencia y tenía también el motivo principal, llegar a Puerto Rico, para de ahí reunirme en Miami con mis hijas y mi querida madre.

Sentía mucho la falta de mi esposa, aun sabiendo que era posible que más nunca nos volviéramos a ver, pero antes de continuar con este capítulo, pasaré a tocarles también un punto muy interesante en esta historia.

Hospital Hermanos Almejeiras.

Un mes antes de la salida.

Parece que todos mis viajes, tenían que implicar algún problema médico o alguna intervención quirúrgica, así que para volver a tratar el Sistema de Salud Cubano en mi relato, aquí les menciono otro pedacito en la historia y mi crítica al sistema, que en este caso es muy buena, por suerte, le debo la vida a una de las mejores cuchillas de la cirugía cubana, al Dr. Calderín que sin saberlo él y venciendo todas las escaseces del sistema, me operó una vesícula por mínimo acceso un mes antes de que yo me decidiera a emprender la aventura más peligrosa y arriesgada de toda mi vida.

Antes de mi viaje me encontraba yo en plenas gestiones en la Embajada de la República de Haití con respecto a traites de mi visado cuando un dolor punzante me laceró la parte derecha de mi estómago doblándome en aquella silla donde sentado, esperaba el turno para la entrevista que tenía esa mañana con la Sra. embajadora, la misma ya conocía de mi caso, yo visitaría su país interesado en el Folklor Haitiano, el que me interesaba por todo lo relacionado con la religión Vudú y de la que conocía por mis relaciones de amistad en el transcurso de mi infancia con un negro natural de ese país y empleado de la finca de mi abuelo.

Todo esto era parte del plan que había elaborado para hacerle creer a la embajadora de ese país y al Gobierno de Cuba, mis verdaderas intenciones, que como se deduce abiertamente ahora, era continuar viaje a la República Dominicana y de ahí por contactos ya hechos de antemano viajar por avión a Puerto Rico, pero como dije ya anteriormente en mis apuntes una cosa piensa el hacha y la otra el leñador me había complicado en menos de un minuto con un cólico biliar que había puesto otra vez en peligro, la ejecución de todos mis proyectos.

Cualquiera diría que la salida de Cuba no estaba para mí pero como dice el dicho tanto va el cántaro a la fuente hasta que larga el fondo, me apresuré a que el Dr. Calderín y sin conocer el en lo absoluto de mis planes, me diera cuchilla como decimos los profanos en asuntos de cirugía lo antes posible, ya que me faltaba solamente un mes para montarme en el avión y poder escapar de este país, la operación fue un éxito total y ya verán más adelante en el transcurso de toda mi historia, el porqué del éxito de la misma. Mientras esperaba la salida me dedicaba a dar alguno que otro viaje en mi cacharro a distintos turistas que todavía y a pesar de mi poca constancia en el negocio, solicitaban desde sus países mis servicios y así de esta forma mataba el aburrimiento hasta que al fin llegó el momento que tanto esperaba.

Y de Nuevo la Esperanza

El avión de Cubana se posó en la pista después de dos horas de vuelo desde la Habana a Santiago de Cuba, Manuel y yo nos apresuramos a cambiar de instalación ya que teníamos que dirigirnos de Vuelos Nacionales al departamento de Vuelos Internacionales que se encontraba, aproximadamente a unos doscientos metros del lugar en que nos bajamos de nuestro vuelo, eran aproximadamente la una y treinta de la tarde. Entretenido delante de las pantallas del monitor de información tomé un teléfono y me propuse a realizar una rápida llamada a mi esposa en la Habana. El teléfono solo timbró una vez inmediatamente del otro lado mi esposa contestaba e inquiría con voz nerviosa. ¡Oigo, oigo! ¿Quién me habla?

Hacia dos horas que habíamos salido de la Habana lugar donde pasamos algunos tragos amargos, esperando que nos registraran hasta los interiores, y porque no, hasta las suelas de los zapatos, nuestras preocupaciones venían producto de comentarios de amigos que realizaron este mismo viaje unos meses atrás, los que nos informaron, que en aquel lugar decomisaban todo el dinero que nos pudieran encontrar, en un escondite en mi cintura ideado por mi esposa, me había depositado aproximadamente unos ochenta dólares, estos los había destinado para cualquier emergencia. Era todo el efectivo que tenía y en caso de decomiso, el hecho sería desastroso para mí, pues todo el dinero que tenía lo había enviado hacía más de dos meses vía Miami, con un amigo mío y había sido depositado en Puerto Rico, para el pago de todo mi viaje al país de las esperanzas.

Mi vida todo va bien hasta ahora, le contesté lo más rápido que pude a mi esposa al otro lado del teléfono, todavía me falta Santiago, el avión sale para Haití a las tres y media así que tengo que esperar aquí algún rato, no te preocupes te quiero mucho y con un cuídate mi cielo y un beso colgué el teléfono con el mismo nudo en la garganta, que experimente tres horas antes.

Al llegar a la taquilla de control de aduanas la oficial de inmigración mantenía una conversación muy estimulante con otro oficial, Manuel y yo arrastrando todo nuestro equipaje nos personamos frente a ella. Aquella mujer con un gesto del que se desprendía a toda vista despreocupación y fastidio me indico con una señal de su mano que pasara a la ventanilla, me preguntó cuál era el motivo de mi viaje y a que me dirigía a Haití y porque tiempo, esas fueron las únicas preguntas que me formuló, rompiendo yo después de esto, con todo aquel terror que me habían inculcado aquellos amigos que recorrieron este mismo camino apenas unos meses antes. Pasé inmediatamente a la sala de espera, a partir de ese momento me sentí más seguro pues de este lugar pasaríamos al avión que me llevaría a la República de Haití, después de pasar por el detector de metales me detuve un tiempo para esperar a Manuel, ambos nos dirigimos a la Cafetería donde compré una rueda de cigarrillos ya que pensé que de estos a donde me dirigía, sería muy difícil de encontrar y sin ellos yo no podía estar, pedí al camarero un refresco y unas galletitas que devoramos en cuestiones de segundos y nos sentamos entonces a esperar que llamaran a los pasajeros para abordar el avión, que nos conduciría de una vez hasta la república de Haití, habíamos pasado ya dos controles de inmigración y al parecer ya estábamos fuera de peligro, por lo menos en el salón donde esperábamos nada más había turistas extranjeros y eso me hacía sentir como en el viaje hacia España, aunque permaneciera en tierra cubana, me sentía una persona libre Manuel y yo seguimos la fila de pasajeros que se dirigía al aparato, un pequeño bimotor de color verde y amarillo perteneciente a la aerolínea Haitiana con una capacidad aproximada de unos treinta pasajeros, pasamos a bordo del avión, sentándome a la derecha donde desde allí, podía observar mejor las irregularidades de aquel viaje, que en realidad nunca había pensado realizar.

Manuel a mi lado con su cara sonriente se sentía como un niño con un juguete nuevo, pues nunca hasta ese día había viajado en avión y para él, estos viajes eran la culminación de todos sus sueños, me decía, ya yo me puedo morir mañana, he volado dos veces lo que nunca pensé en mi vida realizar y escuchando de él esta estúpida conversación, observé por la ventanilla como poco a poco, me iba alejando más de mi tierra querida, el sueño fue cerrando mis parpados y sin quererlo me dejé atrapar por una somnolencia consciente, donde acudieron a mi mente, otros bellos recuerdos. Durante mucho tiempo y en contraste con mi carácter alegre y lleno de vida, uno de los lugares más queridos y visitados en mis ratos de ocio, fue el Cementerio Cristóbal Colón en la ciudad de la Habana, bien sea por recogimiento o por estudio de la historia de mi país, pues en un solo lugar y casi sin moverse del mismo sitio, puede usted lograr en muy poco tiempo, transitar por épocas que recogen toda la historia de una nación, guerras, cuentos, desastres, leyendas y todo aquello que guarda para la posteridad, vivencias de una sociedad desaparecida y que marcó un periodo de opulencia y desarrollo tronchado por un sistema que ha tratado de apartar a un pueblo sin lograrlo, de sus más elementales costumbres creencias y tradiciones.

Amelia la Milagrosa.

Cuando llegamos al Cementerio por la calle principal a unos cincuenta metros antes de llegar a la Capilla Central, nos desviamos a la izquierda, cruzando por un grupo de edificaciones funerarias y apenas hemos terminado de cruzar la calle, nos toparemos de frente con el panteón de Amelia de Goire, más conocida en toda Cuba, por Amelia la Milagrosa.

Abordo de esta forma la ubicación de su tumba, porque para aquellos que no conozcan los laberintos de las calles del Cementerio en La Ciudad de la Habana, es mucho más fácil llegar a tan significativo lugar. Veremos aparecer frente a nosotros uno de los sitios más bellos que se puedan imaginar, el sepulcro más venerado y el más visitado, al que nunca le falta en sus cientos de recordatorios una línea de agradecimiento a Amelia por algún deseo concedido y para ser más precisos y completando el espectáculo, encima de su lapida encontramos cualquier cantidad que podamos imaginarnos de flores, en agradecimiento a aquella que fue Amelia de Goire, más conocida entre el pueblo cubano como Amelia la Milagrosa o simplemente, "La Milagrosa".

Corrían ya los años finales del siglo XIX aproximadamente en los albores del año 1899 la Guerra contra España había terminado y aquellos que participaron en ella, regresaban poco a poco de la manigua al encuentro de sus seres queridos. Miguel de Adot, combatió en estas guerras a pesar de pertenecer a una de las familias más aristocráticas de aquel entonces. Descendientes directos de Los Condes de Balboa, los primos Miguel y Amelia después de algún tiempo se enamoraron, de aquel amor, Amelia quedo en cinta, pero todo se manifestó en una gran pena porque esas relaciones nunca fueron aprobadas por los padres de ambos, por lo cual, en todo momento se suscitaban constantemente disgustos en el seno de ambas familias.

En el año 1901 producto de un ataque de eclampsia fallece en la ciudad de La Habana Amelia Goire de Adot y su hija protagonistas principales de una de las más bellas historias de amor. A partir del deceso de Amelia, Miguel su esposo degeneró en una notable costumbre agónica. Todas las tardes y a una misma hora visitaba el sepulcro de su amada, vestido todo de negro practicaba casi un ritual que no pasó desapercibido para los que lo observaban con desesperante indiscreción, lo que al paso de los días la conducta de aquellos motivos de su parte reiteradas quejas a la administración del cementerio.

El amante esposo se personaba como dije anteriormente vestido de pies a cabeza todo de negro, golpeaba tres veces el aldabón derecho de la tapa del sepulcro y pasaba horas enteras conversando con su amada, la que al parecer lo escuchaba desde lo más profundo de su última morada, así paso el tiempo y cientos de peregrinos fueron imitándolo en todos aquellos ya

Casi ritos que aquel extraño hombre hacia cotidianamente pasaron los años y con el tiempo continuo todo de igual forma.

Un acontecimiento que fortaleció más el credo hacia Amelia fue cuando muere el padre de Miguel en el año 1914, por estos motivos se exhuma a Amelia y que sorpresa para todos, su cadáver estaba como el día de su muerte, la niña, que en aquella época acostumbraban a colocar en el enterramiento dentro de las piernas de la madre, se había desplazado hasta su pecho, encontrándose en el momento de la exhumación del cadáver en una posición que solo indicaba el amamantamiento de la madre hacia la criatura, esto provocó entonces aún más, el peregrinaje de muchos fieles y durante casi un siglo la hemos considerado todos una de las Santas más Milagrosas en el arsenal sacrosanto católico, aunque fuimos visitados por el papa y no consideró en aquel momento su santificación, esperamos todos sus fieles que algún día esta decisión, sea reconsiderada con justeza por el Santo Padre. Antes de salir de Cuba fui también uno más de los peregrinos que acostumbran a visitar a La Milagrosa, pidiéndole y rogándole, para que me cubriera con su manto y escuchara mi ruego por el bien de mi familia, estuve un buen rato rezando y como todos los que visitan este lugar, deposité un ramo de flores en la base de su monumento y sin darle en ningún momento la espalda como muestra de respeto y adoración, me retiré del lugar con todas mis esperanzas puestas en la gracia concedida por Dios, a Amelia la Milagrosa.

Sepulcro de Amelia la Milagrosa

Al fin Puerto Príncipe

Aeropuerto de la ciudad de Puerto Príncipe
Haití

El ruido del motor del avión cesó de pronto, eso me hizo abrir los ojos y mire preocupado a mi lado izquierdo. Manuel engullía, si podemos calificar su acción de alguna forma, un bocadito de jamón que le sirvió la camarera casi poco tiempo después de ocupar su asiento, según él no había interrumpido mi sueño porque parecía que yo aparentaba estar pasando por un momento muy placentero, donde me sonreía y de vez en cuando decía algunas palabras inentendibles para él, de todas formas, tiempo tenia de comerme aquel pedazo de pan que después me supo a gloria, ya que por lo visto faltaba algún tiempo para llegar a Puerto Príncipe, me detuve a mirar un rato por la ventanilla el paisaje, el mismo era hermoso volábamos ya por el canal de San Marc y a la derecha se podía observar el verde que contrastaba con el azul fuerte y claro del mar Caribe poco a poco surgió de entre las aguas una extensión de tierra a mi derecha la que imagine fuese posiblemente la isla de Gonave si era así, sabía que poco nos faltaba para aterrizar en el Aeropuerto Internacional de Puerto Príncipe en Haití.

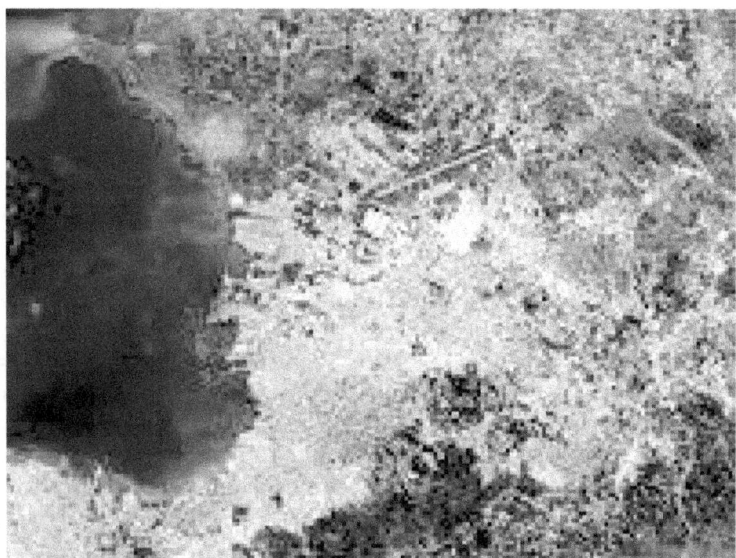

Vista aérea de Puerto Príncipe

Un giro pronunciado a la derecha nos reveló una vista desoladora de la Ciudad, que muy lejos de parecer la Capital de un país, más bien semejaba a la vista de un cementerio, carente de toda vegetación, como volábamos desde el Oeste y la entrada a la pista esta en dirección Este, el avión para poder tomar la misma, tuvo que hacer un giro pronunciado que resultó bastante desagradable para todos, situando al pasajero de la fila de asientos de mi izquierda, casi sobre mi propia cabeza y bajando de sopetón me vi en pocos segundos corriendo por la pista en aquella bola de hierro para llegar al fin al Aeropuerto de Puerto Príncipe en la vecina República de Haití.

Al fin Haití, esperaba encontrarme con un aeropuerto que decían de él como tal, que era un aeropuerto Internacional y uno cree que va a encontrar todos los requisitos referente a buena vigilancia, comodidades, atenciones y normas de educación, las que según sabemos, requieren dichas instalaciones para ostentar esta categoría, pero en realidad era todo lo contrario, en pocos segundos me di cuenta, que había llegado a lo más recóndito de la civilización y eso que yo llegaba desde Cuba, que si viniera de Miami, estoy seguro que parecería haber arribado en pocos segundos, a un estudio de películas donde se estuviera firmando una trama de terror del filme llamado "La Ciudad Fantasma".

Allí un individuo con ropas que no indicaba pertenecer a ninguna compañía o cuerpo de seguridad nos hizo pasar a otro que de igual vestimenta desde una mesa rustica se encargaba de revisar nuestros pasaportes, en idioma creole el presunto oficial de inmigración trató de comunicarse conmigo, pero al ver que era imposible el entendernos, solo se limitó a poner una estampa en mi pasaporte y seguidamente después de este hecho me introduje por un pestilente pasillo hacia el lugar por donde se recibían los equipajes.

Por una estera ruidosa y dando saltos después de una agotadora espera, al fin apareció mi maletín el que con rasgos de ser abierto y mal reparado con una cinta adhesiva se acercaba hacia mí, después de esto no me interesó ni siquiera averiguar dónde estaba el departamento de quejas ya que sabía que me pasaría todo un día, esperando por una solución de mi problema y que sabía jamás llegaría.

Después de salir de aquel atolladero me detuve, para esperar a Manuel un instante ya fuera del edificio, el que me seguía a una distancia algo prudencial, mi preocupación era que se me perdiera en aquella ola negra que gritaba a voces en cuello, pero no pasaron unos minutos en que me di cuenta de lo que sucedía allí, llegué a la conclusión que aunque quisiera era muy difícil perdernos de vista, porque éramos dos granos de frijoles blancos, en un saco de granos negros.

Salimos de la instalación y apenas lo hicimos topamos con José, claro está no era el guía que estaba planificado para recibirnos, era tanta la confusión y la gritería de aquella gente que, en realidad, Manuel y yo estábamos más asustados que un ratón cuando lo acorrala un gato. El guía no aparecía por ninguna parte y el tal José al lado de nosotros no paraba de acosarnos, gestionando y gestionando con sus gestos trataba en todo momento de conseguir el pasaje para su taxi y con él, el tan añorado viaje del día, de verdad que aquel tipo nos tenía al borde de una crisis de hipertensión arterial, al fin me decidí Manuel permanecía como siempre sin decir una palabra parecía haber perdido las facultades de comunicación aunque esta cualidad solo aparece en él, cuando se topa de frente con una muchacha de raza negra pues estas son su debilidad, le dije al tal José si hablaba el español y me contestó, Poquito, poquito seguidamente le dije al improvisado taxista que necesitaba nos llevara al Hotel Mágico, según lo establecido por el contacto, en este lugar era donde debíamos de hospedarnos por esa noche y del guía, esperaríamos que de cualquier latón de basura en algún momento saldría. Salimos asediados por aquella turba unos te ofrecían taxi, los otra comida y el que más y el que menos también algún cigarrillo de contenido dudoso que no enseñaban totalmente en sus manos, como si fuera el más corriente tabaco cubano, aquel José nos montó en un cacharro que ni ventanillas tenia, ¿insignias de alguna compañía de taxis? Ni soñarlo y lo más lindo de esta historia, lo único que sabía decir aquel hijo de puta aprendiz a taxista en el idioma español era:

-Yo me llamo José y poquito, poquito. -

Así nos llevó dando trastazos en aquella carreta hasta el Hotel Mágico. El viaje duro aproximadamente cinco minutos en aquel trastajo que se decía llamar taxi, al llegar al Hotel el presunto chofer nos dijo que le pagara "veinte dola", seguido metí mi mano en el bolsillo y extraje veinte dólares americanos y extendiéndoselos al tal José le pagué que, al verlos en sus manos, abrió sus ojos como si se le apareciera de pronto la Virgen María acompañada de todos los reyes magos.

Pasó mucho tiempo en que yo conociera que el gourde era la moneda haitiana y los Nacionales le llamaban dola, en ese momento su equivalencia con el dólar americano era de veinte por uno, así que le había dado al tal José nada más y nada menos que cuatrocientos gourdeles por un viaje de cinco minutos.

Al bajarnos del carro frente al Hotel, nos quedamos patitiesos cuando observamos que la puerta principal permanecía custodiada por un guardia con un arma larga en ristre, como si el mismo en vez de un Hotel, estuviera custodiando la residencia del presidente Aristi.

Puerto Príncipe se hallaba por esos días en un bullicio convulso y en un constante movimiento, los carros iban y venían en cualquier dirección, frente al Hotel se encuentra la única emisora de televisión de la ciudad y sus gigantescas antenas nos servían de guía para poder encontrar el camino de regreso en caso de salir a conocer un poco la ciudad eso pensé aunque mi humor no estaba para salir a conocer nada ya que este lugar no me ofrecía seguridad de ningún tipo, me apresuré a entrar al Hotel después de observar todos los alrededores y me dirigí directamente a la recepción. Detrás de una mesa que, hacia las funciones de escritorio, una negra alta y de un bien formado cuerpo nos recibió con una bella sonrisa en los labios al parecer ya hacía algún tiempo que nos esperaban, la misma nos tendió una hoja de papel y en un perfecto inglés nos indicó el número de la habitación y también el costo de la misma.

Aquí también se nos aplicó la guillotina del dola haitiano, la empleada nos dijo que el costo de la habitación era cincuenta dola por noche yo me introduje la mano en el bolsillo nuevamente y le pagué el costo de la misma en dólares americanos. Esta vez no hubo caritas ni sorpresas, parece que la situación del pago excesivo de la habitación del Hotel ya estaba planificado por alguien que nos había precedido de ante manos. Manuel y yo subimos hasta el piso superior nos habían asignado la habitación número cinco que según la recepcionista era la que en mejores condiciones se mantenía, si eso era así mal rayo me parta el güiro, aquello parecía por las historias conocidas de aquellos que habían estado en ellas una celda del combinado del Este, la cama una sola y ni siquiera tenía agua caliente en el baño, me apresuré a darme una ducha y tomarle a Manuel la delantera, siendo esto muy difícil en lo que a baño comida o a cama significa para él. Al terminar tendí una sábana en el piso y me preparé para recibir el más reparador de los sueños, cuando me disponía a consumar mis planes, unos golpes en la puerta sonaron como cañonazos dentro de aquella pocilga mal llamada cuarto, al abrir de un sopetón con ideas de romperle la crisma al que se comportaba de esa manera, parado frente a mí, choqué de frente con un mulato alto como de unos treinta años, muy sonriente el que nos gritó con una voz chillona como para que todos lo oyeran a varias cuadras de distancia.

-¡Yo soy Cuquito!

Este según los organizadores del viaje, era el guía tan esperado por nosotros y mira a la hora que el muy degenerado se aparecía, tenía que esperarnos en el aeropuerto y de esa etapa ya pasaron aproximadamente tres horas, así que ya sabía qué con esta gente los pronósticos de esta aventura serían muy lejos de ser halagüeños, pasaron aproximadamente unos treinta minutos y el tal Cuquito se disculpó de lo sucedido manifestando sencillamente, el no haberse percatado de nuestra presencia en el aeropuerto.

Qué extraño era todo aquello, cuando dos personas de raza blanca resaltaban a la distancia y eran como un semáforo en luz intermitente roja, dentro de tantos colores.

Manuel, como siempre solo escuchaba y casi ni hablaba. A él solo le importaba la hora que era, pues llevábamos sin comer desde el bocadillo de jamón en el avión y no habíamos picado más nada desde ese entonces, así le manifestamos al tal Cuquito, el que nos llevó a un pequeño Restaurante de mala muerte, donde ya a esa avanzada hora de la noche, pocas cosas ofrecían de comer, eran pasadas las dos de la mañana cuando sentados en aquel cuchindrin, se nos acercó un camarero con cara de pocos amigos para tomarnos la orden nosotros solo queríamos que a nuestros estómagos les cayera aunque sea unas cuantas piedras hervidas y sin decirlo a nadie parece que el camarero adivino nuestros deseos.

El tal Cuquito le hablo en creole, como nosotros no conocíamos ni jota de nada relacionado con aquel dialecto, no nos percatamos que también allí la guillotina del gourde, se aplicó nuevamente en nuestros pescuezos, nos sirvieron arroz con guandúes, una pequeña ración de carne de res muy picante por cierto y ensalada de tomate. Aquello desapareció de la mesa en menos de segundos, aunque el punto del picante era extremadamente exagerado. El hambre, no entendía con nada. Terminamos con aquella comida y el tal guía se nos acercó y nos dijo que aquella gandofia de comida, costaba nueve dólares por cada uno. Ya tanto me habían mordido que empecé a desconfiar, me levanté de mi asiento y fui directamente al camarero, y en ingles le pregunté.

Cuanto era el costo de la comida, contestándome que *nueve dólares*, pagué nueve dólares americanos por cada uno y me fui de allí como alma que lleva el diablo, convencido ya que estaba rodeado de una muy bien organizada mafia.

El sonido de sirenas de los carros perseguidores y el ruido de motores en el aire nos tiraron de la cama, eran como las diez de la mañana. El guía había dormido con Manuel en la cama yo preferí el suelo ya que mi columna vertebral estaba necesitada de un buen estirón, fui a entrar en el baño y como siempre Manuel se me había adelantado y él era de los que cuando se apoderan del lavabo, no tenía para cuando acabar, me desentendí de esta situación y traté de poner en mi mente algo que desviara mi atención de mi importante e inaguantable necesidad, prendí un cigarrillo y me acerqué a la ventana que daba a una bellísima piscina, bien fuera por la hora o por la poca cantidad de turistas en aquel hotel, en la misma en esos momentos ningún bañista se encontraba en ella, un ruido ensordecedor aumentaba paulatinamente acercándose al lugar y al mirar de dónde provenía, descubrí un helicóptero que se dirigía hacia nosotros, ocupado por Marines americanos que apuntaban con sus armas en todas las direcciones al parecer buscando algún posible objetivo, me aparte inmediatamente de la ventana no fuera a ser que me confundieran con alguien y me mataran de un tiro en ese mismo momento.

Al fin salió Manuel del baño y pude dedicarme a mi aseo personal, después de aquello nos dirigimos al comedor desayunamos y prácticamente con un sorbo de jugo sin tragar en la boca, salimos de un salto a la calle. Nos dirigimos a la Western Unión a cobrar un dinero que nos envió desde Puerto Rico la familia y después de una hora de cola, ya con el dinero en nuestros bolsillos nos encaminamos directo al Aeropuerto llegamos por fin y después de mucho trabajo al aeropuerto de Vuelos Nacionales, maltrechos y casi hechos picadillos.

El tráfico en Puerto Príncipe es extremadamente peligroso y agobiante, las calles están llenas de gentes que lo mismo transitan en una dirección que en otra, gritos de chóferes que conducen desaforados por sus calles y también por encima de las aceras, lugar por donde deben y casi nunca transitan los peatones, los que son tan locos como los mismos chóferes, en este lugar debes de poner la atención de todos tus sentidos al ciento por ciento, porque no hay momento fijo para perecer aplastado debajo de la rueda de cualquiera de aquellos vehículos, cuando logras tomar un colectivo (transporte urbano) como este en el que nos movimos en nuestro viaje, te aprietan como si fueras un chorizo y no te descuides con tus pertenencias porque es muy probable que al dejar el mismo, te falten las medias sin tu haberte quitado en ningún momento los zapatos. Después de transitar en la cabina trasera de aquel magulla gentes de cuatro ruedas, luego de recibir empujones pisotones, pellizcos y por qué no alguna que otra bofetada logramos alcanzar la puerta trasera de aquel trastajo, no habíamos acabado de poner los pies en el pavimento cuando ya el conductor con un grito que nosotros no entendimos pero si para todos los que viajaban en aquel aparato significaba algo dio la salida anticipada del cohete aquél que en un segundo, se perdió en la distancia como si estuviera impulsado por motores a turbinas, cargado de gentes hasta el mismísimo techo.

Caminamos aproximadamente un kilómetro para llegar a las instalaciones del tan mencionado Aeropuerto Nacional aquello más bien que un aeropuerto parecía una terminal de ómnibus municipales, un pequeño local donde apenas cabían cincuenta personas daba servicio a una línea de aviación que tenía la responsabilidad de llevar a cientos de pasajeros por todo el territorio nacional, cafeterías, baños, lugar de estar bebederos de agua, y sistemas de audio, como siempre brillaban por su ausencia, la aglomeración de personas era casi insoportable, canastas con plátanos jaulas de pollos, también increíblemente aparecían de vez en cuando, gentes bien vestidas que se mezclaban con comerciantes sudorosos que a las claras, regresaban de una apestosa faena de trabajo, en la que de seguro para realizarla, habían invertido muchas horas imaginarse ni pensarlo, los malos olores existentes en aquel lugar, que ni siquiera ventiladores tenia entre aquellas bien cerradas y mal ventiladas cuatro paredes.

Al rato de estar allí creía que me desmayaba, la falta de aire combinada con la peste a mofeta muerta existente en aquel lugar me viraban el estómago al revés, no quiero que estas expresiones se tomen como un motivo de ofensa o burla o sea causa alguna que provoque risas pero en aquel momento, a mi mente solo llegaban estos tipos de comparaciones aunque en mi vida jamás había percibido el olor de una mofeta muerta, estimo que por muy desagradable que este fuera, se quedaría empequeñecido con el que les estoy describiendo.

Como les deje dicho en otras narraciones, mi operación de vesícula había tenido un gran éxito y como les dije anteriormente en el transcurso de esta historia se darán cuenta el porqué de su rotundo triunfo, yo hacía nada más que un mes y apenas un día que me había sometido a una operación en que muchos, permanecían hasta tres meses para comenzar a destacarse en sus tareas diarias y por supuesto dar sus primeros pasos, pero yo me había metido y complicado en unas de las aventuras más desastrosas en que podía verse envuelto una persona convaleciente de esta operación.

La fatiga sin remedio me invadió en aquel lugar, unos sudores acudieron a mi frente y un mareo empezó a darle vueltas a mi cabeza, tal fue así que permanecí tirado en el suelo en un rincón, donde apenas una pequeña corriente de aire entraba por un orificio en la pared y de esta forma conseguí que la misma, me refrescaba un poco la cara.

Pasaron unos minutos y la fatiga fue incrementándose hasta que decidí ponerme de pie y salir hacia la calle buscando como un loco, un lugar donde corriera un poco de aire y poder recibir con esta acción un poco de resuello, después de andar como unos cincuenta metros de la entrada principal y debajo de un pequeño árbol, objeto anacrónico en este país, vi que debajo de él se guarecían más de veinte personas las cuales trataban de escapar de los rayos candentes del sol, que a pesar de ser las tres y media de la tarde calentaba como si fueran las doce del mediodía en pleno infierno, dando mi pequeño empujoncito y corriendo mi cuerpo muy sutilmente entre todas aquellas personas evitando siempre un mal entendido con algunos de aquellos individuos, fui buscando una pequeña sombra que solo al final de mis intentos mi cabeza pudo alcanzar, quedando fuera de la misma y achicharrando con el intenso resplandor todo mí agotado cuerpo.

Allí permanecí hasta que Manuel con un grito me llamó muy preocupado para decirme que el tal Cuquito, de nuevo se había perdido y no aparecía por ninguna parte y según él creía el vuelo que nosotros teníamos que tomar ya había salido de allí hacía unos quince minutos.

Ahí mismo se me paso todo el mareo y la fatiga que tenía, me dirigí casi corriendo al interior de la sala de espera y al pasar por el detector de metales nuevamente, la alarma sonó indicando algo metálico en mi poder, pero en el puesto de vigilancia donde tenían que detenerme para registrarme y haber un guardia, solamente pude observar una silla vacía motivo de esto que justo detrás de mí, cruzaban por el detector de metales todos los pasajeros como dueños de su casa, haciendo sonar aquella alarma sin parar y sin ningún chequeo que pudiera garantizar la más mínima seguridad en aquellos vuelos.

En mi caso era solo un corta uñas, pero quien pudiera afirmar que aquellas otras gentes detrás de mí no pasaran por los detectores, algún revolver o alguna navaja, ametralladoras cañones y porque no también, algún tanque de guerra.

Eran pasadas ya las cuatro y veinte de la tarde, cuando llegamos y sacamos el pasaje para Cabo Haitiano, el costo del mismo equivalía a sesenta y cinco dólares por persona los que tuvimos que pagar contantes y sonantes pues el tal Cuquito nos dijo, que él no tenía ese dinero encima y que el dinero que habíamos recibido por la Western Unión de nuestra familia en Puerto Rico era para eso, yo no tenía esas instrucciones pero creí mejor por el momento dejar aquel asunto sin discusión por el momento y resolverlo más adelante pues ahora lo más importante era salir de aquel país cuanto antes, al cabo del rato entre la multitud pudimos divisar acercándose a nosotros y con paso de tortuga, al tal Cuquito el sujeto venia comiéndose un pedazo de pan y sin ningún síntoma de estar apurado, al llegar a nosotros le formé tremenda bronca y ahí mismo le recalqué que si para él aquello no tenía motivo de seriedad, para nosotros sí y el logro de nuestros planes era muy importante para el futuro de nuestras familias, por lo tanto si él se volvía a perder, podía dar por seguro que hasta ahí mismo nuestro negocio llegaba, el tipo ni siquiera se inmutó y solo se dedicó a hablar con la empleada que daba los pases de abordo, porque como decía Manuel, el avión de nosotros ya había partido hacia un buen rato de aquel lugar.

Avión Guagua o Cafetera

Gestos, discusiones, gritería y hasta malas palabras en idioma creole deduzco yo, empleó el que se hacía llamar nuestro guía para lograr subirnos en aquel avión, el que repleto de pasajeros esperaba en la pista la orden del piloto para levantar el vuelo.

Nos apresuramos como si lo que fuéramos a cazar fuera una guagua cubana después de haberse volado una parada corrimos por la pista y al fin en la escalerilla del avión, nos encontramos con una morenita que con gestos rápidos nos increpaba a que subiéramos de inmediato, porque si no de seguro si nos demorábamos un segundo más, nos quedábamos en tierra.

Subimos y estando ya dentro del aparato la sorpresa ahora fue mucho mayor, en aquel avión donde debían de viajar cincuenta pasajeros se apilonaban en su interior un número mayor de mucho más de cien, el pasillo se encontraba abarrotado y fue una grata sorpresa al comprobar que la aeromoza nos guio hasta los únicos dos asientos que a pesar de estar todo repleto permanecían vacíos y fue así como nos percatamos que nosotros dos en aquel lugar, teníamos sobre toda aquella gente que allí se encontraba, una muy ligera preferencia.

Manuel se sentó detrás de mí y yo sin perder tiempo me apresuré en ponerme el cinturón y mientras tanto, me quedé perplejo al escuchar el cometario que hacia el piloto en voz alta el mismo se detuvo en el umbral de la puerta de la cabina de control y poniéndose las dos manos en la cabeza, con un grito alertó a la aeromoza que se encontraba en la sección de cola y hablándole en un perfecto idioma español le dijo.

¡María, mira a ver como acomodas todo esto, porque yo no creo que esta mierda llegue a levantar el vuelo con tanta gente!

Para los haitianos tal vez aquella rápida conversación en el idioma español pasó inadvertida, pero para mí, buen conocedor de aquel perfecto español, fue como un martillazo en el centro de mi cabeza, el volar nunca ha sido para mí un plato apetitoso al contrario, nunca me ha llamado la atención ni el subirme en el techo de mi casa, solo había pensado en esta opción producto de la necesidad de escapar de Cuba, pero ahora y después de estar prácticamente fuera del alcance de las huestes del régimen de los Castros, la situación me había puesto dentro de aquella vieja cafetera volante, cargada de gente y para colmo con un piloto medio loco, gritando a todo pecho, que aquel tareco con tanta gente, no tendría fuerzas ni para levantar el vuelo.

Me encomendé a Dios y me viré en el asiento para mirar a Manuel el que con una sonrisa como si fuera un piloto experimentado, me indicaba con un gesto de su mano que aquello que estaba sucediendo, que para mí significaba un seguro descalabro, no tendría consecuencias trágicas y mucho menos, algún problema.

Sin previo aviso aquel aparato se desprendió con una velocidad vertiginosa por la pista, algunos ni siquiera se habían acomodado en sus asientos y menos que eso, se habían puesto el cinturón de seguridad cuando el arranque repentino del avión nos tomó a todos por sorpresa, yo mire por la ventanilla a mi derecha y el aparato como un pájaro loco corría despavorido por la pista, cuando me pude percatar, que un mecánico a patas en cuello trataba de llegar sin conseguirlo a un tornillo del tren de aterrizaje de nuestro aparato, que a las claras desde mi posición se veía flojo y que a duras penas el preocupado hombre, con una herramienta en sus manos y sin ninguna suerte, trataba de apretar, en aquella desigual carrera el avión le ganó el cielo dejando al mecánico en el centro de la pista haciendo señas con desconsuelo en tierra, por no haber podido terminar su trabajo. Dando bandazos y saltos desagradables se efectuó el despegue, el avión en aquel vuelo jamás en su trayecto supero la altura de las elevaciones que tenía a su alrededor y que pasaban rozando peligrosamente muy cerca de sus alas, yo lo único que hice fue recogerme en mi mismo, tragar en seco y con los ojos bien apretados esperando el momento de un trágico desenlace, decirme a mí mismo una y mil veces. ¡Ahora sí que la mula tumbó a Genaro!

Pasaron como veinte minutos y aquello lo mismo volaba de lado, como bajaba dando trastazos, viajábamos como si lo hiciéramos en una carretera llenas de baches, me viré en una oportunidad para ver que hacia Manuel y quedé turbado.

Manuel miraba por la ventanilla del avión como si viajara en un ómnibus del Zoológico de la Habana y estuviera contemplando ensimismado la bella y tranquila pradera africana.

Seguí sobrecogido en mí mismo, la gente en aquel avión ni respiraba y todos estaban como si esperaran un fatal desenlace cuando nuestra atención se dirigió a un ruido ensordecedor que se hizo escuchar, al parecer el mismo provenía de un gran escape de presión.

SssssSSSSSSSSSSSSsssssssSSSSSSS.

Todos fuimos presas del terror, eso acabo con mi paciencia y parándome de un salto en mi asiento me dirigí a mi amigo exigiéndole una pronta respuesta, que me explicara con lujos de detalles aquella situación, Manuel el experimentado piloto con una vasta experiencia en tantos vuelos internacionales como si me lo quisiera comer de un solo bocado le grité ¿Y ahora qué coño pasa?

El me miro muy calmado y me dijo con una tranquilidad que hasta a mí me tomó por sorpresa, esos son problemas que no tienen importancia para los vuelos, seguro que se reventó una manguera de un hidráulico, pero no te preocupes sin aparente preocupación continuo con su alegato, eso no tiene consecuencias graves pues se puede continuar operando el aparato mecánicamente.

Mi querido amigo Manuel nunca había empinado ni siquiera una chiringa, pero en lo que respecta a la aviación, se había pasado toda una vida recopilando datos y folletos y sin salir de su casa podía ser capaz por sus conocimientos de volar hasta un avión de guerra. El vuelo se desarrolló todo el tiempo de una forma muy peligrosa, aquel ruido ensordecedor no dejo de acompañarnos en todo momento en aquel viaje, hasta que muy asombrado vi por la ventanilla que de los cuatro motores que tenía aquel aparato, solo dos estaban funcionando y eso acabó con mi paciencia. Yo temblaba como una hoja de plátano en medio de una ventolera y no era un problema de cobardía no, es que cuando de aviones se trata, yo prefiero que me suelten en cueros entre cocodrilos hambrientos.

Al fin se encendieron las luces de advertencias para los pasajeros, no pasaron unos segundos cuando escuchamos las indicaciones directas de boca de la aeromoza, pues el audio del aparato al parecer tampoco funcionaba, cuando sin pensarlo estábamos tocando tierra y aquella chatarra vieja corría como un pájaro herido y cojo, terminando su viaje dando saltos y tumbos por la pequeña pista del aeropuerto de la ciudad de Cabo Haitiano, en la República de Haití.

Ciudad de Cabo Haitiano

Bajé del avión como un bólido y sin mirar para atrás me dirigí a una edificación de madera con techo de fibra que parecía más una nave de criar pollos, que la sala de un aeropuerto. En este lugar ni siquiera nos pidieron el pasaporte y salimos de allí escoltados por varios guardias que custodiaban una cerca de alambres de púas, la cual evitaba que cientos de personas se abalanzaban sobre los que llegaban y que a empujones también trataban de entrar al edificio, en ese tumulto nos vimos envueltos Manuel y yo y en  menos de lo que pestañea un mosquito en un ligero descuido, a Manuel le robaron los espejuelos que lo acompañaba en el bolsillo de su camisa desde Cuba.

Inmediatamente y casi sin darme cuenta me subieron en vilo detrás de una moto junto al guía y a mi amigo Manuel y sin mediar otro asunto, nos desprendimos por un trillo lleno de baches, a una velocidad vertiginosa hacia el mercado de Cabo Haitiano.   Cabo Haitiano segunda ciudad de importancia de La República de Haití, al Norte de Puerto Príncipe la misma fue escogida por su proximidad a For Liberté, punto clave para el desarrollo de todos nuestros planes. Llegamos sin nalgas en unos pocos minutos de los trastazos entre los baches del camino al Mercado del Centro de Cabo Haitiano, en este lugar teníamos que tomar el colectivo, único medio de transporte que nos llevaría a For Liberte, un Batey cercano a una localidad llamada Pepillo Salcedo, por la zona donde teníamos previsto cruzar la frontera hacia la República Dominicana.

Un constante movimiento se veía en una extensión de terreno aproximadamente de unos ciento cincuenta metros cuadrados, allí nos esperaba listo, un pedazo de tierra que cumplía en aquel lugar varias funciones, primero el de mercado al aire libre y segundo a la misma vez de terminal de Ómnibus Municipales. Las personas allí se dedicaban al comercio de cualquier tipo de bisutería, alimentos que trasportaban en canastas de mimbre, destinadas a ser colocadas encima de sus cabezas, caminando entre los camiones llenos de viandas cerdos, chivos vivos, pollos, huevos plátanos y cualquier cosa que se pueda uno imaginar y que en este lugar abundan.

Los vendedores de bolsitas de agua se encuentran por doquier, ya que el agua potable en este lugar no existe, yo me apresuré a comprar dos o tres como se dicen allí, funditas de agua y una negra con una canasta en la cabeza junto a un niño de meses colgado a la espalda, me gritaba desaforada para llamar mi atención y decirme algo en idioma creole. Al mirar dentro de aquella canasta había pollos fritos, paquetes de chicharrones de viento y cualquier comestible que se pudiera vender. Yo pensé, con la comida que se tira aquí en este Cabo Haitiano en un día, la Ciudad de la Habana come por lo menos seis meses y eso que dicen que Haití era un pueblo que se estaba muriendo de hambre.

Haití en realidad es un país muy pobre su sistema de Salud está por el suelo, la miseria en las gentes se toca a flor de piel, pero en esta ciudad los límites son extremos, te puedes encontrar lo mismo con la miseria más espantosa, que, a pocos metros de ella, descubres la opulencia más arrogante.

Cuquito nos llevó hasta un camión, que hacía las veces de ómnibus intermunicipal detrás en su cabina, aquel vehículo estaba equipado de tres bancos, que dé a diez, debía de cargar treinta pasajeros, en ese momento solo habíamos tres personas sin contar al guía que nos dijo saldría un momento para buscar un baño donde hacer sus necesidades, yo apresurado como siempre le dije a Manuel. Vamos a sentarnos dentro, porque cuando esto se llene nos quedamos en el suelo. Subimos y nos sentamos pegados a la cabina del chofer y ocupamos nuestros asientos en el banco del centro.

El tiempo no pasaba, eran como las seis de la tarde y según nos informó el guía, el viaje no saldría hasta las siete de la noche, había que esperar a que estuviera el camión con un lleno completo de pasaje, ya que, si no era así, aquel viaje hacia la localidad de Fort Liberte, de allí no saldría.

Eran pasadas las ocho de la noche y aquel camión se había llenado de tal forma, que donde cabían treinta personas yo había contado más de cincuenta, en el techo viajaban otro tanto, aquella carga humana arrancó con dificultad y se dirigió hacia la salida de la plaza. Manuel y yo comprimidos por los pasajeros contra la cabina del chofer solo nos preocupábamos por ver si el guía, aparecía por alguna parte, pues desde que salió para el baño no había regresado.

Tomamos un terraplén donde lo único que se sentían eran los baches y los gritos de los pasajeros que irremediablemente acompañados con extraños sonidos guturales para nosotros poco entendibles, trataban de amortiguar el daño que se hacían en sus cuerpos, cuando aquel camión los golpeaba en su movimiento al pasar por ellos, todos éramos zarandeados de un lado a otro, como si fuéramos una carga depreciable.

Yo me imaginaba completamente extraviado en aquel lugar pues para mi entender habíamos perdido el guía y no teníamos sin siquiera la más mínima idea hacia dónde dirigirnos el estúpido Cuquito se había desaparecido nuevamente y no aparecía por ninguna parte y eso que en el aeropuerto de Puerto Príncipe yo le había dicho hasta alma mía.

Dando tumbos y encontronazos, a una velocidad escalofriante no acorde jamás con el estado de aquel camino transitamos como una hora, la sed me mataba ya creía que me moría de agotamiento y me daba por ahogado dentro de aquella turba aplastante que me proyectaba contra la cabina del chofer una y otra vez.

Manuel ni hablaba, trataba de sacar la cabeza por un hueco en la cabina para encontrar un poco de aire, aquello era desesperante lo mismo tenía incrustado el codo de uno de aquellos pasajeros en mi estómago, como un racimo de plátanos y varias cabezas de pollos me golpeaban mi cabeza pasamos por un lugar que se llamaba Galment y después a Lombard, todos estos bateyes donde la miseria se podía apreciar a simple vista, casi por todo el recorrido rural que hicimos en ningún momento pude observar casas ni calles con alumbrado eléctrico, los niños descalzos, comidos por mocos y sin ropa y de cualquier edad, se desesperaban a nuestro paso para vender lo mismo funditas de agua que cucuruchos de maní tostado, cualquier cosa era un motivo de mercadeo que proponían sin ninguna medida, a los pasajeros de aquella carcacha.

Al detenerse el camión en uno de estos bateyes aproveché la ocasión, para sacar en la oscuridad un dólar americano por una de sus ventanillas y gritar en inglés, agua, al instante una bolsa como con diez funditas fueron arrojadas al interior de aquella carga humana y de una mordida abrí un hueco en una de aquellas bolsas, extrayendo de un solo sorbo parte del contenido y el resto, lo vertí todo sobre mi cabeza que de tanto calor parecía reventar.

Manuel tomó otra funda de agua y se la echó toda por la cara, nos encontrábamos tan ocupados en ese trajín que ya no nos acordábamos del guía, cuando una cabeza en la oscuridad de aquella noche apareció desde el techo del camión y nos dijo:

-Aquí esta Cuquito

Al verlo, poco me faltó para saltar a su encuentro y darle una trompada al muy cabrón, pero era imposible porque, aunque quisiera no podía ni siquiera mover mi culo de donde me encontraba, pues sobre mis piernas llevaba todo mi equipaje y estaba comprimido por las nalgas de una enorme negra que me mantenía aplastado contra el suelo de aquel camión. Le di con él codo por el costado a Manuel y apuntando con el dedo al tal Cuquito, le exclamé con ira.

¡Reviértale el hocico a ese hijo de puta! Pero Manuel, aunque lo quisiera, desde la posición donde estaba, tampoco le era posible moverse, ni siquiera abrir la boca podía y solo nos conformamos en sentir entre todo aquello la alegría, de saber que el tal Cuquito, no nos había dejado a nuestra suerte en el Mercado de Cabo Haitiano.

Continuamos en aquel suplicio como una hora más y aquel chofer en su bólido corría por aquellos terraplenes como un loco cargado de gentes, suerte para nosotros que en ocasiones un refrescante aguacero calló de sopetón encima de todos aquellos que viajaban encima del techo y esto me alegró mucho al recordar que no había podido castigar al tal Cuquito con la trompada que se merecía, pero de todas formas Dios y la naturaleza, con aquel aguacero, por sí mismo lo había penado.

El Río Masacre

Llegamos al fin a Fort Liberté, me apresuré a dejar de una vez aquel potro de tortura al aproximarme a la baranda del camión mis piernas no me respondieron, estaban adormecidas por el tiempo en que me había mantenido en aquella obligada posición y ni siquiera las sentía.

Mis piernas se negaron a obedecer la orden de avanzar cuando se lo pedí y sin poderlo evitar, caí de pecho contra el suelo como un verdadero saco de papas. Por suerte para mí el tal Cuquito ahora sí estaba en el lugar correcto y sosteniéndome con sus manos, evitó que me partiera un hueso al caer contra la dura superficie de aquel mojado terraplén. No tuve tiempo de discutir con el guía y ni siquiera darle la mano a Manolo que detrás de mí, caía del camión de igual forma, su cuerpo hacia un gran estruendo cuando de pronto tres motos con sus respectivos chóferes, salieron de la nada y nos obligaron con mucha prisa a montar detrás en sus asientos para lanzarnos de un tirón a la inmensidad de la noche, que ni siquiera para alumbrarnos el camino, un poco de estrellas tenia.

Motos y choferes similares a los que nos transportaron

Salimos de allí en aquellas motos como un rayo, pude observar en la oscuridad, que paramos después de unos minutos en una encrucijada de donde salían dos caminos y después de darle un cigarrillo a un personaje que me pidió en aquella terrible oscuridad, doblamos a la derecha introduciéndonos por un sendero lleno de marabúsales y de estrechos trillos, por donde apenas siquiera las ruedas de las motos, podían transitar.

Mi equipaje cada vez me pesaba más y para mí se convertía en un constante lastre, otra vez mi esposa pensando que me dirigía a una excursión de placer, había cargado aquel maletín con todas mis pertenencias. En el escenario que me hallaba aquello que cargaba era inservible, en ese momento cambiaba todo aquel maletín de ropas, por una cantimplora con un poco de agua.

En la primera moto y delante como a unos cien metros viajaba el guía con el chofer seguido de ellos iba yo y como a unos ciento cincuenta metros detrás de mí, nos perseguía la moto que conducía a mi amigo Manuel. Mi preocupación era que estos individuos, en aquellos lugares tan desolados se aprovecharan y al separarnos a tanta distancia se valieran de esto para robarnos y después aprovecharan la oportunidad y nos mataran allí mismo.

Aquel lugar tan lejos de la civilización se prestaba para cometer cualquier barbaridad y yo sabía que aquí en otras ocasiones, distintos grupos de inmigrantes habían desaparecido sin dejar rastro.

Por suerte parecía que el guía era de fiar y a pesar de que aquellos individuos tenían tremendo mal aspecto sucedía todo lo contrario, cada vez se esmeraban más en que llegáramos con vida al lugar de nuestro destino, mi chofer era muy delgado y alto, apenas pesaba unas cien libras y me obligaba constantemente a pegarme a sus espaldas, de esta forma servía de contrapeso junto a mi maletín que con su peso unido al mío levantaba la moto constantemente de la rueda delantera, en un bandazo perdimos el equilibrio y le entramos directo al tronco de un frondoso marabú, una planta formada por hojas y espinas de mucha agudeza, muy abundante en Cuba y en todas las islas del Caribe.

Los cubanos la conocemos muy bien, pues en las unidades militares donde todos hemos pasado por el servicio militar obligatorio, el principal castigo para los reclutas era cortar esta planta por su mismo tronco, tremenda proeza pues antes de que pudieras llegar a él, muchos desistían del intento, por la enorme cantidad de espinas que contienen sus impenetrables ramas convirtiéndose esto en una labor de castigo que para muchos prácticamente era imposible.

El frenazo y el corte al timón de aquel ciclista fueron inesperados, una de las ramas me golpeo de lleno el rostro y rasgándome mis brazos, me arrancó también de cuajo el único par de espejuelos graduados que llevaba conmigo, a partir de ese instante, mi cara y mis brazos empezaron a sangrar y quedé a partir de ese momento y por mucho tiempo más, casi ciego por las heridas en mi rostro y la pérdida de mis espejuelos.

Entre saltos, acelerones, mangles y fango, llegamos al fin a un kilómetro aproximado de la costa, apagamos los motores para no ser detectados por el puesto de guarda frontera haitiana y escondiendo las motocicletas en un pedacito de monte nos arrastramos todo el tiempo sigilosamente sin levantar la cabeza por el suelo.

Desde ese mismo instante todo el camino que nos faltaba para llegar a la costa, lo recorrimos con nuestros rostros pegados a la tierra y arrastrando nuestros cuerpos y de esta forma tratamos de hacer el menor ruido y evitar por todos los medios ser descubiertos en el intento de llegar a la cercana costa.

El guía que antes de estos instantes parecía despreocupado en todos los momentos, ahora ponía una atención esmerada para que ninguno de nosotros hiciera absolutamente ningún ruido, pues de eso dependía el éxito de aquella acción.

Llenos de fango, sudor y sangre por fin llegamos a la costa el olor a salitre y a mar me reanimo, nos metidos hasta el cuello en una casimba llena de agua salada, que lejos de refrescarme a su contacto, solo me produjo deseos de gritar de la tremenda ardentía y dolores que sentía en la piel producto esto de todos mis arañazos, esperamos en aquel lugar escondidos, hasta que apareciera la embarcación que nos cruzaría posteriormente por la extensa bahía de Manzanillo.

La conversación en el agua calando nuestros huesos duro aproximadamente unas dos horas, de vez en cuando Cuquito proyectaba hacia la inmensidad del mar la tenue luz de su teléfono celular, esperando que alguien de allá supiera que estábamos acá, así me contestó cuando yo preocupado le pregunté, ¿el porqué de estas señales, no sería demasiado peligroso para nosotros que alguien que no debiera verlas, por casualidad lo hiciera?

Cuquito tenía todo planeado y organizado al dedillo, no dejo de reconocer que era un verdadero profesional y sin él jamás hubiéramos cruzado a la otra orilla y menos por aquel lugar. Una luz como si perteneciera a una luciérnaga se proyectó desde donde parecía solo haber mar, seguido de un suave chapoteo que hacían unos remos al leve roce con las olas en la oscuridad, poco a poco iba apareciendo la silueta de una embarcación bastante pequeña, cuando en ese mismo momento un silbido sobre nuestras cabezas como un afilado cuchillo rasgo el silencio de la noche.

Al instante todo el cielo se iluminó como si fuera el mismo día, una luz de bengala encendió toda la escena, varias ráfagas de ametralladora se hicieron sentir y el golpeteo de los impactos de los proyectiles prácticamente salpicaban todo con el agua a nuestro lado, sin esperar un segundo más Cuquito salió de su escondite gritándonos como si en un instante hubiera enloquecido, Manuel no despertaba de su eterno sueño y con una rápida acción, lo empujé por la espalda haciéndolo avanzar hacia donde se encontraba la embarcación, que ya lista y con el motor encendido, esperaba bajo las balas, nuestra inmediata llegada. Habíamos sido descubiertos por la guardia costera de Haití.

Subimos a la embarcación lanzándonos de cabeza, arrojándonos precipitadamente al fondo de la yola donde permanecía un mulato alto como una palma y el que se encontraba recogido en sí mismo evitando con esa posición algún posible impacto de bala, al entrar los tres dentro de la embarcación el mulato aceleró a fondo aquel motor, dejando solo una estela de espuma blanca, como testigo de aquella fuga de dos cubanos desde Haití, hacia el libre territorio dominicano.

Navegamos aproximadamente media hora y en ningún momento levantamos la cabeza del fondo de la yola que, de salto en saltos, navegaba hacia las costas de Montecristi dejando atrás y a nuestras espaldas a la localidad de Pepillo Salcedo en tierras haitianas.

Después de un tiempo que no pude determinar desembarcamos en una playita nombraba, El Rincón, donde nos adentramos en un monte permaneciendo escondidos hasta que el pescador y el guía, después de cierto tiempo fueron a buscarnos, después de haber pasado unas horas, fuimos sacados sigilosamente de aquel monte y conducidos a una cabaña de pescadores donde nos trajeron al rato algo de comer nos bañamos como pudimos y al rato caímos en un camastro como muertos. Con mi sueño volé a lo más recóndito de mi imaginación y recordé mientras me dormía uno de los poemas más lindos de mi hija Ariacne.

Como escribir

Como escribir sin ser el tétrico verdugo
De líricas sin nombres de tropos y figuras
De una metamorfosis de rasgos inmediatos
Que detuvieron todos unos versos de una noche.
Como escribir sin letra de (dientes) y poetas
Sarcófagos podridos de vientos que se añejan
Que cubren un suspiro acobardado y ciego
Donde atraganta pasos perdidos en la bruma de pájaros
Que emigran a corazón sin fondo
De mariposas locas que pierden la cabeza
Como escribir con sueños que acoplan el cinismo de viles sin respeto
Que no se atinan nunca a amarse ni así mismo de vidas
Que me enferma con solo de pensarlas
Como escribir fieras sin padre ni destino
Cual cúpula en la noche sin giro ni retreta.

Ariacne

Un Verdadero Turista

Unos toques muy sutiles en la puerta de la cabaña nos despertaron de aquel profundo sueño, miré el reloj y eran pasadas las seis de la mañana, me apuré a abrir la puerta y me asombré al ver que, con su cabeza pegada al dintel de la misma, y casi golpeando el techo, estaba aquel gigantesco mulato pescador que nos cruzó la Bahía de Manzanillo la noche anterior. Nos traía en sus manos un vaso con un poco de café y me ofreció una caja de cigarrillos.

El plan consistía en salir de a uno, en una pequeña moto que seguidamente nos llevaría hasta la terminal de ómnibus, allí tomaríamos uno, para dirigirnos como dos simples turistas, hasta la ciudad de Santiago de los Caballeros donde nos esperaría un auto para trasladarnos al vecino San Francisco de Macorís. El gran problema eran las condiciones físicas en que me había dejado la travesía desde Haití, mis brazos sangraban junto a mi cara, sin espejuelos prácticamente me encontraba ciego, me encasqueté una gorra en mi cabeza y llevándola más abajo de la altura de las cejas, me dirigí a Manuel diciéndole.

Ahora es cuando es mi socio, le dije y subí en aquella pequeña moto con aquel mulato gigantesco sin dejar ningún espacio en el asiento, ni siquiera para las nalgas de una pequeña hormiga. Llegamos a la estación de ómnibus cuando ya el guía había comprado todos los pasajes y solo esperábamos a que llegara Manuel para continuar nuestro viaje. Al fin llegó la pequeña moto y como si nos estuviera esperando el chofer, al instante arrancó el ómnibus y emprendimos el único viaje de placer que tuvimos en esta historia.

Con todos mis recuerdos en la mente, como si proyectaran delante de aquella ventanilla una película, veía pasar las montañas, los parajes y los bellos paisajes que existen en abundancia en la República Dominicana, no me pesa decir esto, porque como buen cubano y adorar mi patria pienso que no hay nada más lindo que Cuba, pero al observar la campiña Dominicana, supe por qué nuestro apóstol José Martí la quería tanto, entre Cuba y Dominicana no hay diferencia alguna, puedes estar en el rincón más alejado del país y en ningún momento extrañar la tierra cubana, ya que su similitud es tal que casi no percibes la diferencia.

Santiago de los Caballeros

Y por fin llegamos a Santiago de los Caballeros donde nos esperaba hacia un buen tiempo un lujoso auto, su chofer al vernos tan entretenidos, apenas nos dejó siquiera tomar una taza del sabroso café dominicano.

Un Toyota del año, nos trasladaba como en un viaje dominical, por aquellas avenidas limpias y vistosas, Manuel y yo que después de residir en Cuba sumidos en un sueño que duraba ya cuarenta y cinco años en la tierra que nos vio nacer y lejos de toda comunicación con el exterior, habíamos despertado de nuestro sueño, ahora comprendíamos de una vez y por todas, que fuera de nuestra tierra existían también otros países bellos y con culturas extremadamente interesantes. Lo más significativo y triste fue, ver con mis propios ojos, como era posible que tan cerca de nosotros y apenas separados por un pedacito de mar, existiera un lugar que por su belleza podía ser motivo de la inspiración, del más exigente artista.

Todo esto me hacía reflexionar y llegué a la conclusión que durante mucho tiempo había vivido una vida ficticia, encerrado en un receptáculo que respondía a la política de claustro aplicada a todo el pueblo de Cuba. Imagínense ustedes para una persona levantarse en la mañana y solamente conocer las noticias en un solo periódico y que, con sus dos únicas páginas, difundan nada más, que lo que el régimen le convenía.

La televisión como ya anteriormente les mencioné con sus dos canales, proyectan al espectador horas enteras de una programación que solo tratan asuntos concernientes a su propia política, resaltando logros blofistas del sistema muy lejos de sus resultados reales, por eso aquello me hacía sentir muy triste y en vez de estar eufórico como Manuel con aquel viaje turístico el mismo solo me produjo un dolor a mi corazón como si me clavaran miles de cuchillos en él, mi autoestima rodó por el piso y me sentí en aquel momento aplastado como un insecto, al saber que había perdido por culpa de ese sistema, casi ya toda mi vida en una penumbra obligada. Por eso miraba y recordaba a la vez todo y me percataba ahora de lo que estaba sucediendo en nuestra islita de Cuba, hacía mucho tiempo que se vislumbraba un incremento de las escaseces, las necesidades de todo el pueblo desde luego, eran cada vez mayores, el principal motivo de esto fue, la caída del campo Socialista en el año 1990.

Aplicaron la Perestroika, ideas que solo originaron la destrucción y el aplastamiento del inepto sistema comunista, el cual mantuvo sumido en penumbras durante casi tres cuartos de siglo a media Europa y trató de expandirse utilizando la política de la guerra fría, a otros pueblos de América, como Nicaragua Granada y Cuba.

Por muchos años se persiguió por sus medios de represión el libre culto pues todo pensamiento fuera de la ideología Marxista Leninista iba en contra de la Revolución y por supuesto, fueron y son perseguidos actualmente, se nos prohibió sacar en procesión a nuestra Santa Ana, a todos aquellos que visitábamos la Iglesia nos consideraban enemigos potenciales de la ideología practicada por el gobierno, fuimos en nuestra juventud hostigados por nuestras costumbres, durante más de cuarenta años desaparecieron los Reyes Magos para los niños y para todos, la Noche Buena, las Pascuas, la Navidad y el Año Nuevo, dejamos de venerar en las escuelas perdiendo la identidad de nuestra Nación, a Maceo y a Martí, a Gómez y a Carlos Manuel de Céspedes, acompañado de un Himno que nos obligaban a cantar antes del nuestro, sustituyéndolos por una gran cantidad de nombres en otro idioma, que ni siquiera entendíamos y esto sucedía desde las mismas escuelas, todos estos eran los logros que decían sus dirigentes haber obtenido con la Revolución Cubana, aquel pueblo cegado y engañado por un malévolo plan inteligente concebido y practicado durante años, fue elaborado por un grupo de traidores con la complicidad de una potencia extranjera y que poco a poco nos fue separando de la realidad hundiéndonos cada día más, en una ignorancia total.

Curiosidades

En mi infancia llena de impedimentas y momentos de necesidad siempre hubo una esperanza de mejorar las expectativas de vida para cualquier familia pobre, porque en un país donde exista libertad y el sistema ayude a la creatividad del hombre, incluye en su programa económico su significativa participación y lo considera un firme puntal de desarrollo económico y social.

En el sistema comunista esto no existe y solo se centra al hombre como un subproducto de la economía y en ningún momento protagonista activo de esta, ya que todos los beneficios se desvían para según ellos, realizar planes futuros de desarrollo colectivo que jamás son vistos ni cumplidos.

Era mi pueblo un lugar muy pequeño pero en esa época hablamos de los años antes del 1959, existía en él una constate ansia de desarrollo económico, ya por esa fecha y es del conocimiento de todos los campos floridenses, existían dos restaurantes, una casa de socorros una terminal de trenes quince bodegas, un cine, ocho puestos de viandas, tres zapaterías, una farmacia, dos talabarterías, un Serví Centro cinco expendedoras de gasolina, tres talleres de mecánica, tres de confecciones, una panadería y dulcería, dos tiendas de variedades y una quincalla, "la Quincalla de Pedrín".

Para todo niño en Campo Florido este era el lugar, donde algún día se cumplirían todos sus sueños, en ella lo mismo se vendía un metro de elástico, como una escopeta de perlés o de municiones, también juguetes de todo tipo y de todos los precios, papalotes, trompos, paquetes de bolas de cristal petardos, cohetes, juegos de yaquis tal era el servicio que prestaba aquel establecimiento, que el señor Pedrín, cuando no tenia en existencia lo que se le pedía, lo encargaba y en apenas un día, a tus manos el producto llegaba. Con esto quiero decirles que, aunque no existieran los ingresos necesarios para comprar algunos de aquellos juguetes, siempre había la esperanza de trabajar duro para obtenerlos, así que yo después de cumplir con las tareas de mi escuela, trabajaba en una bodega y, además, limpiaba zapatos y hacia mandados para ganar con este trabajo algunos centavos, y de esta forma ayudar a mis padres y con lo que me sobrara, poder tener lo que yo quisiera comprar, en la quincalla de Pedrín.

Ahora es distinto, aunque tengas todo el dinero del mundo en ninguna parte de Cuba puedes obtener lo que antes con muy poco dinero podías lograr, ya que hace mucho, mucho tiempo que dejo de existir, la Quincalla de Pedrín.

El viaje continuaba en aquel flamante auto Toyota del año 2001 como si todos viajáramos sobre una nube, después de sentirme por mucho tiempo deprimido sin pretenderlo, acudió a mi mente durante el viaje toda mi infancia, comencé a sentirme por fin nuevamente un ser humano, aquella sensación infinita de estar pegado al piso fue desapareciendo de mi poco a poco y dio paso a un nuevo sentimiento, el de un hombre libre y lleno de deseos para comenzar una nueva vida, llegamos por fin después de un bello viaje entre montañas y sembrados de arroz a San Francisco de Macorís, al llegar al pueblo en el lugar de recibimiento nos esperaba una familia, y según los planes, eran los que estaban encargados de nuestra protección y de proporcionarnos el contacto con la persona que debía sacarnos de aquel lugar por avión hacia Puerto Rico.

San Francisco de Macorís

Al llegar a la ciudad de San Francisco de Macorís nos instalamos en una accesoria, la que se componía de varios cuartos independientes en el fondo de una casa de viviendas convertida en un pequeño motel, perteneciente a una señora nombrada Esther, allí las personas encargadas de nuestro recibimiento nos habían reservado un cuartucho que su interior se componía de dos pequeñas camas, un viejo ventilador y un baño exterior el que le daba servicio, a otros diez inquilinos, que vivían como nosotros, en aquella covacha mal llamada pensión.

El almuerzo lo hacíamos como a unas diez cuadras, así lo habían determinado ya en cuanto llegamos las personas encargadas de nuestro acomodamiento en una fondita de mala muerte donde una mulata gorda llamada Gladis, nos cocinaba algunas de las delicias de la cocina Dominicana, entre ellas, el arroz blanco del que siempre peleábamos su raspa conocida por todos los dominicanos como su maravilloso Concón habichuelas rojas, ensalada de lechuga y el ya acostumbrado cosido de mondongo con pata de res.

Por la noche, comíamos algún pica pollo como le dicen los dominicanos a las presas de pollo frito con mangú, un puré de plátano majado con diferentes especias y que en realidad este menú no era para despreciarse, pero cuando a usted le repiten la nota todos los días durante una larga semana, veríamos entonces que es lo que pasa. Manuel se sentía realizado con toda aquella comida ya que, en su centro de trabajo en Cuba, comía todos los días en el comedor obrero y ahí solo se conocía, el arroz y el acostumbrado potaje de chicharos "de ampanga" así que aquel mondongo más el cocido de patas de res era para él, un menú de primera categoría. Por él hubiéramos permanecido comiendo en casa de Gladis toda una vida, pero un día no pude resistir más y rebelándome como un loco le grite a la cara, que nunca más y en lo que me quedaría de vida, metería una pata ni un mondongo de res más en mi boca (Que lejos de la realidad estaba yo).

Pasaron algunos días y el contacto con el tal Ramón, el hombre que nos tenía que sacar de allí, no se efectuaba. Yo esperaba que el familiar de la gente de Puerto Rico que nos había recibido en aquel lugar seria quien nos conectaría con aquel famoso organizador de viajes que, según la opinión de algunos conocidos, había sacado a casi todos nuestros amigos y que ya hacían más de un año vivían en la Isla del Sol. Pero que chasco con aquella gente, todas las noches y durante más de quince largos días de conversaciones y de sondeos nunca pudimos hacer que aquel medio anormal que nos habían puesto de enlace, pudiera darnos razón de tal conexión, hasta que por fin me agoté de tanto esperar y utilizando otros medios pude conocer el teléfono del tal Ramón e indagar por nuestro viaje y después de muchos intentos me enteré por sus propios labios que se había retirado del negocio y sus ideas eran como me trató de hacer creer, partir lo antes posible para Alaska. Ahí mismo otra vez como decimos los guajiros en Cuba, la mula volvió a tumbar al viejo Genaro y me dediqué por mis propios medios y por mi cuenta a contactar a otros, que me llevaran a lograr mi tan ansiado objetivo.

Por la noche Manuel y yo nos sentarnos en el parque para tratar de hacer amistades con vista a indagar quien tenía contactos y fueran lo suficiente confiables y si era posible conectarnos con algún otro organizador de estos viajes, muchos tal vez eran embauques y posibles planes de estafas, pero ahí era donde yo tenía que desbordar toda mi pobre psicología para determinar quién era el que te salvaría, o quien te mandaría a matar.

Una noche después de tomarnos unas cervezas en uno de los bancos del Parque de San Francisco de Macorís, se nos acercó un personaje que a todas claras se veía que era un tahúr nos preguntó de dónde éramos y al conocer que veníamos de Cuba, nos mencionó a casi todos nuestros amigos que ya hacía mucho tiempo, habían llegado triunfantes y vivían tranquilos en Puerto Rico, me apresuré a invitarlo a una cerveza solo por el hecho de medir mis capacidades con aquel tipo, que se veía a las claras vivía de los bobos, enseguida cayó timba en la trampa no pasaron cinco minutos y ya nos propuso un viaje en yola organizado según él, por un tal Cabeza de Buey que se dedicaba a estos menesteres.

No quedamos con aquel individuo en nada, pero por fin había hecho mi primer contacto con alguien que me hablara de viajes en yola, que, aunque sabía que su principal objetivo era estafarme, con cuidarme de él bastaba, me retiré a la accesoria después de tomarme unas cuantas cervezas y al llegar al lugar de descanso encendí un cigarrillo, me tiré como un saco en la cama y dejé que mis recuerdos dieran paso, a un reparador y bello sueño.

Entre fantasías e ilusiones mis pensamientos viajaron otra vez a mi tierra, La Habana urbe dormida en el tiempo, como si estuviera esperando un milagro de Dios para ser despertada, en mi sueño, veía como el mar acariciaba su litoral dejando la blanca espuma en su orilla como si no quisiera retirarse de ella jamás, en verdad su sol muy lejos de quemar acaricia la piel con un soplo ardiente y a la vez reconfortante, hablando de su cielo azul y el verdor de su floresta colores que contrastan con el negro de su tierra y es de nativo disfrutar el caminar por sus calles y a cada paso que damos, nos encontramos con testigos fehacientes de su extensa y bella historia.

Recuerdo los viajes que por mi Habana les brindaba a los turistas que visitaban mi país, desde el primer viaje que mi esposa dio con carácter de trabajo a Italia, se me ocurrió la idea de imprimir ciertas cantidades de tarjetas de presentación para que fueran por ella repartidas en distintos lugares de ese país como un medio de divulgación, el que despertara cierto interés y que se me conociera para poder dedicarme a un futuro trabajo de guía de turismo clandestino, como mencioné en capítulos anteriores. Me valía de esta forma para enseñarle a aquellos que llegaban por esta vía, todo lo que yo consideraba de interés para realizar mi labor, como les dije en capítulos anteriores si mal no recuerdo, utilizaba aquella oportunidad para mostrarle al mundo, la verdad de mi Cuba y la importancia que tenia de que se conociera la realidad de lo que detrás de sus muros, en Cuba sucedía.

Comenzaba mis viajes turísticos con la visita a la Habana Vieja, visitaba su Capitolio el Palacio Presidencial y la sede del Ballet Nacional de Cuba, construido sobre las ruinas del primer Teatro de la Habana, el Teatro Tacón en el 1838, al frente nos encontramos con nuestro Parque Central, donde bien firme y vigilante se erige en su centro como un testigo de nuestras luchas por la Libertad de Cuba, la estatua de Nuestro Apóstol José Martí, mirando a la izquierda el Hotel Inglaterra, uno de los más antiguos y bellos de la ciudad, con su acera llamada El

Louvre, lugar de tertulias y reuniones para todos aquellos que en épocas de la Colonia española, abrigaban cualquier sentimiento de lucha y esperanza, relacionado con la libertad de Cuba.

Continuando en dirección al mar y caminando por la vereda conocida por el Paseo del Prado escoltan nuestro paso dos estatuas de bronce, apostadas en el lugar y fundidas en Nápoles Italia, las que representan a dos leones que como celosos guardianes, nos invitan a caminar por todo el lugar, por esta vía continuamos acercándonos y en pocos minutos y cobijados por Laureles y Ficus, llegamos a nuestro muro del Malecón, único en el Caribe por su belleza y extensión, vigilado silenciosamente desde el otro lado de la bahía por el faro intermitente, constante y vigilante, de nuestro Castillo del Morro.

Nos levantamos en la mañana y nos dirigimos directo a casa de Catalina, la señora amiga que nos había recibido el día que llegamos a San Francisco de Macorís, en los bajos del edificio un sastre tenía su taller y tuve que de él solicitar sus servicios, pues el único pantalón que tenía en estos menesteres, lo había dañado la noche anterior cuando me enredé con un saliente sentado en un banco del parque, el accidente me llevó a abrirle un hueco en una de sus patas y por eso necesitaba lo antes posible de una reparación, cuando entré a su taller me quedé boquiabierto, en una de sus paredes y bien a la vista de todos, me tropecé cara a cara con un retrato de Fidel y el Che Guevara casi de mi tamaño, eso decía bien a las claras donde y con quien tendría que vérmelas en lo adelante, para arreglar mi pantalón.

El sastre me recibió tendiéndome su mano, era un muchacho de aproximadamente veinticinco años, con una sonrisa afable y muy cariñoso. Con los brazos abiertos y con un fuerte apretón, me preguntó a raja tablas como si para él no hubiera nada más importante, ¿cómo dejaste en Cuba a mi amigo Fidel?

Mi estómago se me revolvió y dio un salto, jamás pensé encontrarme allí a nadie que se interesara tanto por la salud del Comandante en jefe, y menos encontrarme en la pared de un lugar tan particular y capitalista, el retrato de quien había terminado con todos los negocios privados en mi país y enemigo acérrimo de los capitalistas del mundo. Inmediatamente me puse en guardia, esperaba el combate más atroz que pudiera uno imaginarse, me decidí a sondear aquel, que abiertamente se manifestaba, como amigo incondicional de la Revolución Cubana. El dialogo duró como dos horas mientras se reparaba mi pantalón y en ningún momento hubo ofensas de ambas partes, solo un reajuste de opiniones, que en algunos casos hube de aclararle al amigo Octavio.

El muy lejos de la realidad mantenía un criterio erróneo desde su punto de vista, pues sus ideas las había formado en base a noticias difundidas por la radio Habana Cuba y por alguno que otro libro llegado a sus manos y editado por el Instituto Nacional del Libro Cubano, uno de los voceros incondicionales del régimen de los Castros.

Al fin término la costura realizándome un zurcido casi invisible, pausadamente se levantó del asiento y pensé que después de aquella discusión me desbarataría el rostro de un puñetazo por haberlo sacado de su utopía, cuando yo muy sorprendido y dándome la mano me dijo:

Aunque usted crea que yo esté equivocado, estamos en un país libre y cada cual puede pensar y creer en lo que le dé su real gana, yo creo en el comunismo y tú no, trató de impresionarme con su mirada y continúo diciéndome, pero no importa el modo de pensar, solo importa la amistad que surge dentro del mayor respeto.

Con aquel hombre podía discutir un siglo y tal vez algún día, llegara a convencerlo de lo errado de sus ideas, pero sin más discusiones y sin agravios, terminamos aquella conversación como si en vez de política, hubiéramos discutido de un partido de béisbol, introduje mi mano en el bolsillo y extrayendo un billete cubano de veinte pesos, donde esta nuestro líder Camilo Cienfuegos, continué diciéndole. Esto que te obsequio es para que no te falte en tu bolsillo un verdadero revolucionario y con un fuerte abrazo me despedí de él.

Podría decirme usted señor lector, lo que me pasaría si esta conversación se realizara en Cuba con un comunista. ¿Dónde iría yo a parar al terminar la misma? esa es la gran diferencia que existe al vivir en un país libre y en democracia.

Continúe después en la puerta de la Sastrería entretenido con las distintas personas que entraban y salían del lugar cuando Manuel se me acercó y con cara de estarse desmayando me dijo mirando en su mano a su viejo reloj ruso son las doce y acuérdate que tenemos que almorzar, para él esta hora era importantísima en la vida, no importa lo que se fuera a comer yo recordé las habichuelas rojas en la fonda de Gladis y de solo pensarlo el estómago me repitió automáticamente su sabor.

En fin, aunque quise cambiar la dieta por mucho que traté de tomar otro rumbo no me fue posible y paramos almorzando en el lugar acostumbrado. Después de regreso a la pensión con la barriga como un globo, pasamos a descansar de nuestro almuerzo, caminando un rato por el parque Duarte.

Eran los finales del mes de Julio y ya los preparativos para los Juegos Panamericanos estaban por comenzar, sentados en el parque a media tarde esperábamos por aquél contacto que hacía más de quince días habíamos conocido, todavía el tal Cabeza de Buey no aparecía por ninguna parte, claro está, el intermediario me pidió veinticinco mil pesos dominicanos adelantados, que yo en ningún momento había accedido a entregar hasta tanto no conociera personalmente al tal Cabeza de Buey y me llevara en uno de sus viajes en yola a la isla de Puerto Rico, una gritería de personas se acercaba por la calle Bellini en dirección al parque, el sonido de las sirenas y de los carros patrulleros formaban parte de una tremenda algarabía, al frente de la caravana un veloz corredor avanzaba delante de un gran grupo de personas que lo seguían a corta distancia, todo vestido de blanco y con una antorcha encendida en sus manos el tráfico se detuvo por un momento y aproveché la ocasión para preguntarle a un guardia que controlaba el tránsito, el motivo de aquella algarabía, contestando a mi pregunta de una forma rápida y evasiva, como si no quisiera perder ni un segundo y mi intervención fuera a restarle atención a su trabajo, el policía me contesto.

Son los juegos que empiezan el 1º de Agosto y esa es la antorcha que pasa por todos los pueblos de la República Dominicana y ahora después de salir de aquí, va para la Capital.

Detrás de una caravana de carros que no dejaban de sonar sus bocinas, la gente gritaba como locos, despidiendo de su pueblo lo que significaba el comienzo de uno de los eventos deportivos más importantes de todo Latino América.

Después de estar un rato presenciando el suceso decidimos regresar a nuestra casa y al llegar, en la puerta del condominio nos esperaba nuestro vecino, aquél mulato de días anteriores muy bien vestido, el que nos saludó con una sonrisa en los labios.

- ¿Qué tal Cuba cómo están? ¿Vinieron en la delegación de los juegos?

Asentí con un movimiento de cabeza y sin decir una palabra más, entramos rápidamente hacia nuestras habitaciones, el dominicano tiene un gran defecto, le interesa conocer absolutamente todo lo que pasa y lo que no pasa a su alrededor, pero también tiene una virtud, le gusta hacer amistad y si les puedes ofrecer información de lo que quieren conocer no vacilan en agotar todas las condiciones para obtener su objetivo no son chismosos solo son curiosos de lo que no conocen.

- ¿Por qué tanta curiosidad?

A partir de ese momento nos encontramos con un sujeto que no perdía la oportunidad de crear momentos y tratar de propiciar condiciones para hablar con nosotros, bien fuera de un tema o de otro, pero había algo que yo olía en él que no me gustaba y me propuse esperar a que todo llegara por su propio peso, siempre cuidando de no soltar la lengua porque en definitiva desconocía cuáles eran sus verdaderas intenciones y la verdad de todo era que nosotros en aquel país estábamos ilegales, en una ocasión nos dirigíamos a la puerta de salida cuando se interpuso en nuestro camino el tal Pedro y seguidamente después de una presión muy difícil de evadir, nos invitó a su apartamento para que viéramos una programación que según él, todos los días acostumbraba a poner en su televisor, de inmediato Manuel fue a rechazar tal propuesta aludiendo alguna que otra excusa, pero yo apretándole con la mano un hombro le indiqué seguir al tal Pedro, en sus intentos de acercamiento amistoso.

Llegamos a su cuartucho un poquito mayor del que ocupábamos nosotros, pero con mejores y un poco más de condiciones en su interior, tenía aire acondicionado, equipo de música y una vía satélite instalado a un TV, el tal Pedro nos obligó a sentarnos en la cama pues en el lugar no existía lugar para asientos y que sorpresa, el famoso programa que él se interesaba tanto en que viéramos era, imagínense ustedes mismos, la Mesa Redonda precisamente de ese mismo día. ¡Candela!

Nos comentó que era un gran admirador de la Cultura y del pueblo cubano, también nos aseguró que en el deporte en la política y en la salud, no existía nadie en el mundo mejor que Cuba, y que el único país capas de igualarnos eran, los Estados Unidos. Parecía que aquel tipo me quería tirar de la lengua, lo único que hice fue sonreír y asentir con la cabeza y después de escuchar de todos estos puntos nos agregó.

Yo trabajo con el Gobierno, yo soy de la gente de Hipólito Mejías el Presidente de la República, no se preocupen aquí en este pueblo todo lo que yo mande se hace y sepan que tienen en mí, mientras duren los juegos y después de estos sis lo necesitan, un amigo más de todos los cubanos.

Con un saludo nos retiramos de su cuarto y salimos a la calle, nos dirigimos al Parque donde sentado en un banco aguardaba por nosotros el contacto que debía de conectarnos con aquel Cabeza de Buey.

Unos disparos y sirenas de carros perseguidores nos indicaron que algo sucedía fuera de lo cotidiano, los opositores del régimen quemaban llantas de autos delante prácticamente de nosotros, que, desde el banco del Parque, mirábamos atónitos lo que sucedía como si estuviéramos sentados en la primera fila de un teatro disfrutando de una amena e interesante función. Nos levantamos de nuestros sitios para abandonar el lugar cuando un Toyota negro equipado con una antena de radio microondas y con cristales oscuros que no dejaban percibir quienes viajaban dentro, se detuvo precisamente frente a nosotros, y fue cuando una voz nos gritó desde su interior.

Cuba, deja ahí a ese tipo con quien conversas y ven paca suban aquí con nosotros y vamos a dar un paseo para que conozcan de verdad, a San Francisco de Macorís. Miré a Manolo y me hice como si no hubiera escuchado nada, pero otra vez sentí aquella voz que me decía que subiera al carro y ahora mucho más fuerte.

- Oye Cuba soy yo Pedro.

Cuando vire mi cara y mire en busca del sujeto que estaba a mi lado, había desaparecido como por arte de magia, no tenía alternativas, fui hacia el carro y una puerta se abrió invitándome a montar y dirigiéndome hacia el Parque donde permanecía parado Manuel con voz fuerte le grité.

- ¡Vamos! - pero Manolo con cara de sentirse mal me dijo:

-No puedo, me siento con sueño y me voy a dormir, la muchedumbre que estaba quemando las gomas en protesta por la política del partido gobernante al ver aquel carro negro, se había dispersado como ratones al ver un gato y la calle se convirtió en unos segundos, en un lugar tranquilo y silencioso, a continuación me vi transitando por las calles de aquel pueblo y en pocos instantes acompañado de cuatro hombres, tres con armas largas y Pedro de chofer, con una nueve milímetros puesta en la pizarra del carro, volando a toda velocidad por las calles de aquel pueblo.

Tuve que apelar a toda mi paciencia y ecuanimidad y me pregunté ¿Cuál sería el objetivo que perseguía con respecto a nosotros aquel individuo?

Salimos del pueblo y tomamos la carretera de La Vega, a esa hora de la noche once más o menos todo estaba desierto los carros prácticamente ni se cruzaban en la carretera faltando aproximadamente unos kilómetros para llegar al pueblo más cercano, nos detuvimos y a la orilla de la carretera todos aquellos hombres en silencio bajaron del auto, Pedro, mirando hacia atrás y al percatarse que yo no me movía y permanecía sentado en el asiento me dijo.

-Cuba si quieres hacer pipí bájate porque no habrá más paradas.

La sangre se me congeló en las venas y mil conjeturas en ese instante acudieron a mi mente y pensé, bueno si me van a matar de todas formas ya no hay remedio y me decidí a que, si lo iban a hacer, que me dispararan de frente y en ningún momento ni siquiera orinando les di la espalda.

Hicimos nuestras necesidades y volvimos al carro, esta vez ocupé mi puesto anterior en el auto. La música me reventaba los oídos y la velocidad del auto por aquellas carreteras estrechas cada vez era mayor, me reafirmaba a mí mismo que si salía de esta con vida sería por un puro milagro, entramos por un barrio donde sus casas eran muy pobres, los negocios a esa hora estaban todos abiertos y que extraño que al pasar el carro aquel, todos los que reparaban en su presencia y estaban en la calle se metían súbitamente dentro de sus casas.- Unas muchachas vestidas de una forma que no podían ocultar a que se dedicaban, de espalda no detectaron cuando el carro se les acerco y fueron tomadas por sorpresa prácticamente.

Pedro deteniendo momentáneamente el carro y abriendo la ventanilla contraria al chofer a su vez y agachando la cabeza y llamando su atención de esta forma se dirigió a ellas de una forma grosera.

-Oigan putas, ya es hora de irse a dormir así que mañana será otro día.

Al oír aquella voz aquellas mujeres, se desprendieron a correr para sus casas como si hubieran visto y escuchado desde dentro de aquel auto al mismísimo diablo. ¿Con quién estaba yo paseando por San Francisco de Macorís?

Continuamos correteando como bólidos por las carreteras aquellas y a los quince minutos llegamos a una encrucijada donde se habían detenido mucha gente en carros y motos, allí se encontraban reunidas como unas cincuenta personas, entre ellas, parejas que a las claras disfrutaban de las delicias que se ofrecían en aquel lugar, en él se ofertaba lechón asado cerveza y la acostumbrada bachata que no faltaba en ningún momento en cualquier parte que tú llegaras, en aquel establecimiento no había sitio donde sentarse, pero por no sé qué artificio los dueños al percatarse de nuestra presencia, hicieron que apareciera en un segundo varias sillas y una mesa especial para nosotros, dos camareros inmediatamente nos pidieron la orden y en cuestiones de segundos, nos dejaron solos, todo se quedó prácticamente sin ningún comensal, quedándonos nosotros y dos o tres personas más en algunas mesas más alejadas, en menos de cinco minutos apareció medio puerco asado con mangú y una caja de cervezas Presidente bien frías, ahora no me preocupaban del tal Pedro y sus secuaces, estaba ya para mi bien claro que lo que buscaba él, con su actitud de acercamiento hacia nosotros, era sencillamente hacer ver que allí era el tipo más importante, ahora lo que me preocupaba era los enemigos que podía tener el tal Pedro, los que le fueran a ajustar cuentas y a mi junto con él, porque tenía yo claro, que aquel individuo era un personaje digno para respetar en aquel lugar.

Después de tomarnos unas cuantas cervezas y sin yo poder disfrutar, del oloroso y suculento lechón asado, pues hacia muy poco tiempo de mi operación de vesícula y el lechón asado se me había prohibido por el médico de Cuba, nos montamos nuevamente en el carro y sin siquiera mirar atrás continuamos nuestro camino. Y ¡Asómbrense! Aquella gente no pagó ni un centavo por toda aquella comelata, (el dueño invitó).

Ya en el carro y analizando en silencio todo aquello que me había acabado de ocurrir, me hizo trasladar nuevamente a mi infancia y recordé como en el sillón de limpia botas donde yo trabajaba, después de mi horario de escuelas en algunas ocasiones, se me sentaba el teniente jefe del puesto de la guardia rural a que les brillara las botas y después de estar yo frotando el cepillo como una hora, se levantaba del sillón y poniéndome la mano en el hombro me decía, ¿sigue así que ahorita ya aprendes y no me dejaba por mi trabajo ni siquiera un centavo, claro está que por temor a sus represarías yo ni siquiera le ponía la mano para cobrarle, también en un pueblo aledaño al mío llamado Minas, se suscitaba otro caso parecido un guardia de la Tiranía de Batista también usaba tales manejos con un señor llamado Ramón Duran conocido cariñosamente con el sobrenombre de Mongo.

Mongo tenía una fritera, o sea una carretilla donde vendía algunos comestibles confeccionados con mucho sacrificio, fritas y bisté que ofertaba a sus clientes con pan, agregándole papitas y cebollitas al gusto del consumidor.

En aquella época, prácticamente un servicio de esta índole para un oficial del ejército de Batista no significaba nada , pues el salario que devengaban, le alcanzaba perfectamente para sufragar sus más mínimos caprichos, todo lo contrario para aquel vendedor que la venta de un bisté, representaba para él y su familia posiblemente toda la comida de ese día, pues Mongo obligadamente tenía que hacerse de la vista gorda y no cobrarle a aquel señor barrigón, porque si le cobraba, podía posteriormente en venganza, cerrarle para siempre su pequeño negocio.

En ese momento todo esto acudió a mi mente y me hizo sentir como un miserable, quizás como uno de aquellos abusadores que comían a consta del trabajo y el sacrificio de los demás.

Llegamos al fin a la pensión y al bajarme del carro el tal Pedro me llamó a un lado y se dirigió a mí con mucho misterio oye Cuba, yo no sé en lo que ustedes andan, ni me interesa, pero quiero que sepan que yo quiero ser amigos de ustedes y no quiero que me rehúyan más, dile a tu amigo que, si después de las Olimpiadas ustedes determinan quedarse asilados en República Dominicana, en mi tienen un amigo y el Jefe del Buró de Inteligencia, en San Francisco de Macorís.

Otra vez me invadió el mismo frío por mi columna vertebral si aquel tipo le daba la gana, hasta ahí llegaba la aventura de Manuel y el Cuba, pero bueno gracias a Dios que ese no era su objetivo.

Al llegar al cuarto que ocupábamos puse a mi amigo al tanto de todo, intercambiamos criterios y llegamos a la conclusión que debíamos cuanto antes, desaparecer sin dejar rastros de aquel lugar.

A la mañana siguiente con sueño todavía nos levantamos eran como las seis de la mañana y decidimos partir a la calle temprano para tratar desde el parque comunicarnos con Puerto Rico, desde donde nos dirían que hacer pues hasta ahora todo lo que se había planificado había sido un desastre y en este momento después de encontrarnos con el tal Pedro, al parecer todo el plan futuro peligraba, el contacto que yo había realizado en este lugar ya era inservible, porque desde el momento en que el tal Pedro me abordó en el parque Duarte y me dijo que lo acompañara, para el enlace de Cabeza de Buey yo trabajaba con la Inteligencia Dominicana y el tipo después de este momento se había perdido y las noticias referentes a su persona eran, que hasta del pueblo, se había mudado.

Ahora todo aquel que estuviera relacionado por esa zona en viajes ilícitos, nos evitaría como si fuéramos la peste bubónica o miembros encubiertos de la Inteligencia y si lográbamos infiltrarnos dentro de los que se dedicaban al tráfico de personas no podríamos jamás montarnos en una yola y si lo hiciéramos, a Puerto Rico, jamás llegaríamos con vida. El tal Pedro bien nos había complicado la vida.

Esa misma tarde desde Puerto Rico recibimos las instrucciones de abandonar urgentemente a San Francisco de Macorís. A las seis de la tarde en un furgón cerrado, que nos esperó a la salida del pueblo para trasladarnos, salimos de San Francisco de Macorís hacia un lugar desconocido.

Después de dos horas de camino y encerrados en aquel furgón por el parabrisas delantero empezamos a divisar una ciudad muy bella y con un mar azul intenso bañando sus costas por lo visto estábamos entrando a Santo Domingo, Capital de la República Dominicana.

El hombre que nos había transportado no mencionó ni una sola palabra en todo el trayecto, dejándonos en una dirección donde teníamos que esperar a otro contacto. A la media hora de dejarnos en un punto de la Capital nos recogió un amigo, el que nos hospedó en su casa durante una semana, tratándonos como si fuera un familiar más y ayudándonos en todo lo que le fue posible.

A la semana de encontrarnos en aquel lugar nos llamaron por teléfono para que esperáramos a otro contacto que nos llevaría esa misma noche en un viaje por mar, hasta la soñada isla de Puerto Rico.

Salimos de la casa de nuestro amigo en su carro dejándonos en el parque y allí por más de media hora esperamos que apareciera el tan esperado contacto, por fin al cabo de una hora cansados ya de esperar y agotados de estar sentados en un Parque se presentó en el lugar, una yipeta Mitsubishi del año 2002 ocupadas con dos individuos, y uno de ellos nos preguntó.

-¿Ustedes son los cubanos?, les contesté que sí, nos montamos dentro de la misma y salimos nuevamente hacia una dirección desconocida.

Terraplén Palo Bonito

Cañaveral Palo Bonito

Palo Bonito

Palo Bonito es un batey donde apenas residen unas quinientas personas por una zona bien apartada de la Alta Gracia, pero al lugar que nos habían llevado dejaba de ser Bonito, un cañaveral de no menos cincuenta hectáreas y sembradas hasta el copete toda de caña de azúcar, esperaba por nosotros. Yo había contraído un estado gripal durante todos estos días, desde nuestra estancia en San Francisco de Macorís que había continuado sus estragos después en casa de nuestro amigo en Santo Domingo y el que amenazaba en convertirse en una segura neumonía, la fiebre alta no me abandonaba hacía más de una semana y estaba acompañado de una tos perruna, que me tenía muy preocupado ya que no se me calmaba absolutamente con nada.

Esa noche llegamos como a las doce y media, toda la madrugada la pasamos despiertos la tos no me dejaba tranquilo hasta el punto en que un sujeto que se nos acercó y que conocí posteriormente nombrado Domingo, se me aproximo con un pomo de licor y me dio un trago muy apenado, al ver en las condiciones pésimas de salud en que yo me encontraba.

Paso la noche y al fin llegó el sol y con el día, el reconfortante calor. La noche anterior fue terrible, una de las noches más húmedas y frías que he visto en mi vida, la carpa de lona parecía haber recogido toda el agua de un fuerte aguacero y lo lindo del caso era, que no había llovido esa noche ni una gota, el agua acumulada provenía del rocío y la extrema humedad. Pasaron dos horas más y el hambre y la sed empezaron a hacerse sentir.

Yo en casa del amigo que nos había acogido en su casa en Santo Domingo puse unas galleticas y unos chocolates en la mochila pero ya en la noche, Manuel había dado cuenta de ellos mientras yo tosía, hay que procurar alimentos le comenté a Manuel, porque esto no se sabe hasta cuándo sea y me apresuré a llamar a un dominicano de aquellos que parecía estar encargados de la disciplina en aquel lugar y tratándolo de sondear muy lentamente le pregunté, ¿a qué distancia está el lugar más cercano, pues necesitamos conseguir un poco de agua y algo de comer?

-Lo más cerca está como a cinco kilómetros si quieres Cuba me dijo aquel individuo, yo voy a buscar cigarrillos me dijo dame dinero y te traigo lo que quieras.

Ahí había que jugársela, si no confiabas en él y no le encargabas algo te morías de sed y hambre y si le dabas dinero podía cogérselo y dejarte esperando por el resto de tus días, así que le pregunté cómo se llamaba, le tiré el brazo por arriba y conversé con él como si lo hubiera conocido de toda una vida, seguidamente y convencido que no tenía otra opción alargué dos billetes de cien pesos dominicanos y le dije.

-Mi hermano cómprate de ahí una caja de cigarrillos, come lo que necesites y por favor tráenos algo para mi amigo y para mí, mira que estamos que no podemos más del hambre que tenemos.

Bin Laden como se hacía llamar aquel sujeto, tenía una cara que representaba todo lo contrario a una buena persona. Tomo el dinero en sus manos y desapareció por uno de aquellos trillos en un Santi Amen, avanzando como un buen conocedor por el interior de aquel tupido cañaveral abriéndose paso a golpes de machete.

Me encomendé de nuevo a mi Santa Bárbara, entidad que bien conocemos y que me había salvado en situaciones muy difíciles, santo venerado por todos los cubanos y perteneciente al arsenal sacrosanto de la religión católica en Cuba, comparada en la religión Yoruba con Changó dios del trueno, el cual representa la virilidad del hombre y vive en el penacho de la Palma Real su color el rojo y el blanco y su celebración el día cuatro de Diciembre, su imagen se encuentra en casi todas las Iglesias Católicas del país, entre ellas, la de San Lázaro en el poblado del Rincón y en la de la iglesia del Carmen en Ciudad de la Habana.

El bullicio que tenían armado todas aquellas personas dentro de aquel cañaveral, era tremendo, por muy lejos que se encontraran los caminos si pasaba algún marine o guardia descubriría aquella cantidad de personas agrupadas en aquel lugar.

En la República Dominicana, no hay movilizaciones a la Agricultura como las que suceden constantemente en Cuba, por lo tanto, quedé con Manuel que después de llegar el tal Bin Laden con lo que le habíamos encargado, nos separaríamos del grupo por lo menos unos cuantos cientos de metros, por si éramos sorprendidos, tener algunas posibilidades a nuestro favor y poder escapar. La suerte era que anteriormente y en casa de mi amigo en la capital, pude dejar el maletín con toda mi ropa comprometiéndose aquel amigo de llevarlo personalmente hacia Puerto Rico, eso equivalía a que solamente me quedaba el peso de una mochila para acometer todos mis próximos intentos.

El día aquel pasó muy lentamente, entre mi incontrolable tos seca y el bullicio constante de toda aquella gente.

Como a las seis de la tarde se apareció el tal Bin Laden con unas galletas y un pedazo de salame, también nos trajo unas cuantas funditas de agua y una caja de cigarrillos, tomé todo aquello y le dije a mi amigo Manuel, vamos a separarnos un poco de este grupo y poniéndome de pie y tomando la mochila y los paquetes fuimos a parar debajo de unas matas de mango que estaban situadas como a unos doscientos metros del lugar de aquella concentración.

Siempre le dije a tal Bin Laden y a otro que hacía las veces de organizador, donde nos podían hallar en caso de haber un rápido desplazamiento de la gente.

Pasaron las horas y como a las doce de la noche comimos un pedazo de salami y unas galletas, la tos aquella no me dejaba tranquilo, había colocado la lona entre dos ramas de un árbol y me tire dentro de aquel cañaveral como si estuviera durmiendo en la cama de mi casa, aparté un poco las hojas de caña y ahí mismo me quedé dormido, como a las dos de la mañana sentimos una algarabía como si hubiera una gran fiesta pero al rato todo se calmó y no escuchamos nada más.

Las catatas así le dicen los dominicanos a las tarántulas, no paso mucho tiempo en conocer de su existencia ya que recordaba al tal Bin Laden que después de traernos los víveres y ver que permanecíamos en la tierra sentados dentro del campo de caña, nos alertó de unas alimañas grandes nombradas catatas, que merodeaban por el suelo, yo pensé en algún tipo de ratones o cualquier otra cosa, pero nunca imagine que se trataban nada más y nada menos, que de tremendas arañas peludas, como le decimos nosotros a esas alimañas en Cuba.

La noche pasada recordé que entre el sueño y lo insoportable de la tos, sentimos la algarabía de la gente dentro del campo de caña vecino y al despertarme como a las dos de la mañana, algo me estaba caminado por el pecho y descuidadamente con un gesto inconsciente de la mano yo lo aparte de mí, como si fuese algún pequeño ratón y ahora en la mañana al despertarme y tratar de alcanzar la gorra que en la noche se había caído de mi cabeza, observé que dentro de ella dormitaba una enorme araña peluda refugiada como si le hubiera agradado el calor de la tela, levanté el pie y en un impensable acto de defensa aplasté la gorra y sus derivados formando una mezcla de tela pelos y tripas que partía el alma y pensé que a partir de ese momento, había que abrir bien los ojos, porque lo único que nos faltaba era una picada en aquellos campos solitarios, de una de aquellas arañas gigantes.

La mañana pasó tranquila y en un imperturbable silencio aquel bullicio en la madrugada había desaparecido, solo de vez en cuando alguna carcajada o un susurro que indicaban la existencia de personas dentro de aquel campo de caña. Unas muchachas de apenas unos veinte años de nacionalidad dominicana se nos acercaron y nos pidieron un pedacito de jabón para irse a asear en una corriente cercana, corriente de agua que después descubrimos, pasaba a unos cincuenta metros dentro de aquel cañaveral, nosotros esperamos por su regreso y después las imitamos, la cañada era pequeña pero muy limpia permitiéndonos disfrutar un rato del frescor de aquellas aguas.

Cuando sumidos en aquel remanso de paz estábamos corriendo y sudoroso se nos acercó el tal Bin Laden con su enorme machete en la mano.

- ¡Cuba!, ¡Cuba!, nos quemaron la yola- Levanté mi cabeza como si no entendiera nada de lo que aquel sujeto me decía, y le pregunté otra vez como si me hubiera despertado de un sueño en ese mismo instante, ¿cómo qué? ¿Quemaron qué?

Unas de las tácticas que utilizan los organizadores y buscones de viajes ilícitos en República Dominicana para deshacerse del personal no grato, son una de estas y siempre manifiestan ese ardid.

Después de cobrar adelantado el dinero del pasaje a todo el personal y reunirlos en un grupo lejos del verdadero lugar hacen correr el rumor entre la gente de que fueron descubiertos en sus intentos de viaje, el comentario que hacen es que los guardias los descubrieron y les quemaron la embarcación. Esto lo hacen para eludir el compromiso con la gente y así quedarse con el dinero de todos aquellos que ya habían pagado.

De un salto me incorporé y tomando al tal Bin Laden por la solapa de la camisa, lo sacudí como ventolera a una arboleda de mangos y apretándole la garganta le dije.

-Qué carajo estás diciendo tú. Oye chico, así que nos han metido tres días en este campo de caña pasando hambre y frío para ahora venirnos con este cuento, que no se lo creen ni los bobos de mi pueblo.

El tal Bin Laden sorprendido por mi reacción, dio dos pasos atrás levantando en su defensa el afilado machete y diciéndome con voz calmada se dirigió a mí, Cuba tranquilízate que esto no es con ustedes, quédense aquí tranquilos y esperen a que llegue el jefe.

Pasamos como dos horas más metidos en aquella caña, la multitud gritaba, vociferaba insultaba y maldecía a todos aquellos que tenían que ver con aquel frustrado viaje. Uno del grupo monto en cólera y dirigiéndose a los representantes del jefe, les lanzaba a la cara el que en otra ocasión habían estado una semana en el monte y después de caminar unos veinticinco kilómetros a pie sin agua y sin comida la Marina los habían capturados y retenidos en el cuartel y para salir en libertad, tuvieron que pagar mil pesos por persona en moneda dominicana, para que los dejaran tranquilos aquellos corruptos guardias.

Otra Historia más

Ahora poco a poco iba comprendiendo cómo funcionaba aquel mecanismo, la suerte que nos había ayudado en todo aquel juego era que ni yo ni mi amigo Manuel, habíamos adelantado un solo centavo a los organizadores de viajes.

La isla Saona al Suroeste de la República Dominicana está situada frente al Canal de la Mona, la misma pertenece a la Provincia de La Altagracia y por su poca población ha logrado conservar toda su flora y fauna, su longitud es de 24 Km y tiene 5 Km de ancho con un total, de 117Km cuadrados, hago esta pequeña reseña en mis narraciones para que se tenga idea de lo que en algunos casos se han visto envueltos algunos cubanos producto de la burla y del engaño de personas sin escrúpulos capaces de todo, por el solo hecho de obtener ganancias fáciles a consta del dolor y el sufrimiento de todo un pueblo.

Me encontraba yo en aquel cañaveral esperando la llegada de aquel que todos le decían el jefe, cuando se me acercó el amigo Domingo, el hombre que me había dado el pequeño sorbo de licor y con el que calmé mi tos la primera noche dentro de aquel cañaveral y el cual, me contó esta historia.

En una ocasión cinco cubanos que estaban hospedados en un Hotel de la Capital en Santo Domingo, hicieron contacto con uno de estos recolectores de gentes para sus viajes conocidos con el nombre de buscones, detectores de pasajeros para completar los viajes ilícitos a Puerto Rico, los mismos hacía más de tres meses que estaban como lo estuvimos nosotros, dando tumbos de aquí para allá, buscando una conexión para llevar a cabo su plan y hasta ese momento no habían podido resolver nada por distintas causas que los pudiera conducir al éxito de su viaje. El buscón les ofreció por una suma de mil quinientos dólares a entregar en dominicana y mil quinientos después del viaje en Puerto Rico, una salida en un barco de turismo, que los llevaría directamente y sin escala a la tierra del Sol. Después de reunir a todos en un solo grupo con algunos salvadoreños y venezolanos partieron en un barco de turismo desde una playita al sur de dominicana llamada Bayahibe y después de algunas horas de navegación fueron dejados abandonados a su suerte en la isla La Saona, después de todas estas peripecias y de un día y medio de viaje les hicieron creer haber llegado al tan añorado Puerto Rico. Los integrantes de aquel grupo fueron rescatados a los tres días y regresados a tierra firme en una lancha de turismo, esta acción llevó a la detención de todos en su totalidad y por su consecuencia, esto los llevó a la perdida de todo el dinero invertido en esta gestión, más un depósito de doscientos cincuenta dólares que fueron repartidos entre aquellos encargados de impartir la justicia, para quedar el grupo sin causa alguna y completamente libres.

Después de estas historias y de otras más, nuestro sentido de la defensa se triplicó y se tornó en el desarrollo de un sexto sentido capaz de detectar cualquier plan de burla o estafa en contra de nosotros y nos colegiamos en verdaderos especialistas de la detección de tales embrollos y marañas que fueran atentar en contra de nuestros planes, o sea que primero debías de divisar si lo que te estaban ofertando era real, y después de haber determinado su veracidad, tener los ojos bien abiertos, porque aquel tipo de gentes no tienen momento fijo para joderte.

Posteriormente de esperar un tiempo y charlar con el amigo Domingo de todas las anécdotas que conocía, por un sendero abierto entre la caña se apareció el jefe, venía con una gorra de pelotero y la camisa abierta, enseñando a las claras una pistola nueve milímetros que asomaba por encima de la faja haciendo un bello contraste de barriga y prepotencia. Detrás de él, un séquito de cinco hombres lo acompañaban con machetes y armas cortas, Miguel como se llamaba aquel individuo se acercó al grupo y parándosele al frente, nos dijo con voz aguda de completo cástrate.

-Cuba todo nos salió mal esta vez, descubrieron la yola en Cabeza de Toro y la Marina, no quiso aceptar plata alguna, pues el tipo que la descubrió es un oficial nuevo en el cargo y no acepto dinero por eso, los demás guardias tienen miedo de complicarse pues el tipo puede delatarlos y haciendo un gesto con las manos como si todo se hubiera acabado nos dijo. Le metieron candela nos dijo y dando pequeñas caminatas de aquí para allá y arrancándose la cabeza como si quisiera expresarnos con esto, toda su preocupación y dándole con un extremo énfasis a lo que había sucedido, se echó la gorra de pelotero hacia atrás y poniendo su mano derecha en el cabo de la pistola volvió a dirigirse a nosotros.

-Los voy a llevar para un Hotel y tenemos que esperar tres o cuatro días más, hasta que construyamos otra yola, tenemos los motores que es lo principal, la yola la construimos en un día y no se preocupen, le pagamos a la marina y ellos mismíticos nos cuidan para la próxima salida.

El Ceibo

Salimos de aquel cañaveral en la misma camioneta que nos había traído y nos dirigimos a un pueblito pequeño llamado El Ceibo, nos hospedamos allí esa noche en una posada de mala muerte, las malas condiciones de la misma ese día no se echaron a ver, la diferencia entre el campo de caña y aquello no era mucho, lo que nos importaba en ese momento era una ducha y una cama donde tirarnos a descansar de aquellos tres días de catatas, esperas y martirios.

El Ceibo es un pequeño pueblito al centro de la provincia de La Altagracia y vecino al pueblo de Hato Mayor, en el cual situamos nuestro puesto de operaciones durante tres largos meses, nos encontramos allí a amigos buscones, organizadores de viajes y gente de todo tipo, conocimos al dedillo desde La Cañada Francisca, el rio Soco y hasta el insoportable Juan el borracho y porque no también mencionarles hasta Miguel el brujo, conocido así por sus prácticas del Vudú, tan cotidianas entre la clase pobre de ese país.

Pues bien, a casa de Miguel el brujo fuimos a parar mezclándonos en una combinación de yola y brujería, ¿mi objetivo? Como todos conocen desde el comienzo de esta historia, era poder llegar a los Estados Unidos y ni el Vudú, ni los buscones y menos los organizadores con sus contantes estafas me quitarían del camino hacia mi tan codiciado sueño.

Miguel era un hombre de un bajo nivel cultural y educacional que a cualquiera le daría pena, que lastima sentí al darme cuenta de que aquel individuo prácticamente siquiera sabía leer, un símbolo supremo de aquella sociedad que al transitarla por cualquiera de sus caminos, se mostraba ante nosotros abruptamente en todas sus facetas, la incultura, la falta de educación y el abandono total de sus conceptos, es la política que transmiten hacia su pueblo, todos sus gobernantes a los que solo les interesa llenar sus grandes barrigas mientras que su pueblo entre ellos niños y viejos, mueren silenciosamente de hambre, pues bien Miguel el brujo analfabeto, inculto y un individuo completamente falta de educación fue el organizador de aquellos viajes y el hombre en que nosotros confiamos para que organizara los próximos intentos de salida clandestina desde República Dominicana aquel que con sus marañas nos hizo perder un tiempo preciosísimo en nuestra empresa, manteniéndonos constantemente llenos de temores, contándonos historias desfavorables con respecto a nuestro estatus inmigratorio y de permanencia legal en ese país, solo con el objetivo de mantenernos en todo momento controlados y temerosos, dependientes e inseguros, frescos y disponibles como una carta de triunfo en el juego aquél, que con el valor de mil quinientos dólares por cada uno, estarían seguros en su bolsillo para cuando se le proporcionaran todas las condiciones de realizar su viaje, Miguel nos utilizó como carnada para convencer a otros viajeros, manipulándonos a su antojo y engañándonos constantemente con planes de salidas falsas que según él, se malograban por cualquier razón, por el mal tiempo o por la destrucción de embarcaciones, donde implicaba en el primer plano a toda la Marina. Aquel hombre con un nivel de escolaridad casi nulo y su escasa educación apenas si le permitía sentarse en una mesa correctamente, pero había sido dotado por la naturaleza con una inteligencia fuera de lo normal, capaz de llegar a convencer al mejor dotado hombre de ciencias o al mejor filósofo, de sentarse a discutir y batallar hasta la máxima expresión en sus conversaciones y en sus exposiciones filosóficas y llegar a convencer.

El señor Miguel gozaba de gran prestigio entre los practicantes de la religión Vudú en toda aquella zona, los que visitaban su casa constantemente buscando en aquellas prácticas la cura de sus enfermedades y lograr también con estas visitas, remedios para sus males físicos y espirituales pero como decimos en mi tierra en casa del ciego el tuerto es el rey lo que en realidad encontraban en aquel lugar, era el subproducto que obtiene el brujo de la necesidad de aquella gente y del dinero que recibía de la práctica de aquellos ritos en los que en muchos casos hube de conocer, comprendí después de algún tiempo como encontró aquel sujeto el éxito que emanaba de tan lograda reputación entre aquellos pobres e ignorantes, que adorando siempre al tan aclamado Brujo o Sanador del Ceibo, le daban una importancia tal, como si fuera este mentiroso patrañero, un mismísimo Dios.

Un poco de nuestra Religión

En Cuba la influencia Yoruba con los esclavos llegados procedente del Suroeste de Nigeria, a principios del siglo XVIII y siendo un poco más exactos procedentes del Reino de Oyo, el cual se encontraba en esa época entre Dahomey y el Río Níger en África, crearon junto con la Religión Católica lo que todos conocemos como la Religión Afrocubana y que no, es más, que la unión de los Santos Españoles y las entidades africanas sincretizando en una misma línea, las dos corrientes religiosas. Ejemplo es, que Yoruba significa camino de los Santos en lengua sudanesa y aunque en esta religión se venera también un dios supremo llamado Olodumare, este está sincretizado entre los Santeros como el dios también de la religión católica. La Santísima Virgen de la Caridad del Cobre patrona de Cuba, está representada en la religión Yoruba como Ochún, diosa del amor y la sensualidad, también es dueña del vientre de la mujer y la natalidad, diosa del agua dulce, vive en el río y es portadora de la miel y la canela, su color es el amarillo y el día de su celebración el ocho de septiembre. Su templo principal se encuentra en el pueblo de El Cobre, en Santiago de Cuba y su Iglesia se nombra de igual forma, Iglesia del Cobre, es visitada y venerada en este lugar lo mismo por miembros de la religión católica como la Yoruba, reuniéndose todos para adorar a la virgen bajo el mismo techo.

La Virgen de Regla. Venerada por todos como Yemayá su templo se encuentra en el pueblo de Regla en Ciudad de la Habana, diosa de las aguas saladas, su reino es el mar en toda su extensión, su color el azul su día de celebración es el siete de septiembre.

Eleva o Elegua. Dios de los caminos, de la calle de las cuatro esquinas, existen varios según su camino, amigo inseparable de Changó, representado en la religión Yoruba como un pequeño niño negro, el que es muy travieso y al que se le rinden todos los cultos ya que se busca con esto contentarlo siempre, con caramelos dulces y juguetes, para recibir del su gracia y con estas ofrendas, lleguen las buenas cosas. Al efectuar cualquier celebración de carácter religioso es el primero que se menciona y en los banquetes come con todos los Santos, uno de ellos esta Sincretizado en la religión católica con San Juan Bosco.

Recordando yo las costumbres religiosas de mi tierra y comparándolas profundamente con las de este lugar, pude observar que no tienen nada en similitud. El Vudú no tiene nada en común, como muchos erróneamente han tratado de hacer ver con la Religión Yoruba, y para mí fue muy extraño entender que, en República Dominicana, siendo una tierra tan cercana a Cuba, existan tan pocos vestigios de la religión Yoruba.

Considerada esta la principal raíz, de la religión afrocubana son más las influencias religiosas de Haití, combinadas con el Espiritismo y la religión católica que cualquier otra existiendo en menor escala las congregaciones protestantes, como los Testigos de Jehová y los Adventistas del Séptimo Día, los que cuentan con sus templos legalizados y autorizados promoviendo en ese país el culto libre.

Admirado quede al comprobar, la libertad de cultos y creencias, pues con los testigos de Jehová en mi país no sucede así, y aunque el Gobierno Cubano se vanagloria de tener un movimiento Religioso, e incluso ser representado actualmente en el Consejo de Estado por un departamento, el que trata de mostrar a todos los turistas y visitantes, una libertad plena de cultos e ideas en el país y que a través de toda la historia política y revolucionaria de Cuba, todas sin excepción han sido perseguidas y mal vistas por el gobierno comunista, ya que según ellos, van en contra de la ideología política de la claque gobernante y los principios filosóficos, donde están creadas las ideas por las que se guía el régimen, el que persigue y reprime de forma agresiva y abierta en unos casos o indirecta y solapada en otros, a todos aquellos que piensen de distinta forma y practiquen cualquiera de estos cultos.

A partir de la visita del Santo Padre Juan Pablo II a Cuba en el año 1998 y después de una estancia de cinco días y celebrar una misa en la Plaza de la Revolución, delante de más de 750.000 personas, el régimen de Fidel Castro a partir de esta visita, comenzó a desplegar algunas medidas que desde cierto punto, permitió una ligera libertad de cultos, solo para escudarse de sus acciones y tratar de mostrar al mundo lo contrario de la realidad en que durante más de cincuenta años este régimen nos ha sumido, ha jugado, pisoteado y se burlado durante más de cincuenta años de toda libertad de cultos y de ideas, prohibiendo durante todos estos años, incluso, hasta las procesiones religiosas en las fiestas patronales, en las calles y en las ciudades y hasta en algunos templos reconocidos para esta función. Pero como pensamos todos no hay mal que dure cien años ni cuerpo que lo resista.

Rio Soco EL Ceibo R. Dominicana

Manuel y yo, nos movíamos por el Ceibo a partir ya de la primera semana como si hubiésemos nacido allí, el río Soco era un lugar de descanso y meditación para nosotros en las mañanas, caminábamos por la carretera que va desde El Ceibo a Igüey a la salida misma y apenas unos cuatrocientos metros del pueblo, corre este rio majestuoso serpenteando entre su cauce de piedras hasta verter sus limpias aguas al sur entre San Pedro de Macorís y La Romana. Por su desembocadura en un lugar llamado Boca del Soco realizamos otro intento de salida que se malogró por la delación de un campesino, perdiendo casi una semana de trabajo ya que la embarcación, estaba casi lista para ser lanzada al agua y al ser descubierta por la marina como siempre en estos casos hacían le prendieron fuego.

Pasaron varios días más, por la noche, visitábamos el Parque Duarte, ahí nos comíamos todos los días sentados en uno de los bancos del centro, dos o tres galleticas y un refresco de cinco pesos, bien de limón o de naranja, con el tiempo fuimos haciendo amigos los que al saber que éramos cubanos se nos acercaban para conocer más de la historia de nuestro país.

Así entre historias de Duarte, Bobadilla, Santa Ana, Máximo Gomes y José Martí se desarrollaban aquellas tertulias que duraban a veces hasta muy tarde en la noche, KaKan un buen amigo junto con un abogado que trabajaba en la Alcaldía, eran unos de los más asiduos compañeros de aquellas reuniones que solo tenían el objetivo de conocer cada vez más de nuestros respectivos pueblos. Entre almuerzos de salcocho de mondongo y patas de vaca, saturadas de cilantro y comidas de galleticas y refrescos de limón, pasaron varias semanas, siempre con la idea de no perder de vista al brujo Sanador, ya que en uno de los anteriores encuentros nos había pedido la mitad del dinero para el pago del viaje y nosotros, después de haber conocido a toda su familia incluyendo, madre hijos esposa y hermanos, accedimos en un estúpido exceso de confianza a entregar la mitad de lo acordado pues él nos planteó necesitarlo para la construcción de otra yola, ya que las anteriores se habían perdido después de haber pasado por un fatal momento en estos menesteres, conocimos de esto en conversaciones por amigos complicados con nosotros en este viaje nos enteramos por sus propias bocas que nunca antes habían sucedido tantos reveses para organizar una salida, incluso, en una ocasión que estábamos preparados para salir hacia Cumayasa lugar donde debíamos embarcarnos, el camión que debía trasportar la embarcación manejado por un oficial de la Marina fue descubierto y confiscada la embarcación, perdiendo todo el dinero empleado en los preparativos de dicho viaje.

El tiempo pasaba y nuestras esperanzas cada vez se alejaban más de nuestro objetivo casi al punto de la desesperación, lo que si ganamos fue en confianza al ver que nadie se interesaba por nosotros como el primer día, caminábamos y nos movíamos libremente en aquel lugar, ya como si fuéramos integrantes de aquella comunidad, al pasar lo mismo las personas sentadas de noche en los portales, como las gentes desde sus bancos de descanso en el parque, incluyendo hasta el único policía del tránsito en aquel pueblo, nos saludaban con la mano levantada y una sonrisas en los labios, y nos decían "arriba Cuba" que contestábamos de igual forma.

Juan Dolio

En la mañana nos levantamos como siempre, era un día de rutina como los demás, Manuel había salido al centro del pueblo a buscar el Listín Diario donde todos los días revisábamos el estado del tiempo y las principales noticias del día, tomaba el café en un chinchalito de mala muerte y en una pequeña botella me traía un trago del delicioso néctar, estaba tomando en la puerta el último sorbo de la tasa de café cuando se apareció Miguel el brujo en su carro de lujo, acompañado de sus dos pequeños hijos.

-Cuba prepárense que a las dos de la tarde tienen que estar en la gasolinera que está en la entrada del pueblo de San Pedro de Macorís para de ahí salir como siempre con "rumbo desconocido". Diciendo esto último, se montó en su auto y desapareció como un soplo de viento.

Eran las diez de la mañana y teníamos que movernos en guagua hasta el punto donde según el brujo nos esperarían dos personas de su entera confianza, recogimos todas nuestras pertenencias como si saliéramos en un viaje sin regreso y cargando en mis espaldas la pesada mochila donde llevábamos los sueros y el chocolate para el viaje, tomamos a pie hasta la Terminal de Ómnibus de El Ceibo, allí esperamos largo tiempo pues los ómnibus para San Pedro salen cada dos horas y el ultimo había salido una hora antes, así que estábamos casi sin tiempo para llegar pues desde El Ceibo hasta el lugar del encuentro, habían más de una hora de camino.

Al fin después de una larga espera salimos en aquel pequeño ómnibus, llegando al punto acordado faltando apenas diez minutos para la hora asignada. Después de unos veinte minutos aparecieron dos motos que entraron al garaje para abastecerse de combustible y uno de los chóferes dirigiéndose a mí, me dijo.

¿Tú eres el amigo de Miguel? yo le afirmé con la cabeza rápidamente él me dijo que caminara por la carretera en dirección a Quisqueya, que cuando hubiera andado aproximadamente unos quinientos metros, me adentrara en el monte a mi derecha.

Así lo hicimos y al entrar al montecito y caminar dentro del como unos cincuenta metros nos encontramos allí y debajo de unas matas de mango a casi ochenta personas, entre ellas había casi quince mujeres de distintas edades. Sin comida y sin una gota de agua como siempre, estuvimos toda esa tarde y como a las ocho de la noche, aquel numero había crecido aproximadamente a unos cien integrantes. La espera se hacía insoportable, los mosquitos y los jejenes cada vez crecían en número, casi ni hablar se podía, pues el abrir la boca corrías el riesgo de que se introdujeran en ella aquellos millares de insectos y te produjeran una bronca aspiración, como a las nueve de la noche apareció Miguel con su séquito y nos dijo que saliéramos todos a la carretera con cuidado de no hacer mucho ruido.

Aquello era casi imposible, había ya a esa hora unas ciento veinte personas y por mucho que se evitara por parte de Manuel y mía llamándole la atención constantemente a la gente para que no hicieran ruido, nos hacían el caso del perro, el dominicano cuando está en asuntos de viajes como dicen ellos se cree que participan en una fiesta de cumpleaños, así que a gritar y a bailar porque esto es para gozar.

En una oscuridad absoluta y después de empujones y traspiés en aquel terreno lleno de malezas y pedruscos llegamos al fin al borde de la carretera, donde parqueado momentáneamente y con el motor en marcha nos esperaba un camión de volteo, de esos que se usan para tirar piedras y materiales de construcción, al llegar a él y muy desorganizadamente subimos al compartimiento trasero y cayendo unos encimas de otros como si fuésemos piedras llenamos aquella bola de hierro por completo con nuestros propios cuerpos, a la orden del chofer todos nos acostamos en la parte de atrás del camión como pudimos, no se podía levantar ni un centímetro la cabeza, así que con un codo en mi abdomen y el cuerpo completo de alguien que nunca reconocí en mi cabeza, emprendimos aquel viaje, lleno de esperanzas y de ilusiones.

Aquel chofer nunca se percató de que llevaba carga humana, los baches y los trechonasos al conectar las velocidades de aquel camión cada vez se hacían más difíciles de resistir el codo en mi estómago hacía peligrar mi reciente operación de vesícula, tan exitosa que me había practicado el Dr. Calderín un mes antes de meterme en toda esta mierda allá en la Habana. Así pensaba ya, pues en lo que me había metido hasta ese mismo momento era una verdadera locura y todavía esta historia recién comienza.

Transitábamos por una autopista, podía saberlo pues desde mi posición de acostado miraba como pasaban los postes del alumbrado vial cada cierto tramo, como a la media hora de estar metidos en aquella concretera humana nos detuvimos con un chirrear aparatoso de los frenos del camión, la espera silenciosa metidos en aquellas penumbras de codos, cabezas brazos y piernas, parecía que nunca acabaría, cuando de pronto dos hombres volaron por encima de la baranda hacia adentro, dos más, ahora sí que se sumaban dos a los que ya estábamos y que ya ni cabían en aquel camión apretujados a la máxima expresión. Por la parte delantera del compartimiento del camión apareció el chofer parado en los estribos de la cabina gritando como si estuviera en el medio de un mercado y lo que llevara detrás fueran plátanos y a puros gritos, nos dijo.

-Apriétense que estos dos son los capitanes y tienen que ir porque si ellos, no hay viaje.

Aquellos dos hombres cayeron encima de nosotros como si fueran fardos de carne muerta de aquí para allá se mantuvieron el resto del viaje encima de nuestros cuerpos, como si flotaran dentro de aquel camión y estuvieran dentro de un mar humano.

Otro frenazo nos indicó que habíamos llegado al final de aquel suplicio por carretera sin levantar la cabeza y recibiendo órdenes a grandes gritos que venían de todas partes, saltamos Manuel y yo de la cama de aquel camión metiéndonos en un segundo a la orilla del camino y a unos pasos dentro de una tupida vegetación de mangles y cocoteros.

Caminábamos un largo trecho en fila india y nosotros como éramos de los primeros, a cada cierta distancia nos encontrábamos un guía apostado en un lugar que nos indicaba silenciosamente y con sus manos el camino a seguir, después de caminar en aquel terreno como media hora, nos encontramos de lleno después de un recodo y virada al revés, en el lugar donde anteriormente habían quemado un horno de carbón, lo más lindo que había visto en mi vida. Aquella cosa reposaba como si hubiera estado agotada después de un largo viaje y yo sabía que la realidad que ese era el primero, con su color azul cielo contrastaba con el verde de aquel bosque que nos rodeaba transmitiéndole a todos los presentes una sensación de paz y tranquilidad extrema. En realidad, después de tanto tiempo no sé si aquello que veía por primera vez después de tantos meses era mi salvación, mi suerte o mi desgracia.

Pensar que hacía ya tres meses que permanecíamos en aquel país y esta era la primera vez que veíamos el cuerpo completo de una de ellas, las otras siempre permanecieron en nuestras mentes y nunca las aviamos conocido personalmente en su creación.

Era bella fuerte y esbelta como una guajira de mi tierra deseosa de ser montada, ahí estaba, acabada de nacer y se encontraba esperando por mí para obsequiarme lo que más había soñado durante años. La Libertad. Aquella embarcación parecía construida por expertos que no habían dejado nada para criticar, el olor fresco todavía a madera pintura y fibra se olía como el mejor perfume francés en el ambiente, al fin estaba allí la yola que tanto habíamos soñado. ¿Sería realidad o estaríamos metidos en un cuento de hadas?

Al llegar todos rodeamos la embarcación como si estuviéramos frente a una vitrina de exhibición en una de las más céntricas calles de cualquier ciudad del Mundo. Unos le tocaban la quilla y otros la popa acariciándola en su terminación como si acariciaran la piel de un niño reposando en su cuna acabado de nacer.

Al rato nos alejamos hacia un montecito donde otros viajeros se encontraban conversando muy alegremente allí estaba otro cubano, el que habíamos conocido en el Ceibo unos quince días atrás.

Él había llegado a República Dominicana en un viaje con otros tres cubanos más, salió de Maisi en una pequeña embarcación movida a motor y habían estado quince días a la deriva recalando en Haití, pasaron según él las de Caín, pero bueno, ahí estaba como nosotros y tantos, que habíamos aplanado el camino para que otros llegaran al fin a tierras de Libertad.

Las historias de aquellos días en Haití contadas por él eran desastrosas, comentaban de cubanos que habían caído presos en las cárceles de ese país, donde habían convivido con gentes de todo tipo, una de las historias más horribles fue la de una haitiana, que dentro de la misma prisión había dado muerte y cocinado después a su propio hijo de días de nacido, para comérselo y con esto no morir de hambre y de un cubano llamado José Yánez que después de fugarse nueve veces de la prisión, lo habían matado a palos entre los guardias.

Con estas historias y otras más escandalosas, nos entreteníamos esperando la hora de la partida. En estos casos la práctica vale mucho y como yo me consideraba ya una gente con un poco de experiencia en estos trotes o menesteres, me dediqué a caminar hacia el Norte, al Este, al Oeste, y al Sur buscando posibles salidas que pudieran ser utilizadas si fuera necesario, en caso de presentarse situaciones no deseadas después de hacer todo este reconocimiento me reuní con Manuel debajo de un árbol para confeccionar un plan de salida rápida de aquel lugar si las circunstancias lo requerían.

Llegó la Luna y con ella la frialdad de una noche, como la de aquella en Palo Bonito las noches en este país son tan frías que se puede decir que del cielo cae agua sin llover. Nos resguardamos debajo de la yola pues la cantidad de personas que se aglomeraron allí era tal, que no quedaba un árbol sin abrigar debajo de sus ramas a más de ocho o diez personas ¡Había árboles! pero no alcanzaban. Pasaron las horas y el frio nos obligó a meternos debajo de la embarcación en la noche no habíamos podido determinar cuál era el material que nos servía de lecho, solo a la mañana siguiente cuando llego la luz, nos dimos cuenta que habíamos pasado toda la noche revolcándonos en el lugar donde había sido quemado un horno de carbón vegetal.

Imagínense ustedes en qué condiciones quedaron nuestras ropas y cuerpos y agua por allí para quitarnos aquella suciedad no había ni a tres kilómetros a la redonda. Recuerdo en mi infancia pasajes sucedidos en la finca de mi abuelo en un pueblo conocido con el nombre de Tumba Cuatro un caserío cerca del pueblo de Campo Florido en la provincia de la Habana, cuando un señor amigo de la casa llamado Macho Couso, cortaba leña para con la madera obtenida, quemar grandes hornos de carbón.

Yo pequeño y de apenas unos cinco años ya conocía de los preparativos para quemar hornos de carbón, en mis vacaciones forzadas por cierto, ya que mi madre al no poder cuidarme pues permanecía ingresada en un Hospital por estar haciendo una maternidad muy desfavorable con la gestación de la barriga de mi hermana, mientras todo esto sucedía, ayudaba a mi abuelo en su finca, a recoger ramitas que cuidadosamente apilaba en aquella enorme pirámide de troncos, que después de un duro trabajo tapábamos con hierbas y tierra, por una entrada abierta que se dejaba al pie del horno y a la cual le decíamos aspillera mi abuelo le aplicaba candela por ese lugar para después taparlo manteniendo encendido y vivo el fuego en su interior había que vigilar el horno por la noche ya que si se le habría una brecha, podía arruinarse todo el trabajo de días, perdiendo así todas las utilidades que podía producir el mismo, después cuando aquel monstruo humeante se apagaba con los días, nos tocaba el arduo trabajo de extraer y ensacar todo aquel carbón que se había producido y corríamos a apilarlos en sacos de yute, que se tapaban después con un cocido de cintas de hojas de guano y de yaguas proveniente de la Palma Real conocidas con el nombre de ariques.

Era un proceso interesante al que yo en ningún momento rehuía, en aquella época los cines y los parques infantiles no estaban a mi alcance, no había dinero para disfrutar de sus funciones y los hombres se hacían desde la cuna, así que nací entre campesinos ordeñadores de vacas y carboneros, mis juegos infantiles no pasaban de dos botellas de refrescos amarradas por el cuello, las que semejaban una yunta de bueyes y que al agregarle una horqueta de madera de guayabo ahí mismo se convertía, en el arado del campesino.

El pobre nunca pidió tanto, se conformaba con lo que el trabajo podía brindarle, a los muchachos se les enseñaba la realidad de la vida, la responsabilidad con la familia y se vivía en un eterno respeto a los mayores, los que nunca evadían el compromiso moral y económico con aquellos que de ellos dependían, lo más importante para todos, era la unión de la familia, por ella y en su seno todos luchábamos y vivíamos.

Hoy día todas esas costumbres de antaño han desaparecido. Los padres actuales no se responsabilizan con el cuidado de sus hijos y los hijos piden a sus padres un sacrificio por encima de lo que en realidad ellos pueden ser capaces de ofrecer, motivando con ello la desconsideración por ambas partes de la realidad en la vida actual, que inmersos todos en un derroche de mercado, solo les interesa las marcas en etiquetas reconocidas de las prendas de vestir y un gasto innecesario y exagerado de todos los medios que en realidad con lo que rechazan y desechan, serían capaces de vivir desahogadamente, varias familias pobres en cualquier parte del Mundo.

Todo esto acudía a mí mente en aquel asentamiento carbonero, observando a todas aquellas gentes que pensaban viajar en la Yola conmigo, con todas aquellas vestimentas de buena marca, pantalones, pulóveres buenos zapatos y modernos teléfonos celulares. Personas que se veían a las claras que en su país era donde tenían el verdadero futuro y no en la Isla del Sol. Madres que a las claras se encontraban en aquella aventura con los pechos reventándoseles de leche y después de preguntarles yo donde tenían a sus bebes, me decían que con una señora o al cuidado de algún familiar para ellas poder partir a Puerto Rico o sea que los habían abandonado para enrolarse en aquella locura por un futuro incierto degradándose como pésimos seres humanos a un nivel tal, que jamás si no vivíamos esos momentos, lo podríamos creer.

En una ocasión entablé una conversación con un joven que adornaba su cuello con varias cadenas de oro, en su mano izquierda una manilla del mismo mineral, entre aquellas dos prendas, había una buena fortuna y yo extrañado le pregunté.

-¿Por qué viajas a Puerto Rico? y me contestó que a vender drogas.

Ya que, aunque su papa era colono y dueño de muchas tierras en la región del Cibao, él no se conformaba con lo que le daba en la actualidad ni con lo que heredaría de él cuando muriera, esto me hizo analizar una vez más lo mal que andaba el mundo y que lejos de mi educación y de crianza, estaban todas aquellas gentes que me rodeaban. Y me sentí una vez más fuera de mi tierra y nuevamente como un pez fuera del agua y comprendí que aquel que me rodeaba, tampoco era mi medio.

Pasaron horas alrededor de aquella Yola, entre historias y análisis, como a las dos de la tarde se apareció Miguel informándonos que al fin y después de muchas gestiones, la Marina había autorizado nuestra salida de cinco a siete de la tarde, por lo tanto teníamos que ya a las tres a más tardar empezar a mover aquel monstruo de treinta pies de eslora y seis de ancho con un aproximado de seis de alto, con dos motores de cuarenta caballos y más de diez tanques de gasolina de a dieciséis galones cada uno o sea, que había que mover todo aquello en nuestros hombros para la orilla de la costa, que estaba a más de tres kilómetros en apenas dos horas y estábamos en esos momentos, dentro de un trozo de monte que para salir teníamos que abrirnos paso, al filo de machete.

Pensé que aquello sería una lucha de Titanes. A las tres menos cuarto salieron diez hombres delante con machetes abriendo una brecha dentro de aquel cayo de monte de más o menos cuatro metros de ancho, para darles paso a sesenta hombres más, con toda aquella carga que representaba la libertad en sus hombros y que constituía todo lo que se necesitaba para hacer llegar a su destino, aquella embarcación.

Caminábamos ocho o diez metros y teníamos que poner en el suelo aquel mastodonte pues el peso enorme que tenía parecía aplastarnos contra el mismo suelo, varias veces caímos al terreno enredados con los mangles, bejucos y arrecifes, pero al caer, de inmediato nos levantábamos llenos de arañazos cortaduras, arena y sangre, para seguir cargando aquello que amenazaba a cada momento con precipitarse al suelo y terminar por aplastarnos de una vez y por todas, mientras, mi cuerpo en esos instantes tan decisivos, solo respondía a aquel sobre humano esfuerzo, pues sabía que de él dependía, el éxito de todo aquello, dentro de aquella vorágine mi mente voló como un pájaro a mi Habana y otros recuerdos sin poderlo evitar acudieron a mí mente. Por aquellos tiempos era una noche como cualquiera otra en Cuba, mi esposa y yo habíamos salido a caminar en las inmediaciones de las calles veintitrés y Malecón, un lugar que se encuentra al fondo precisamente del Hotel Nacional, nos detuvimos y cruzando la calle en dirección al mar para sentarnos en el frio muro. Ese era el pedacito de nosotros, que desde muchos años aviamos adoptado como propio, en él habíamos reído, llorado, discutido y también amado, durante más de treinta años.

Recordé que uno de los asuntos a tratar aquella noche era precisamente mi salida de Cuba por Haití y el objetivo tan importante que tenía la misma era, de que el viaje se realizara satisfactoriamente, pues del mismo dependían muchas cosas para nosotros, para Ariacne mi niñita que me esperaba ya en los Estados Unidos hacia un gran tiempo y mi llegada sano y salvo a los Estados Unidos para todos era, una solución más que decisiva, ya que las cosas a mi hija no le habían ido como lo habíamos planificado, porque como les dije anteriormente, una cosa piensa el hacha y la otra el leñador. Ariacne nuestra hija en Cuba como les había contado anteriormente era cantante solista del Cabaret Tropicana y unas de las más destacadas pianistas concertistas de su edad en esos momentos. Y como ya les conté había participado en concursos de mucha importancia en Cuba y fuera del país obteniendo en ellos innumerables premios, premios otorgados hasta por la Reina Fabiola de Bélgica.

Después de innumerables gestiones al fin llegó a los Estados Unidos con el firme propósito de continuar su carrera y con sus apenas veinte años, se enfrentó a la soledad y a una sociedad completamente desconocida para ella, sin dinero y sin ningún soporte económico y nadie que la ayudara a superar todo aquello. Viajó desde Cuba a Virginia solo con el pasaje para llegar a la V.C.C.A lugar que la seleccionó para pasar un curso de composición musical que duraría un término de tres meses.

Durante este periodo de tiempo todo habían sido éxitos y buenos momentos, solo que, al terminarse el tiempo del curso, ella decidió quedarse en los Estados Unidos, deslumbrada por cantos de sirenas que al final solo siguieron siendo eso. Cantos de Sirenas.

Aquellos mal llamados familiares y amigos que en algunos momentos se ofrecieron para ayudar o por lo menos, para guiar a aquel prodigio, se convirtieron de la noche a la mañana en sus peores enemigos, y en vez de ayudarla, al comprobar su esplendor llenos de ego y envidias, se comportaron como huidizas y verdaderas ratas obligándome con su bajo comportamiento a apresurar mi salida de Cuba para ir en ayuda de mi pequeñita.

Un tropezón brusco me despertó de mi sueño, estaba dormido con los ojos abiertos, caí de bruces y me golpeé fuertemente el abdomen quedándome casi sin aire, pero rápidamente debajo de aquella Yola me incorporé, pensando que, sin mi ayuda, aquella mole de tablas y tornillos se destruiría aplastando en su caída a más de un viajero, aquello era agotador llevábamos más de una hora caminando por aquel monte y apenas, si habíamos andado medio kilómetro.

La gente con tanto esfuerzo desfallecía, pedía a gritos agua las gotas de sudor corrían por sus caras como si estuviéramos debajo de un copioso aguacero, andábamos muy lentamente y como es de suponer, con todo aquello encima, ni siquiera avanzábamos.

Las reservas de agua para el viaje empezaron a ser utilizadas por todos antes de tiempo, el calor era insoportable y el esfuerzo había sido de tal magnitud, que aquellos sesenta hombres nos veíamos rendidos como si fuéramos castigados a latigazos por mayorales en la época de la colonia, pero no nos importaba nada que no fuera lograr nuestro objetivo y a pesar de todo seguíamos adelante.

No hay nada que sea capaz de detener al hombre cuando de lo que está haciendo cree depender su libertad.

Al fin después de hora y media de continuas caídas y tropiezos de insultos a otros que flaqueaban en sus esfuerzos y casi al desfallecer, vimos después de unos cocoteros, aparecer el tan ansiado mar.

Faltaban diez minutos para las cinco de la tarde, habían transcurrido dos horas desde nuestra salida del horno de carbón y todavía nos faltaban como unos ciento cincuenta metros, para llegar.

Los capitanes nos aguijoneaban como fuese posible utilizaban malas palabras dirigidas sin elección a todos, como si fuéramos bueyes delante de su pesada carreta, amenazando con suspender el viaje en cualquier instante, por no poder llegar a la hora acordada con la Marina.

Al fin con un esfuerzo final que salía del centro de nuestros pechos y paralizando todos los corazones, incrementamos los bríos dándole a aquella faena lo poco que nos quedaba.

Hicimos un último intento por llegar a la orilla y poder al fin divisar la playa por donde lanzaríamos aquella embarcación al mar, que solo era hasta ese momento, una mole de madera llena de tornillos, motores y repleta de bellas ilusiones.

Ya prácticamente caía la noche, entre golpes, caídas de la yola al suelo, arrastradas y levantadas, rodillas ensangrentadas y destrozadas por los arrecifes y con las palmas de las manos casi sin piel, llegamos al fin a la orilla y jamás pensábamos en la tremenda sorpresa que, al llegar al lugar, a todos nos esperaba.

¡Qué tremenda sorpresa!

Lugar por donde se lanzó la Yola

Allí nunca había existido una playa. La altura que separaban los arrecifes del agua era aproximadamente de cinco metros o más, o sea, que de tirar la yola al agua por ese lugar se corría el riesgo de despedazarla con todo el peso que llevaba encima pero así y todo nos arriesgamos, no había tiempo para más.

Desmontamos los motores, preparamos unos palos debajo de la quilla de la embarcación y ya no nos quedaba más tiempo amarramos una soga a la izquierda del espejo de popa y lanzamos aquel mastodonte al vacío, cuando estaba por el aire más de veinte hombres álamos la soga al mismo tiempo guiando la yola de forma transversal y dirigiendo su caída hacia las movidas aguas y a pesar de todo el susto, aquella yola ni sintió la estrepitosa caída, parecía que la embarcación había sido colocada de ex profeso, entre las aguas de un mar que de calmado, no tenía ni el apellido. Rápidamente de la nada aparecieron aparejos y sogas, que se lanzaron a la embarcación y dos hombres se tiraron al mar para darle casa a aquella que rápidamente era llevada mar afuera por la corriente y que peligraba destrozarse contra los arrecifes de la orilla.

La desesperación es el peor enemigo del hombre en estos momentos tan difíciles. El no saber lo peligroso del abordaje fue un motivo para que algunos se quedaran en tierra, pero varios sin tener nociones de lo que hacían, se tiraron al agua entre ellos aquel muchacho hijo del colono del Cibao, que pretendía llegar a Puerto Rico para vender drogas, la suerte que le había sonreído hasta ese momento lo abandonó en un segundo cayendo entre los arrecifes de la orilla y la embarcación el muchacho permaneció un tiempo sin sumergirse, esto permitió que la embarcación comprimiera su cuerpo contra los arrecifes y lo aplastara produciendo un sonido de quebranta huesos, que fue tal su intensidad, que todo lo sucedido quedó grabado en mis oídos de tal forma, que jamás puedo olvidar.

Todos con aquel suceso nos quedamos como pasmados, pero al rato como si no hubiera ocurrido nada, nos alistamos a bajar, los tanques de combustibles y después de esta maniobra tratar de ocupar de la misma forma la embarcación.

El mar lejos de favorecernos parecía no estar de acuerdo con la visita de aquellos intrusos que pretendían luchar contra sus fuerzas y sin el más mínimo temor, se atrevían a desafiarlo. Las mujeres permanecían en la orilla esperando el desenlace final y muy lejos de hacer un simple intento por abordar aquella embarcación, que ni por un instante dejaba de moverse entre aquellas turbulentas aguas. Yo me preparé y amarrándome a un cabo, traté de descolgarme por el acantilado para llegar a la yola, pero otro sonido igual al anterior me hizo desistir de mi intento. Un grito de desesperación seguido de la misma sensación de aplastamiento contra los arrecifes de otro cuerpo nos dejó a todos sin aliento.

En la noche el movimiento del mar era tan intenso que uno de los capitanes había caído a las aguas y de igual forma fue aplastado contra las rocas como el muchacho del Cibao. Esto me hizo permanecer atento a todos los pormenores que se iban sucediendo.

Trataron de arrancar uno de los motores para evadir las fuerzas de las olas en contra de la embarcación, pero la hélice con un tremendo zumbido se desprendió de su eje y calló como a unos veinte metros de la embarcación en el medio del mar. Aquello se había perdido no había más nada que hacer, salir de allí de cualquier forma y abandonarlo todo era lo próximo a efectuar, pero...... ¿Cómo y adonde? Le grité a Manuel que, ensimismado y sentado encima de una piedra, no sabía qué dirección tomar.

Oye vamos caminando que esto se jodio, al decirle yo esto fue como si le dieran un empujón en el medio de la noche y emprendimos el camino juntos los dos, acompañados de un negraso amigo, que se sumó al grupo para acompañarnos en la huida y tratar de salir del escenario de los hechos lo antes posible. Sin dejar de reconocer que aquella fue unas de las aventuras más tristes y dolorosas por las que pasamos nosotros en República Dominicana.

Caminamos por dentro de los mangles hasta que encontramos una carretera no sé qué tiempo ni a qué distancia solo sé que mis pies y mis manos sangraban como si hubiesen sido despellejadas adrede, por castigadores invisibles.

A la luz de la autopista Manuel me miraba asombrado como si en mi rostro estuviera reflejada la figura de un fantasma, dando patadas en el suelo manifestaba su dolor y me decía: - Yo no sé, yo no me explico, con es que tú, te has hecho todas esas heridas.

Mira como estas sangrando, ¿ahora a que médico vamos? le contesté en un arranque de rabia.

Coño, no jodas estamos mejor que el Capitán y el muchacho del Cibao, ¿no crees? Y metiéndose la lengua entre sus ropas, enmudeció todo el camino y no volvió a hablar más hasta que llegamos a San Pedro de Macorís.

Al salir a la carretera después de todo lo que habíamos pasado fuimos una gente afortunada, imaginarse un grupo de más de cincuenta personas saliendo de la espesura, casi todos juntos y a la misma vez, unos por aquí y otros por allá parecíamos un bando de perdices desperdigadas. Nosotros al instante y al llegar a la carretera tuvimos la suerte de ser recogidos por una camioneta que pasaba y su chofer respondiendo al pedido de auxilio detuvo su marcha a las señales que les hizo nuestro amigo el Negrón.

El chofer condoliéndose de nosotros e imaginándose en lo que andábamos, se detuvo y nos recogió salvándonos de ser capturados, pues ya en el cielo y a la orilla de la costa, se sentían disparos y por todas partes, reventaban las luces de bengalas.

Bengalas que indicaban el fin del término de tiempo autorizado para aquella malograda salida y que también pienso yo, con toda esta bulla que las autoridades hacían, justificaban el fracaso de aquella salida que había costado la vida a dos o quién sabe a más números de personas. Ahora el problema estaba en esconderse de la Marina, de la Policía y también del M-2, este último órgano de Inteligencia el cual se dedica a perseguir hasta la saciedad, a todos los complicados en fugas ilícitas desde el territorio de la República Dominicana y los encargados además, de presionar hasta la saciedad para obtener dinero extorsionando a los familiares de estos, los que desesperados aguardan el recibir noticias de la llegada de todos sus familiares, de esta forma es como las fuerzas del orden rebuscan otra buena tajada a consta de las desgracias y el llanto de aquellos implicados en estas arriesgadas salidas, así es como funciona este andamiaje, en esta jaula abierta llena de tigres y de hambrientos leones.

Nos bajamos de la camioneta a la entrada del pueblo más bien al lado del Estadio de Pelota de San Pedro de Macorís caminando a duras penas tomamos por una calle a la derecha que nos llevó directo a un pequeño hotelucho que en la oscuridad de la noche, a la vista de todos dejaba mucho que desear.

El Negrón habló con el encargado y ahí mismo mirándonos de arriba abajo y en apenas un segundo, aquel tipo nos subió el precio de la habitación al triple de su costo. Claro, nosotros no teníamos otra opción y él lo sabía, así que acepté y pasamos a la misma con unos locos deseos de asearnos y lavar toda aquella ropa mugrienta que llevábamos encima.

Imagínense en qué estado nos encontrábamos que, el dueño del lugar nos dio raciones de jabón y detergente, como para bañarnos un mes.

Al rato el amigo aquel que conocíamos por el apodo de "el Negrón" me trajo gasas desinfectantes y pastillas para el dolor me dediqué a curar mis heridas después de bañarme, mientras Manuel lavaba toda la ropa, ya que mis manos habían quedado de tal forma, que ni apretar para sacarle el agua a un par de medias podía. No sé en qué momento me quede dormido, solo sé que desperté, por unos toques en la puerta de la habitación no podía levantarme y Manuel se tiró de la cama preguntando quien era, a la voz del Negrón, Manuel abrió la puerta.

Juan como se hizo llamar aquel amigo que nos había ayudado la noche anterior y que yo bauticé con el apodo del Negrón, nos traía informes alarmantes. La noticia había corrido como pólvora en aquel pequeño pueblo. Se decía que una embarcación cargada de gente y drogas había zozobrado por Juan Dolio la noche anterior, hallándose en la orilla seis cadáveres algunos estaban impactados por las balas.

El M2 más, la Policía, tenían tirado un cerco en toda la zona, registrando vehículos y tratando de capturar a todos los integrantes del fallido intento. Ahora sí que la cosa se había puesto fea, parece que junto a nosotros y no muy lejos de aquel lugar, en que nos encontrábamos la noche anterior, se había producido otro hecho, el que nos complicaba con otra situación también, ahora sin pensarlo nos veíamos metido en tráfico de drogas sin nosotros tener nada que ver y tener conocimiento en lo absoluto de esta actividad, así que a partir de este momento si teníamos que andar como decimos en nuestra tierra, con los pies de plomo.

Juan nos comentó también, que él se había complicado en la salida junto a nosotros sin necesidad, ya que ese mismo día tenía otra planificada pero no se fue en ella, por faltarles a sus amigos el dinero para comprar la gasolina: ¿Seria esto verdad? "Pensé".

Él nos mantendría informados de este nuevo viaje en cuanto se produjera, para que nos fuéramos con él. Conocía por mis comentarios que nosotros pagaríamos en Puerto Rico mil quinientos dólares por cada uno, a la persona que nos llevara y como es lógico le intereso este negocio.

Como deben de haberse dado cuenta y a través de mi narración, desde el primer instante de esta espeluznante aventura, yo quedé sin apoyo, el que estaba previsto de antemano y había perdido todo contacto con los que tenían el control y el aseguramiento de todo lo necesario para salir de este país.

Pero ya estaba allí y no había otra solución que seguir haciendo intentos, hasta lograr mi objetivo, aunque fuera lo último que yo hiciera en mi vida.

Pasaron tres interminables días en aquella pocilga, Manuel me traía por las mañanas algún que otro jugo y unas empanadillas de carne, muy sabrosas por cierto y confeccionadas en este pueblo. Con esto mitigábamos un poco el hambre, pues el dinero que teníamos era escaso y no sabíamos hasta cuando tendríamos que permanecer allí, pensábamos ahora en Juan, el único en que casi a medias podíamos confiar y que por ahora, el único que podría ponernos en contacto para organizarnos en la próxima salida de aquel país, al cuarto día de estar allí en la mañana se apareció Juan respondiendo a mi llamado, había que determinar ya el próximo paso, pues no podíamos seguir hospedados en aquel lugar por lo caro que salía en comparación con otros de mejor calidad, no podíamos seguir pagándole al dueño del hotel por su silencio así que determiné salir de aquella ratonera lo antes posible, yo de mis heridas estaba casi curado y no perseguía ningún objetivo continuar gastando en aquel lugar, el poco dinero que nos quedaba.

Salimos después de pagar casi todo lo que nos quedaba en aquel abusivo alquiler. Si nos hubiéramos quedado otro día nos habrían metido preso por no tener dinero para efectuar el pago de aquel tugurio.

Caminamos hasta el parque buscando una casa de cambio, para acabar con los últimos diez dólares que nos quedaban, después de efectuar el cambio nos quedamos sentados admirando el parque Central de San Pedro, que por cierto es bellísimo, carretillas de uvas, manzanas y todos los comestibles insospechados se hallaban en ellas, un grupo de Bachata tocaba incansablemente aquella música, escuchada en cada rincón de este país.

Pasamos toda la mañana merodeando por aquel lugar y mi cerebro no cesaba de planificar, cuando llegó a mi mente una idea y con ella un recuerdo. La idea era que tenía que por todos los medios salir de aquella inactividad, pues parecía que el asunto de Juan el Negrón demoraría más de lo previsto, ya que cada vez que tocaba el punto en conversaciones con él, me cortaba o me daba evasivas, diciéndome que eso llevaba preparativos y bastante tiempo. Lo que él no sabía era que ya el dominicano con su actitud y su forma de actuar, me había enseñado que no se podía confiar en este país absolutamente en nadie y lo otro era que había recordado que una de mis hijas se había casado en su último matrimonio, con un dominicano y si mal yo no estaba y mi mente no me fallaba, era precisamente de San Pedro de Macorís.

Tomé el teléfono celular en mis manos y la libreta de notas que aun a pesar de todos los chapuzones que me había dado estaba bastante conservada, busqué el número de mí hija mayor en Miami y seguidamente la llamé:

-¡Alo!, ¡Alo!, ¿Quién me habla? Le contesté enseguida: Gorda, es tu papa. ¡Oye! del otro lado del teléfono.

¿Dónde tu estas? porque llamé a tu casa en Cuba y no me supieron decir donde tú estabas. ¿Qué pasa?

Ni a mi hija ni a mi familia en los Estados Unidos le había comentado jamás, de mis planes de salida de Cuba, por eso cuando le dije a mi gorda que estaba en República Dominicana por poco le da un soponcio.

¡Papi tú estás loco! Ese país es de madre, cuidado con las gentes, mira que te matan. Esa fue la advertencia que, aunque tarde, se agradecía, ya sabía que eso era así, pero bueno, mi objetivo era saber de donde era mi yerno y le soplé a boca de jarro mi pregunta.

- ¿Oye niña de donde es tu esposo? enseguida me contestó, de San Pedro de Macorís papi. -

Una alegría se reflejó en mi rostro, le contesté rápidamente porque aquella conversación me costaba ya una pequeña fortuna.

-En ese pueblo estoy yo ¿Puedes darme la dirección de su familia? Mi hija inmediatamente me dijo.

-Espérate papi que te voy a poner a mi esposo. La conversación fue muy rápida y él me preguntó: -¿Usted está de vacaciones ahí? Yo le asentí inmediatamente, le informé donde me encontraba y él me contestó. -Espere ahí donde usted está que lo van a recoger para que se pase unos días en casa de mi familia.

El alma me volvió al cuerpo, sabía que lo único que no podía era, contar a nadie nada de lo que me había sucedido pues en estos asuntos ninguna persona era de confiar, no los conocía y mi objetivo era, tomar un poco de descanso y recuperarnos un poco de todo lo que habíamos pasado hasta ese momento, así que me dediqué a contarle los pormenores de la conversación a Manuel con mi yerno y ponerlo al tanto del plan que a partir de ese momento teníamos que llevar a cabo. Lo más acertado que podíamos hacer era no enterar a nadie de lo que nos proponíamos, ya que no conocíamos con que personas teníamos que relacionarnos.

A partir de ese instante nos dedicamos a esperar al contacto, que nos vendría a recoger sentados tranquilamente como turistas en el Parque, para pasarnos unos días al abrigo de una familia, que apenas siquiera conocíamos.

Como a la hora se apareció un señor bien vestido con un celular en su cintura, el que por encima de su ropa aparentaba una persona educadísima y de muy buena posición económica el que se acercó a nosotros y nos preguntó:

- ¿Quién es el suegro de Edgar? Esta persona con una dulzura en su verbo y unos ademanes refinados, daban al buen entendedor que nos hallábamos frente a alguien con un alto nivel de preparación, tanto socio cultural como humana, el mismo nos condujo a su carro y a partir de ese momento nuestra suerte en aquel país cambio para todo lo bueno, como si nos hubiéramos encontrado con el hada madrina en el país de las maravillas.

Casa en San Pedro de Macorís

Juan Isidro nos acogió en su casa como si nos conociera de toda una vida, nos ofreció cobija, nos atendió y nos alimentó sin mediar en ningún momento preguntas comprometedoras de ningún tipo, solo el deseo de atender a un amigo sin beneficio propio. Yo que creía haberme perdido en el país de las malas acciones, me encontraba de pronto, frente a una familia que lo brindaba todo a cambio de nada. Estuvimos en aquella casa aproximadamente unos quince días, nos manteníamos comunicados por teléfono con el Negrón y otros más, los que necesariamente no podíamos perder de vista, ya que hasta ahora eran los únicos que conocíamos en los menesteres de salidas ilícitas y los posibles encargados de sacarnos de aquel país.

Mientras pasaba el tiempo y todo se iba componiendo, Juan Isidro que siempre se comportó como un dios para nosotros nos sacaba a conocer todo el alrededor, nos llevó a Altos de Chavón lugar bellísimo y a la Playa de Bayahibe, también paseamos por La Romana, y Santo Domingo la Capital visitando la Catedral, el panteón donde reposan los restos del descubridor de América Cristóbal Colón y muchos lugares más, haciendo de nuestra estancia en su casa un verdadero lugar de reposo y recuperación. Una llamada por teléfono lo cambio todo, una de las personas que ya conocíamos nos dio una contraseña aquella que nos indicaba que teníamos que ponernos en movimiento desde ya, nos despedimos de aquella familia, la que había sido como la nuestra, tomamos un moto concho, que es como se le dicen a los chóferes de motos de alquiler y nos dirigimos al Batey Consuelo, a unos diez kilómetros al Norte de San Pedro de Macorís, allí nos esperaría un contacto que nos llevaría con él.

Nos desmontamos de aquella moto Manuel y yo y nos sentamos en el banco del parador de la Estación de Ferrocarriles, ahí estaba previsto encontrarnos con la persona que nos explicaría los detalles de la próxima escapada. Pasaron aproximadamente tres cuartos de hora Manuel inquieto daba paseítos de aquí para allá, yo simplemente me dedicaba a saborear un cigarrillo Malboro Rojo, cuando el ruido de una moto nos sacó de nuestra modorra. Un moro con una ropa de ciclista con una muchacha acompañándolo detrás, casi nos golpea al pasar por nuestro lado, yo me levanté para decirle una barbaridad a aquel tipo que por poco nos mata, pero al llegar junto a él me dijo con una sonrisa por debajo del casco: - "Oye Cuba, no te pelees con el que te quiere".

Esa era la contraseña, pero el individuo que tenía que recogernos nos dijo que lo haría en auto y no en una moto. ¿Qué pasaba? Ángel como se hacía llamar aquel muchacho de apenas veinte años, me adivino el pensamiento y contestándome tajantemente me dijo:

-No te preocupes Cuba, la situación es que hay mucha vigilancia para el lugar que vamos y no podemos ir en carro. Así que me esperan aquí, que yo les voy a mandar una moto para que los venga a recoger cuanto antes.

Y arrancó y levantando aquella moto en una sola rueda, se fue de allí como alma que lleva el diablo, al cabo de media hora se apareció otro moto concho, que alzando la mano en gesto de que nos acercáramos nos invitó a montar, tomamos el camino que va al Ingenio Consuelo, desviándonos a la derecha por un terraplén que solo podían transitar carretas de caña y algún caballo, aquella moto entraba en los huecos y salía sorteando el camino como si su conductor estuviera acostumbrado todos los días a transitar por él, al fin, llegamos a una encrucijada donde nos esperaba otro motorista, que le dijo al primero:- No los lleve por delante del camino del mirador, el M2 está registrando por allí, llévalos por detrás porque si no, no llegas con ellos. Parecía que todo lo tenían bien acoplado, tomamos otro camino y aquella moto se impulsó a una velocidad que solo una persona diestra en estos lugares lo podía hacer, la moto volaba en vez de andar, los ojos nos lloraban por el aire y los baches acababan con nuestras desgastadas columnas vertebrales, pero bueno. Estos son gajes del oficio, así que apreté a Manuel por una de sus manos, que me rodeaban la cintura, aguantándose como un gato con sus garras extendidas y mirándole a la cara le transmití el siguiente mensaje. Agárrate bien, que si nos caemos nos jodemos oíste Manuel, con una sonrisa asintió y nos dedicamos a partir de ese momento a guardar lo mejor posible el equilibrio de nuestros esqueletos en aquella moto, que parecía acabada de salir de la escena de una película de acción.

Al cabo de una hora el motorista dejo su moto escondida en un matorral y sirviéndonos de guía, nos hizo subir por un camino que por dentro de malezas y trepando una tremenda pendiente llegamos a una cañada, la cruzamos y mojados como pollos llegamos media hora más tarde, al lugar conocido con el nombre de "El Mirador".

El Mirador

Cualquiera diría que por el nombre nos referimos a un mirador desde donde se pudieran observar lindos paisajes, pero era todo lo contrario, allí sin luz eléctrica en una pequeña cabaña de techo de zinc más de setenta u ochenta personas esperaban el desenlace de aquella para nosotros otra nueva aventura, por lo visto esto era parecido a lo de Juan Dolio, pero ya estábamos allí y de qué forma íbamos a regresar, además cuando uno llega a los dominios de estas organizaciones quedas automáticamente secuestrado, ya que hasta que los jefes no lo determinen, no puedes abandonar el lugar. Esto lo hacen para evitar delaciones o la posible ubicación por los órganos de Inteligencia del personal implicado en la operación Manuel y yo nos quedamos fuera de la cabaña ya que, dentro de ella, no cabía prácticamente más nadie, además el aire que se respiraba dentro contaminado y maloliente indicaba que aquellas personas, se encontraban allí esperando su salida hacia ya varios días.

Una mulata se nos acercó con un jarro humeante en la mano.

- ¿Cuba, quieren café?

La verdad que para tomar café en cualquier parte yo soy bastante escrupuloso, pero con la debilidad que sentía en mí estómago, no pude resistir saborear aquel buchito del aromático néctar, inmediatamente después de tomarme toda aquella taza de aquel inolvidable café, encendí un cigarrillo sentándome en el suelo al lado de Manuel, para tratar de escudriñar en la oscuridad, el movimiento a lo lejos de algunas posibles visitas indeseables.

La conversación era muy amena y tranquila, entre nuestras miradas que trataban de penetrar la oscuridad de la noche y las historias de lo que nos había ocurrido a los dos hasta ese momento, aquel recuento nos provocaba gracia, nos reíamos del apuro que pasamos en la moto y también comentábamos de lo bien que habíamos pasado los días en casa de la familia de mi yerno, la atención esmerada de todas estas personas para con nosotros y que nos había hecho sentir como si estuviéramos en nuestra propia casa, esto todavía suscitaba en nosotros un tema de comentario, extrañados todavía después de todo lo que habíamos pasado, de haber encontrado en este país y a esta altura de los acontecimientos gentes con estas cualidades. Estábamos tan absortos en nuestra conversación que yo, no había sentido nada y solo me detuve cuando Manuel me dijo: -¡Presta atención!

Varios golpes sobre la hierba, nos hizo callar súbitamente uno aquí y otro allá, seguidos de un traqueteo característico que nunca en mi vida había escuchado, aquello me hizo mirar fijo en la oscuridad tratando de arrancar de ella, lo que producía aquel extraño ruido. Recordé las Catatas en Palo Bonito, pero esto era algo distinto, tomé una pequeña linterna que llevábamos y sin pensarlo dos veces, proyecté la luz hacia el próximo golpetazo. Aquello era increíble y de una belleza digna de admirar. Era nada más y nada menos que un tremendo sapo como de una libra de peso, el que me miraba de frente encandilado con el rayo de luz de mi linterna, no era una rana Toro, no, porque esas ya las conocía de Cuba, estas criaturas eran como tornasoladas y saltaban por la hierba una detrás de otra como si fueran atletas de salto largo, pero mi asombro fue aún mayor al contar en aquel lugar, más de cincuenta sapos de aquellos todos del mismo tamaño, en menos de diez metros a la redonda y lo curioso que por ninguna parte se veía que existiera agua y menos una laguna. ¿En qué lugar nos habían metido aquella gente? Pasé un tiempo observando a aquellos bellos animales de un color negruzco tornasolado que se dirigían a algún lugar pues en ningún momento perdían el sentido de su orientación, le hice un comentario a un vecino de aquel sitio, muy curioso yo de tal acontecimiento y me informó, que eso sucedía en una sola semana al año, donde todos estos animalitos se dirigían a una laguna no muy lejana, y se apareaban con las hembras las que ya desde algún tiempo en ese lugar los esperaban.

Ellos fecundaban los huevos en ese mismo sitio todos los años, me quedé muy complacido con aquella explicación y con lo interesante de aquel evento. Como a la una de la mañana, por un trillo que se acercaba a la casa, me percaté que se aproximaban varias personas, los perros no dejaban de ladrar anunciando la llegada de alguien que no era conocido, entre la oscuridad de la noche uno de los que llegaron que parecía el jefe, nos llamó a todos poniéndonos en fila de a uno para que así, camináramos detrás de él hacia un lugar que al parecer solo él conocía como siempre en estos casos, una hora antes había caído un pequeño aguacero el que mojó la tierra, que resbaladiza hacia más penoso aquel avance, delante del grupo Ángel que en la oscuridad yo había reconocido su voz marchaba con un machete en la mano y de vez en cuando lanzaba al descuido un golpe al aire, tronchando alguna de las ramas que se interponían en el camino de aquella enorme caravana humana.

Después de una penosa caminata de aproximadamente media hora, llegamos al fin a un lugar, donde nos esperaban dos ómnibus Toyota de los que se usan para el transporte de pasajes, casi nuevos, asombrado quedé de ver como aquellos chóferes, habían podido meter aquellos equipos en aquel terreno casi inaccesible, ya que miraba y a mi alrededor solo se veía, monte oscuridad y fango. Montamos todos en aquellos ómnibus con aire acondicionado y al ritmo de la ya conocida Bachata, tomamos por un camino vecinal de tierra.

Como yo conservaba cierto sentido de la orientación y ya conocía bastante bien la zona en que nos movíamos, al salir con los ómnibus del terraplén reconocí que tomamos la carretera que va de San Pedro de Macorís al pueblo de Hato Mayor entramos a Hato Mayor y desviándonos a la derecha por la carretera que va hacia Miche, continuamos avanzando. Al llegar a un caserío al final de una enorme loma llamada por todos, el Diez, nos detuvimos y ahí nos bajaron de los ómnibus, nos escondimos tirados a la izquierda en la orilla del camino de barrigas en el fango y tapados por la hierba mojada, miré mi reloj eran ya las dos y treinta de la mañana, había transcurrido una hora desde que salimos del lugar que le decían el Mirador.

Tirado a lo largo dentro de un hoyo lleno de fango hasta las orejas, me mantuve como una hora escondido dentro de un amasijo de hierbas, cuando dieron la orden de salida me enredé con un bejuco y ahí mismo perdí mi reloj que me acompañaba en mis andanzas ya desde hacía mucho tiempo, me cansé de buscarlo en el fondo de aquel hoyo lleno de fango hasta la misma rodilla, imposible encontrarlo me dije. Como sentí aquella pérdida, pero bien pensé que esa no era solo la pertenencia que perdería en esta futura contienda y me resigné a pensar que lo había dejado en la Habana en mi casa y al abrigo de mi esposa junto a cientos de cosas más, todas de un valor espiritual incalculable.

En aquel sitio nos esperaban algunos guías que después de concentrarnos a todos en varios grupos, nos llevaron por un peligroso trillo entre farallones y precipicios hacia un lugar llamado La Gina, aquel descenso para llamarle de alguna forma era desastroso, pues no sabíamos que bajábamos una montaña por un sendero, que solamente podían ser transitado por asnos y experimentados monteros, aquel trillo en realidad se encontraba en esos momentos en sus peores condiciones, la lluvia no había cesado en varios días, combinando la bajada aquella, con el lodo de una arcilla blanca amarillenta cambiando toda la operación en una verdadera función de una pista de patinaje.

Manuel y yo, en San Pedro nos habíamos comprado un par de zapatillas de suela muy lisa y para colmo blancas zapatos no apropiados para aquellas excursiones, por lo tanto, las caídas se suscitaban una detrás de otra y yo, como era el menos acostumbrado en estos trajines y ser el de más peso corporal me costaba mucho más trabajo en cada costalazo que me daba el incorporarme, después de aquellas constantes caídas. Hasta las mujeres del grupo habituadas ya, a aquellos trajines me ayudaban en mis constantes revolcadas en el fango: Vamos Cuba que ya estamos llegando, mirándome de soslayo con una ligera sonrisa ellas me decían.

Tengo que resaltar en estas narraciones el temple de la mujer dominicana, las que en todo momento derrocharon valor y coraje comportándose en algunos momentos por encima de la actitud del más fuerte valeroso e intrépido hombre, en ningún momento sentí de ellas un grito, una queja o un sollozo, al contrario, nos increpaban a continuar la marcha como si fueran ellas las mismas jefas de aquella operación.

En una ocasión y después de no sé cuántas caídas de nalgas en el fango, una de aquellas mujeres me tendió la mano para ayudarme a levantar, mi reacción de machismo fue tal que muy disgustado por tantas caídas, le grité mirándola con odio y de mala forma.

-Mira chica, basta ya, déjame en el suelo, si de todas formas me voy a volver a caer. Bajaré esta montaña de culo sin levantarme si es necesario, eso te lo digo de verdad y no pararé hasta que llegue al final.

Ella se sonrió y mirándome de reojo me dejó en el suelo otro tanto pasaba con Manuel detrás de mí, hasta que llenos de fango y con moretones por todas partes, llegamos al final de aquel camino.

Continuamos caminando por el lecho de un río, hasta que, en un recodo, nos desviamos a la izquierda y tomamos un sendero dentro del monte que nos llevó, hasta un camino lleno de piedras que desandamos a todo correr, subiendo y bajando lomas entre ladridos de perros que como fieles guardianes indicaban el paso de toda aquella columna humana, que se escabullía en la inmensa oscuridad de la noche.

Era demasiado el esfuerzo físico desplegado hasta ese momento, la falta de aire por el cigarro y la convalecencia de mi operación, subiendo ya y estando al final de unas de aquellas lomas, me hizo sentir desfallecer, el aire se negó a entrar en mis pulmones, el corazón se me salía del pecho y mi cabeza empezó a darme vueltas, creía morir allí mismo de un infarto, la columna de gentes se me iba delante, gracias a Manuel que más recuperado me sujetó por un brazo y no me dejó caer al suelo, empujándome poco a poco por la espalda, me dio un respiro, para continuar con aquella marcha, que finalizó al llegar todos a las ruinas de una pequeña cabaña.

Entré allí como una tromba humana, sin pedirle permiso a nadie y me desplomé en el suelo dejando la mochila sobre mi espalda, la que utilicé como almohada y me quedé dormido como un tronco haciendo caso omiso de las protestas de aquellos que en mi caída había pisoteado, hasta que los rayos del sol dándome de plano en mi cara, me despertaron a la mañana siguiente.

Aquello era inconcebible, miré a mi derredor y no reconocía el lugar donde me encontraba, Manuel que no había pegado un ojo en toda la noche, había permanecido fuera de aquella casucha sin puertas y sin ventanas, en el suelo donde yo había dormido continuaban algunas personas tiradas como fardos dejados por alguien al descuido, un olor penetrante a orine y a mierda se sentía en el ambiente, al fijarme bien donde había pasado la noche quedé muerto de espanto, aquel lugar durante mucho tiempo era el dormitorio de algún rebaño de chivos o corderos y en el piso, había una concentración de excretas tal que rebasaba del suelo por lo menos quince o veinte centímetros, sobre este colchón de mierda seca había dormido yo, toda la noche a pellejo limpio, como se dice vulgarmente en mi tierra, pero bien ya aquello había sucedido y era historia pasada, así que me levanté y me dirigí a un arroyo que corría cerca de aquel lugar, para ver si lograba con sus aguas asearme un poco.

La caminata de la noche anterior más el contacto con aquella improvisada cama, me habían embadurnado con una capa de fango, heces, orine y sudor, llenándome de una costra de inmundicia, que se había pegado a mi cuerpo como un chicle por todas partes.

Al rato de estar en aquel lugar y después de haber tomado un refrescante baño en el arroyo, regresé a la escuelita donde pude observar, que en muy poco tiempo el número de personas había aumentado, aquello parecía una concentración de un primero de mayo en la Habana.

Hombres y mujeres de todo tipo y de todas las edades todos ciudadanos dominicanos los únicos extranjeros éramos nosotros, eso, aunque no lo crean, motivaba de parte de todos ellos, ciertas preferencias hacia nosotros, preferencias que se limitaban a uno que otro cigarrillo que ofrecían y algún trozo de salame con galleta, que nos brindaban desinteresadamente.

Ese día lo pasamos dando vueltas alrededor del dormitorio de chivos, conversando de una que otra cosa entre Manuel y yo siempre guardando ciertas distancias de aquellos que en realidad no conocíamos.

Al fin, se nos acercó Ángel, y llamándonos a un lado nos dijo.

-Mañana temprano saldremos rumbo a Punta Príncipe, que se encuentra entre Miches y el Cabo de San Rafael, ahí esperaremos un tiempo, pues nos vienen a recoger en una embarcación desde Puerto Rico, así que ustedes esperen y estén tranquilos.

Y virando la espalda nos dejó con la palabra en la boca. Una serie de preguntas se quedaron en el tintero, ya que no podía entender qué tipo de embarcación sería capaz de cargar a más de ciento cincuenta personas que junto a nosotros permanecían en aquel lugar. Pero bueno, como él me dijo que estuviéramos tranquilos, le dejé a él resolver ese problema, esa noche se caracterizaba por ser más fría que todas las anteriores pasadas por nosotros a la intemperie, utilizando unos trozos de tabla como escoba, arrastramos con nuestras manos todo el excremento de chivos de adentro de aquella escuelita abandonada, para así poder tener un pequeño abrigo, ya que aunque carecía de ventanas y puertas, por lo menos techo no nos faltaría para pasar aquella fría noche, también cortamos ramas de árboles, que pusimos en el piso de tierra para aguantar un poco la frialdad que de él nos llegaría, vestidos con un ligero pulóver de mangas cortas y mojados hasta los huesos todavía del día anterior, nos tiramos en el suelo protegiéndonos como pudimos, del frio y de los mosquitos, que en aquel lugar y en grandes cantidades, hacían también su acto de presencia.

Pegados unos a otros, tratábamos de darnos calor mutuamente, cuando en un gesto de desesperación tal y sin poder aguantar más el insoportable frio, Tita una señora de más de setenta años, integrante de aquella contienda y su hijo, se pegaron a nuestros cuerpos para también con su calor y bien apretados lo más que podíamos, ayudarnos todos a pasar aquella insoportable noche.

En la mañana no podíamos dar un paso, las temperaturas congelantes de aquellas montañas y el exceso de humedad en el ambiente, habían taladrado nuestros huesos hasta la misma medula, Manuel ni chistaba yo nunca pensé que este hombre criado dentro de la misma Habana y que nunca había tenido contacto con la naturaleza, pudiera resistir los embates de la intemperie y de aquel medio tan agresivo, incluso difícil hasta para los que más acostumbrados a vivir en él estaban.

Mi amigo parecía débil por su constitución física y por su carácter en algunos momentos, pero me estaba dando una lección de coraje y voluntad tal, dignas de admirar.

Algunos disparos nos pusieron en alerta, tres por allá seis o siete por otro lado, un disparo de escopeta más lejano, todo indicaba que la marina estaba cerca o alguien se daba a la tarea de que creyéramos que esto era lo que sucedía. Muchos de los presentes preocupados se miraban entre sí, aquello indicaba algo que no venía bien para nuestros planes.

Al rato y montando una mula, se acercó al grupo de más de cien personas, un señor que decía ser el alcalde de la zona y venia enviado por Ángel el que nos informó que este, había sido sorprendido en el caserío de la Gina por los guardias Marinas y fue llevado preso hacia el cuartel.

Nos dijo también que se había cancelado todo, por ser sorprendida la lancha a su salida de Puerto Rico y que todos teníamos que salir de allí, por nuestros medios y como pudiéramos y de uno en uno y con mucha precaución, pues todo el lugar se encontraba vigilado por los guardias del M2, los que tenían conocimiento ya, de aquella concentración y venían en camino para detenernos hacia aquel lugar.

Halé a Manuel para un lado y le comenté en voz baja:

-No te muevas para ningún lado yo aquí espero a Ángel o algún emisario de él esto no es con nosotros.

Yo tenía ya experiencia de Palo Bonito y de Juan Dolio además, ya conocía por historias anteriores contadas de las tácticas que se utilizaban por los organizadores de viajes y los buscones, para que después de haber cobrado el dinero desembarazarse de toda la gente y olí algo de aquello en aquel ambiente.

La gente discutía en alta voz, descontentas con lo que había sucedido, muchos gritaban reclamando su dinero, pero poco a poco se fueron disgregando en pequeños grupos, tomando distintas direcciones, nosotros nos quedamos detrás y nos pegamos al lado del hombre de la mula, que con una señal de su mano casi imperceptible, nos indicó permanecer tranquilos en aquel lugar. Nos quedamos al fin solo con el hombre de la mula el que acercándose al oído de uno de los muchachos que lo acompañaban, le dio al parecer una orden. El muchacho nos indicó el camino y en silencio y evitando que alguien lo notara detrás del, salimos de allí.

Anduvimos como dos kilómetros por un sendero contrario al que tomaron todos, desviándonos por un pedazo de monte que, al llegar a su centro, nos encontramos como salida de la nada con una casita como si perteneciera a un juego de muñecas chiquita y bien conformada donde nos encontramos a Ángel y una docena de personas, todas ellas integrantes del grupo que habíamos pasado la noche anterior en la escuelita de los chivos.

Nosotros, estábamos también al parecer entre los elegidos ya que al vernos Ángel se sonrió diciéndonos:

-Bueno Cuba ahora sí que estamos ya en Puerto Rico.

Nos pasamos todo el día bañándonos en el río y descansando en aquel pequeño oasis en medio de aquel valle inhóspito, en ese momento todo cambio en un corto tiempo para bien, se mandaron a buscar carnes para confeccionar comida cervezas y una botella de Brugal, uno de los rones más exquisitos que he probado en mi vida, muy semejante en calidad al Ron cubano Habana Club, añejo siete años.

Los planes eran los siguientes, como se había malogrado la salida de la lancha que nos venía a recoger desde Puerto Rico, la que fue sorprendida y hundida muriendo en esta acción los capitanes de la misma, Ángel se había unido a otro grupo que tenía planificado también otra salida por el lugar.

Al caer la tarde, nos preparamos para salir de aquel valle rodeado de altas elevaciones desde que llegamos a aquella zona, estábamos incomunicados totalmente pues las antenas transmisoras que debían dar servicio a nuestros teléfonos celulares, en ese lugar no tenían señal, o sea que ya había más de cuatro días que nuestras familias, no tenían noticias de nosotros.

Subimos la montaña por el mismo lugar que habíamos bajado en días anteriores, pero ahora cargados de combustible y de dos motores fuera de borda, comida y agua suficiente para estar algunos días en alta mar, el grupo no pasaba de quince personas contando a Ángel, su pequeña hija y nosotros dos, así que vamos a ver qué sucedía ahora, ya que por exceso de personas aquello no se malograría.

Las noticias en Miami con respecto a las salidas de inmigrares de aquel país eran cada vez más alarmantes, por la televisión proyectaban reportajes de botes hundidos y viajeros que aparecían por doquier ahogados, en el Canal de la Mona y en las costas de la República Dominicana.

El ultimo reportaje apenas de un día antes, hablaba de dieciocho personas que habían aparecido ahogadas en Cabeza de Toro, una playa cercana al faro de Punta Engaño al extremo este del país, esto formó un revolico tremendo en nuestras familias residentes en Miami y Puerto Rico que después de enterarse de mi estancia en aquel lugar por comentarios de mi hija mayor, se dedicaron a partir de ese momento, en comisionar a un familiar en República Dominicana el cual se interesó por nuestro paradero, indagando por nosotros en todos los cuarteles de la Marina y cuerpos de Guardias de los Hospitales, también en los puestos de delegaciones de la policía de Miches, El Ceibo, Pedro Sánchez, Iguey, Cabeza de Toro, Verón y Punta Cana o sea que ya nosotros en los mismos momentos que nos encontrábamos en los trajines y en asunto de viajes por aquella manigua, estábamos a su vez siendo buscados por todas las fuerzas de la Marina y la Inteligencia de toda aquella amplia zona.

Sin saber que para toda aquella gente que nos acompañaba, nosotros representábamos una bomba de tiempo seguíamos unidos con aquel grupo luchando a brazo partido para consumar lo que tanto anhelábamos y lograr como fuera posible nuestro viaje a Puerto Rico.

Al llegar a la cima, nos esperaba pegado a la carretera una camioneta y un ómnibus, que nos llevó a un lugar llamado Playa el Mosquito, sitio que hacía honor a su nombre ya que aquellos insectos nos atacaron al llegar al lugar de tal forma, que pensé salir de allí sin una gota de sangre. Al rato y de noche todavía nos concentraron debajo de unas matas de uvas caletas y fue cuando vi algo que me hizo sospechar de que todo en aquel viaje, no se limitaba solamente a tráfico ilegal de personas.

Encima de una pequeña elevación había cuatro centinelas armados. Dos con AK 47 y más allá se encontraban debajo de un árbol apostados dos más, uno con un M16 y el otro con una mini USI los que fumaban tranquilamente, sendos cigarros de Marihuana.

Le comenté de lo que había visto a mi amigo Manuel para que estuviera prevenido y al tanto de lo que estaba sucediendo ya que él en ningún momento se había percatado de tal situación.

Antes del amanecer nos movimos para una arboleda de cocoteros, donde en una especie de refugios bajo tierra comenzaron a sacar pequeños bloques de nailon negro cuadrados del tamaño aproximado de un paquete de a cinco jabones grandes y lo trasladaron con mucho apuro a bolsas mayores de polietileno, hacia un lugar completamente desconocido para nosotros. Ahí fue donde Ángel nos dijo: - Cuba yo me retiro si ustedes quieren continuar, el jefe de esta operación está de acuerdo por el dinero que ustedes tienen en Puerto Rico de llevarlos a su destino ustedes dirán, se van conmigo o se quedan para irse en este viaje.

Nosotros estábamos allí y temíamos, que de no continuar en aquel lugar ellos tomaran algunas medidas en contra de nuestras vidas para evitar como era lógico de nosotros una posible delación, pensé así porque esto ha pasado en otras ocasiones, así que al unísono contestamos Manuel y yo: - Nos quedamos

A partir de aquel momento nos convertimos en el lastre de toda aquella gente, nos situaron lejos de la embarcación y del grupo, para no darnos participación del motivo real de aquel viaje, éramos mercancía barata que tenían que llevar, de mucha menor importancia y teníamos ojos, oídos y lengua, así que cuanto más lejos estuviéramos de todos los preparativos para ellos era mucho mejor, hasta que llegara el momento de la partida. Nos situaron en lo alto de una elevación debajo de una arboleda, junto con un grupo aproximado de diez personas algunos de edad avanzada un señor de unos sesenta años enseguida entabló conversación conmigo, en su historia me contaba que acostumbraba todos los años por esta vía a dirigirse a los Estados Unidos, casi siempre con un grupo de este tipo, allí pasaba un tiempo vendiendo la mercancía y después de terminar la venta del producto, regresaba por avión a la República Dominicana.

Yo por supuesto, no indagué más de lo necesario con respecto al producto que él se refería ni la detallada definición del mismo, pero ya después de aquella conversación, no me cabía sobre el asunto, ninguna duda. Se reafirmaba lo que tanto había sospechado, habíamos caído en el seno, de una organización de narcos traficantes y lo mejor que podíamos hacer era, como había pensado antes de toda esta aventura, no preguntar, no hablar, no ver, no oler ni conocer y entender de aquel asunto, lo menos posible.

Pasamos todo aquel día metido entre una arboleda y al caer la tarde nos trasladaron hacia un lugar donde habían un montón de piezas de concreto prefabricadas, las que parecían como de un posible proyecto para construir un establo para las vacas o algo parecido estábamos cerca de un canalizo de agua y la noche transcurría bajo un cielo estrellado y llenos de mosquitos, nos mantuvieron concentrados en aquel lugar en espera de terminar los preparativos del viaje, en la noche no pudimos dormir, pues no dejaron de escucharse los golpes de martillo y ruidos de serruchos, como si estuvieran terminando un trabajo y pensé que sería, el enmascaramiento de la mercancía prohibida en aquella embarcación.

Con los claros del día, tres integrantes del grupo se nos acercaron y nos dijeron que los siguiéramos, uno delante nos servía de guía, después de caminar aproximadamente algunos kilómetros por dentro de terrenos llenos de pastizales y arrastrarnos durante gran trecho y en ocasiones cruzando una que otra cerca de pelos de alambre de púas, nos fuimos alejando cada vez más del lugar donde supuestamente seria la salida de aquella comprometedora y mal pujada operación. En todo momento nos decían que tuviéramos cuidado con levantar la cabeza, ya que en este trayecto según ellos estábamos vigilados y supuestamente perseguidos por la Marina.

Después de más de cinco kilómetros recorridos a pie entramos casi muertos de cansancio en un cayito de monte donde después de un gran rato observando desde lejos un caserío fuimos descubiertos por dos haitianos que hacían las labores de monteros en aquel lugar, los que después de una muy corta conversación, accedieron a traernos de un colmadito no muy lejano (pequeña bodega) cigarros, agua y unos paqueticos de galleta.

Nosotros permanecimos en aquel monte, más de dos días y dos más que estábamos dando vueltas por todo aquel territorio sumábamos cuatro, tiempo que no comíamos nada por lo que aquellas galletas nos las comimos con tremendos deseos. Estuvimos acampados un tiempo en aquel lugar, continuando la marcha después de este descanso, hacia algún lugar que no conocíamos, aquellas gentes no comentaban nada del propósito de aquella larga caminata.

Después de andar por dentro del monte y haber cruzado dos riachuelos nos tiramos en el suelo a descansar de tan agobiante marcha, no había transcurrido media hora tirados en el suelo cuando se nos acercó el guía, diciéndonos que estábamos rodeados por la Marina sin ni siquiera poder levantar la cabeza salimos de allí a rastras, pegando nuestros cuerpos a las botas de los Guardia Marina los que cruzando muy cerca de nosotros, no percibieron de milagro nuestra presencia pues por suerte me había enterrado como un topo entre la hierba y nos enmascaro muy bien el fango que nos cubría hasta el mismísimo cuello. Así rompimos este primer cerco hecho por la Marina, la que continuo todo el día detrás de nosotros persiguiéndonos por aquel monte, hasta que llegada la noche nos acorralaron nuevamente entre una elevación y una laguna pensando ellos que nos entregaríamos ya que la laguna se encontraba saturada de caimanes y sanguijuelas las que hacían imposible su cruce para cualquier persona, esta laguna se le llama laguna de Nisivón, pues bien a sus tranquilas aguas y en plena oscuridad de la noche, fuimos a parar Manuel y yo y de los otros integrantes del grupo, nunca más supimos nada, pues se separaron de nosotros y como eran vecinos del lugar pienso yo, se confundieron como monteros, pasando inadvertidos entre los Guardias Marinas.

Pero nosotros éramos distinto, cubanos y nuestro color de piel blanca como la leche y a cien kilómetros a la redonda se veía por nuestra apariencia, que no pertenecíamos a aquel lugar, así que entramos a la laguna y sin saber del peligro que corríamos nos dimos a la tarea de salir por la otra orilla lo antes posible, sin importarnos para nada, solo recibimos alguna que otra inoportuna picada de las sanguijuelas, pues en ningún momento vimos caimanes y mucho menos cocodrilos. Así burlamos la persecución de que éramos objeto caminando aproximadamente unos Kilómetros más por dentro del monte y gracias a un mapa y una brújula que tenía Manuel dimos nuevamente con la carretera, por un poblado nombrado La Mina de Oro, tramo entre Miches y Hato Mayor al tomar al fin la carretera, tocamos en la puerta de una casa para pedir ayuda saliendo a nuestro encuentro un dominicano y al vernos en el estado que estábamos con señas de horror y miedo reflejado en su rostro, nos dijo que no lo molestara y que sin detenernos continuáramos nuestro camino que aquella zona estaba muy caliente y que no quería complicarse de ninguna forma con nosotros.

Seguimos caminando y tocamos a otra puerta, de la que salió a recibirnos un viejo haitiano con su peculiar machete a la cintura, nos acogió como si nos hubiera conocido de toda una vida, presentándonos a todos los integrantes de su familia brindándonos un poco de ñame salcochado y unos pedazos de salame, agua y café, también nos cambió diez dólares que teníamos por dinero dominicano, al rato y después de componernos un poco, el viejo haitiano nos detuvo un ómnibus y nos embarcó en él hacia el lejano pueblo de Iguey, nos trasladamos en aquel pequeño ómnibus por el circuito Norte cruzando un poblado llamado Hato Mayor, continuando por aquella vía y ya conocido por nosotros cruzamos el pueblo del El ceibo y llegamos contentísimos y muy alegres de estar vivos al conocido pueblo de Iguey.

Hacía ya varios días que nuestras familias no tenían noticias de nosotros y por lo tanto ya por aquel entonces nos daban por desaparecidos, al llegar a la Basílica de la Virgen de La Altagracia en el pueblo de Iguey, le pedimos al chofer del ómnibus que nos dejara en este lugar y caminando por la calle que nos llevaba al templo, entré y de rodillas llegué hasta su altar, rezándole y dándole mil gracias a la virgen, por habernos permitido después de todo, estar allí sanos y salvos.

Después de estar en la Basílica un tiempo y lanzar al cielo todas mis plegarias, tomé mi teléfono celular y al fin comprobé que tenía señal y por fin pude comunicar con mi gente en la República Dominicana.

¡Aló!, ¡aló! Mayra, es Cuba, por favor estamos aquí en la basílica de La virgen de la Altagracia, dile a toda la familia que estamos bien y que todo ya pasó que no se preocupen.

Al instante una voz femenina contestó del otro lado del teléfono. - Espérenme ahí, que yo los recojo dentro de una hora al fin aparecieron coño nos tenían muertos de miedo, esas fueron sus palabras por teléfono.

Después de esta conversación cruzamos al frente y en una juguera, nos sentamos a esperar compartiendo un refresco a aquella persona que le agradecemos tantos favores y que, a partir de esos momentos, se convertiría en nuestra hada madrina, rescatándonos y ayudándonos sin interés de remuneración alguna, en un sin números de ocasiones.

En su carro y acompañada de un hermano José, aquella mujer valerosa llegaba a nosotros como oportunos salvavidas al naufrago desesperado, nos llevó de retorno a casa de la familia y sin críticas ni reclamos de su parte, nos trató con mucha naturalidad sin condenar en ningún momento, la actitud que habíamos adoptado con respecto a la familia, la que habíamos dejado al margen de todo lo anteriormente sucedido convirtiéndonos nosotros en los únicos y máximos responsables de nuestros propios actos.

Pasamos dos días escasos en casa de la familia de mi yerno recuperándonos de nuestras mataduras, cuando ya al tercer día de nuevo empezamos a planificar, nuestro próximo viaje.

Otro Nuevo Intento

Nos trasladamos en esta ocasión a la localidad de Verón al extremo Este del país, muy cerca de Punta Cana, en un barrio llamado El Cortesito, allí nos hospedamos en un motel llamado Anacahona y pagando el día de alquiler a razón de seiscientos pesos dominicanos, para nosotros una verdadera fortuna, pero sin hacer más preguntas quedamos allí mismo instalados. El costo era exagerado, pero el lugar lo requería, en primera por estar tan cerca del mar y la segunda razón era, la cercanía de este lugar con la isla de Puerto Rico.

Allí junto a Mayra hicimos contacto con el dueño de una embarcación que a través de un conocido compramos junto a un motor Mercury de cuarenta caballos, al parecer bastante nuevo una brújula que mandamos a buscar a Iguey, el único lugar por aquella zona que se podían adquirir estos útiles de navegación.

En aquel lugar nos sentíamos más libres, ya que por donde quiera que camináramos nos trataban como verdaderos turistas en las mañanas paseábamos por la orilla de la playa mezclándonos con aquellos bañistas observando muy detenidamente las características, de aquel lugar.

En una ocasión visitamos el mercado del Cortesito, vestidos los dos con nuestras mejores galas de turistas, yo con un pulóver que decía en inglés. Tu no me conoces a mi" y Manuel con otro que anunciaba la compañía IBEROSTAR, una compañía Hotelera Española radicada hacia algún tiempo ya en República Dominicana. El problema para nosotros era el alto costo de la vida en aquel lugar y meter la mano en los bolsillos para comprar algo, ni soñarlo, nuestro objetivo era el que todos sabemos ya y de ninguna forma nos podíamos dar ni remotamente el lujo de una vida de Turistas.

Los contactos con aquellos que podían facilitar nuestra salida se limitaron a tres personas, el dueño de la embarcación el capitán al que le habíamos pagado una pequeña suma de dinero y el compromiso de llevarlo junto a nosotros hacia Puerto Rico sin costo alguno y el intermediario. El mismo había pedido cierta suma que sería abonada por un fiador en este caso sería Mayra la que se encargaría de pagar el resto, cuando nosotros llegáramos al final de nuestro viaje.

Todo el plan parecía perfecto, solo que como siempre yo sabía que estaba lleno de trampas y traiciones a la vuelta de la esquina y de mí dependía descubrir a tiempo, de qué forma y en qué momento, seriamos traicionados.

El Guachinango, así se hacía llamar el dueño de la embarcación, un tipo taimado asolapado y con todas las características de ser el clásico hijo de su buena madre.

Casi cayendo la tarde aquel individuo nos vino a recoger en su camioneta, para enseñarnos la lancha que habíamos comprado la que según decía él, tenía veinticuatro pies de largo y seis de ancho. Eran como las ocho de la noche cuando llegamos a un punto a la orilla del mar, lugar vecino a un restaurante, cerca de Punta Cana.

Entre la oscuridad de la noche y amarrada a la orilla, el Guachinango nos enseñó una lancha que más o menos en la oscuridad de la noche, tenía las características que él nos decía.

Cuando estábamos en estos menesteres, sonó su teléfono celular y conversando con su interlocutor y asegurándose bien de que nosotros lo estuviéramos escuchando continúo hablando: - No te preocupes que yo te los llevo, nos vemos en mi casa, para que tú hables directamente con ellos el asunto, no existe problema con eso te lo aseguro.

Y devolviendo su celular al bolsillo de su camisa y volteándose hacia nosotros nos dijo: - Tremendo problema, el jefe de la Marina encargado de toda esta zona está en mi casa esperándonos, se enteró que nosotros estamos en asuntos de preparativos de viaje y quiere hablar con ustedes.

El silencio en la noche se hizo casi total, lo miré y me dieron ganas de allí mismo, cogerlo por el cuello y estrangularlo. Ya que, si eso era así, no me había equivocado con aquel tipo, los únicos que conocían de nuestra presencia en aquel lugar, eran tres personas entre ellas. El Guachinango y creo que nadie se arriesgaría hablándole de esta forma al jefe de la Marina sin conocerlo bien y mantener buenas relaciones de antemano y menos que aquel militar visitara su casa.

Parecía ser que el Guachinango, calculó su plan de esta forma, se hacia el gracioso con el mencionado jefe, extorsionándonos y sacándonos un poco más de dinero y de esta forma mantenía su negocio autorizado y bien seguro. No tenía dudas ya de ningún tipo, el Guachinango nos había delatado. Reaccioné a tiempo porque en otro momento ya este señor, estaría camino del hospital o quien sabe al cementerio pero mi táctica a seguir en ese momento era otra, no era cogerlo por el cuello y reventarlo allí mismo no, sino que a partir de esta etapa, me di cuenta que estaba frente a gentes muy bajas moralmente y muy inteligentes, que utilizaban otra forma de joder y yo tenía que estudiar muy bien cómo actuar con ellos y me puse a analizar con detenimiento los pasos que daría en lo adelante, ya que como veía estaba jugando por primera vez un juego importantísimo y decisivo con las autoridades corruptas de este país.

El éxito del viaje, la seguridad mía como la de mí amigo Manuel se jugaba allí, así que había que negociar con ellos por primera vez cara a cara, ese fue el plan que concebí y me propuse realizarlo al pie de la letra.

Nos montamos en aquella vieja camioneta y llegamos a la casa del Guachinango, sentados en dos sillones en el portal dos oficiales de alto rango de la Marina vestidos de completo uniforme nos esperaban, el Guachinango, sonriéndoles como un reptil hipnotizando a su presa, les dijo: - Bueno jefe al fin aquí tienen a los cubanos, pueden hablar con ellos a trapo quitaos que son hombres de temple y no hay problemas con ellos.

Allí mismo en vez de hablar con ellos me hubiera gustado entrarle a tiros empezando por aquel maricón del guachinango pero aguanté mis deseos, haciendo un esfuerzo sobre humano el que a duras penas muy bien pude disimular. Como si estuviera hablando de negocios con cualquier persona me limité a tratar el asunto como si en mi presencia, en vez de aquellos tres hijos de buena madre, estuviera el dueño del puesto de fritas de la esquina de mi casa y yo, fuera a proponerle la compra de una botella de aceite, así que esa fue la táctica que utilicé y agudicé mi concentración mental y sicológica, para no parecer un asustadizo ratón, delante de aquellas gentes que estaban acostumbradas en todo momento, a representar muy bien el papel del gato.

Halando una silla de aquellas y virándola al revés, me dirigí mirando bien fijo a los participantes y sentándome con los antebrazos apoyados en él espaldar de la misma, me preparé con calma de perezoso para escuchar de aquellos, lo que sabía ya de antemano querían conmigo tratar. - Bien señores inquiriéndoles les pregunté, ¿Ustedes dirán?

Aspirando una bocanada del cigarrillo, que en esos momentos fumaba me dijo el Capitán.

-Mira Cuba nosotros hace mucho tiempo que sabemos que ustedes están en asuntos de viaje, pero como hasta ahora todo se había limitado a preparativos y no había nada fijo, estimamos no actuar hasta que todo no estuviera a punto de caramelo.

Yo, solo escuchaba con detenimiento a aquel tipo, que escudriñaba mis pensamientos como si quisiera saber por telepatía todo lo que yo pensaba. Si él hubiera tenido ese don que solo lo da a alguna persona Dios en la naturaleza, se levantaría del asiento y nos enroscaríamos allí mismo sin mediar otra palabra a las patadas producto de lo que por mi mente pasaba en ese instante, pero por suerte para mí, ese don no se encontraba en él.

Trató de continuar con su ablandamiento psicológico y yo determiné cortarle de una vez y por toda la conversación. Miré al oficial y le dije, yo sé que todos en este mundo tienen que vivir, todos tenemos familia y cada cual sabe lo que quiere y le conviene, y sin más le pregunté a rajatablas, ¿cuánto cuesta su silencio"?

Pensé, que si este individuo buscaba otra cosa que no fuera dinero desde el primer momento nos hubiera metido presos, así que corrí el riesgo de adelantarme a los acontecimientos y simplificar aquella conversación que me aburría con tantos intervalos, como si fuéramos dos gallos finos con buenas espuelas en una esperada pelea.

El Guachinango intervino y dirigiéndose al oficial le señaló: - Ya tú ves fulano, (llamándolo por su nombre) que el cubano no anda con paños tibios dile lo que tú quieres sin rodeos y demos esta conversación por terminada.

-Bueno bien, comenzó por fin a hablar recostándose hacia atrás en aquel sillón, haciendo resaltar más con este gesto su tremendo barrigón.

Nosotros les aseguramos su seguridad en toda la zona, en los preparativos de la salida y durante ella, como mínimo así nos dijo y velar por que nadie intervenga para su detención en ningún momento, de eso me encargo personalmente yo, esto le costará a cada uno la cantidad de mil dólares americanos, lo toman o lo dejan.

Y terminó por él aquella conversación levantándose como si todo se hubiera acordado salió por la puerta del jardín en dirección a la calle, para montarse en su yipeta Toyota del último año. Yo, muy fríamente y como si no se hubiera conversado nada, le pedí un poco de agua al Guachinango manteniéndome sentado en mi asiento como si no se hubiese realizado ninguna reunión.

Ahora venía lo bueno. Al rato y al ver el jefe, que yo no había salido corriendo detrás de él para terminar la conversación que él había comenzado, se nos acercó como si todo aquel asunto hubiera terminado con su última palabra y su gesto de abandono.

Esperé un tiempo prudencial para continuar mi conversación y cuando todos creían que ya habíamos llegado a un acuerdo me acerqué lentamente a aquella víbora, para con mi palabra tomarla literalmente por el cuello y ahogarla entre su propia mierda.

-Mire Capitán, le dije con voz bien calmada. - Yo creo que todo lo que usted ha planteado tiene su lógica, pero en algunos casos y no en el mío propio. Yo soy un cubano que llegó a este país huyendo del régimen comunista de Fidel Castro y creo que usted como representante de la democracia y del orden en este país está obligado a brindarme amparo político y ayuda incondicional. Basado en las leyes vigentes para refugiados políticos, me declaro ante usted representante de estos derechos en este mismo momento, un refugiado político ante el gobierno del presidente Hipólito Mejías.

Aquel hombre abrió la boca desmesuradamente como si lo que hubiera picado una avispa y lo escuchado de mis labios fuera una locura. Me señaló con el dedo.

-Cuba, ¿tú sabes lo que tú estás diciendo?

Yo sin saber a las claras si lo que estaba haciendo era correcto o no seguí dirigiendo aquella orquesta sin soltar en ningún momento la batuta. - Yo pienso que ni a ustedes ni a mí nos conviene que en estos momentos yo me acoja a mis derechos como refugiado político ya que perderían todo el dinero que les di por la compra de la embarcación y tendrían que gratuitamente cuidarnos a Manuel y a mí, como sus propios hijos y si es necesario cambiarnos hasta nuestros pañales.

Y metiendo la mano en el bolsillo saqué un billete de cincuenta dólares americanos y alargándoselo al oficial, le manifesté.

-Esto es para que le compre algo a sus hijos y sería bueno que, a partir de este momento, pudiéramos contar con su protección y ayuda en toda esta zona, pero no solo con ella, sino con la ayuda de todos los otros órganos de inteligencia a los que usted tiene acceso, ya que no sería de buen gusto para nadie que a nosotros se nos toque ni un pelo en este lugar.

Levantándome del asiento, le dije a Manuel que me siguiera al jardín para darles tiempo a aquellas tres víboras de consultar. Al rato de estar allí, Manuel y yo estábamos muy nerviosos por lo que había sucedido y yo haberme fumado como cinco cigarros uno detrás de otro, se aparecieron los tres camajanes en el jardín, riendo y con sendos vasos de Ron entre sus manos. El Capitán poniéndome una de sus manos en el hombro derecho, me dijo. - Puedes contar con mi ayuda cubanito, la verdad que tienes agallas eres guapo tienes verbo y eres inteligente y por eso, te lo mereces. A partir de ese momento jamás fuimos molestados por nadie en la zona, e hicimos con respecto a nuestra salida todo lo que nos dio la gana en el pueblo de Verón.

Pasaron entre una cosa y otra como tres días más en aquel lugar, todo según El Guachinango, estaba preparado, solo esperábamos que hiciera un día con buen tiempo para lanzarnos nuevamente a nuestra próxima aventura.

El día al fin llegó, el Guachinango esa noche nos vino a buscar en su vieja camioneta, nos llevó para su casa, donde nos aguardaba otra nueva sorpresa. Después de comernos un enchilado de pescado y tomarnos unos vasos de refresco nuestro Guachinango sacó de nuevo sus espinas y nos habló de un compromiso muy personal con unos amigos que tenía que mandar a Puerto Rico, eran dos matrimonios y que si nosotros estábamos de acuerdo en que fueran en nuestro barco. Era conveniente pues ellos eran gente de mar y que él estaría más tranquilo, que viajaran con nosotros por nuestra seguridad.

Miré a Manolo y después al Guachinango y como ya yo no tenía pelos en la lengua, le hube de expresar: - Mira compadre, a mí no me importa si tú quieres hacerte rico con este viaje, lo que yo si quiero, es acabar de salir de aquí porque si no este negocio va para atrás y me vas a tener que devolver todo mi dinero.

Yo le había dado a aquel hombre por todo, cincuenta mil pesos dominicanos, que equivalían aproximadamente a unos mil doscientos dólares.

Así que le dejé saber bien claro que o se movía o yo me llevaba la lancha en un remolque, aunque cayera preso saliendo de Verón.

Bien, el encontronazo aquel no pasó de ahí, de un simple encontronazo esperamos a los otros integrantes del grupo y cuando todo estaba listo, nos dirigimos a un montecito a la orilla del mar y donde pasamos toda esa noche. Esperaríamos allí a que amaneciera, para mezclarnos junto con los turistas confundiéndonos con ellos y salir en la embarcación, como si fuéramos a pescar.

En la noche, después de una larga conversación con Pablo uno de los que me acompañaría en aquel viaje, llegamos a la conclusión que éramos muchas personas para aquel pequeño bote, el conocía la embarcación, e incluso había pescado en varias ocasiones en ella y él decía, que no aguantaba nueve tanques de gasolina, más las siete personas que nos proponíamos hacer este viaje, por lo tanto su amigo y él, se retiraban del viaje para darnos a nosotros la posibilidad de llegar sin problemas a Puerto Rico.

Ellos permanecerían toda la noche acompañándonos, para evitar ser descubiertos y por salir del monte delatar sin querer al grupo.

Al fin llegaron los claros del día y con él, nuestra inquietud porque el Guachinango no aparecía por ninguna parte, lo llamamos por teléfono a su casa y nos contestó desde su lecho diciéndonos que todavía era muy temprano y ya en nuestros relojes eran las seis de la mañana, pues bien salimos caminando como cualquier turista hasta llegar a la embarcaron que no habíamos vuelto a ver más, desde el día de la conversación con el Capitán de la Marina y en ese preciso momento ni más ni menos, cuando estábamos a la orilla del mar y todos pensábamos que las condiciones estaban creadas para el viaje nos encontramos con otro serio problema. Allí no estaba el barco que habíamos comprado, la lancha de veinticuatro pies de largo con seis de ancho se había achicado, convirtiéndose como en un arte de magia en un bote de apenas unos diez pies de largo por tres de ancho, aquello era un cascaron de huevo, por eso el amigo Pablo me decía la noche anterior que todos no cabríamos allí y esa era la pura verdad prácticamente no cabíamos ni nosotros mismos, ahí estaba una de las trampas. Pero bueno estaba el motor, la gasolina dos varas y anzuelos de pesca y carnada que simularían para los curiosos la actividad que pretendíamos realizar a esa hora y en aquel lugar con aquella pequeña chalupa.

Al tratar de colocar el motor en el espejo de popa, este había sido reforzado con un trozo de madero dos veces más grueso que la medida que admitían las presillas de ajuste del motor en la embarcación, por lo tanto allí mismo y a esa hora del día, tuvimos que darnos a la tarea de rebajar el grueso excedente de aquel trozo de madera con un viejo machete.

Al fin como a la media hora, de estar rebajando la madera a puro machetazo, el motor encajó en el espejo de popa, nos montamos en la embarcación y echando apenas una ojeada me di cuenta, que dentro no había comida ni agua para la travesía si agarraba al Guachinango en ese momento te aseguro que me lo comía crudo con espina y todo, pero bien agarré el timón de mando y me dirigí por mar al Cortesito.

El Cortesito, Playa Bávaro

Días antes en un viaje por aquel lugar pude comprobar que había un colmadito donde vendían agua y algunos víveres, al llegar frente al mismo y sin arrimar a la orilla, le ordené al Capitancito, tirarse al agua y con un billete de veinte dólares que le di, comprar lo necesario, al rato regresó con algunos tostones de plátano un poco de salami y varias fundas con agua. Al fin después de todo, el viaje estaba ya preparado y pusimos proa a Puerto Rico.

Angelito como se llamaba el capitancito, de apenas unos veinte años tomó el mando del bote, dirigiéndolo seguro al paso de salida entre la barrera de coral que resguarda el Este de Punta Cana.

Salimos al fin entre las encrespadas olas, el mar no estaba en condiciones de navegar en aquel cascaron de huevo pero a pesar de todo, seguimos adelante, de seguro nuestra desesperación nos iba a costar caro si no ocurría un milagro Manuel poco acostumbrado a la navegación, tumbado en el fondo del bote vomitaba ya hasta el hígado, aprovechando su estado me dediqué a ponerle el único salvavidas que disponíamos pues si no lo he dicho anteriormente el casi no sabía nadar, como a unas tres millas mar afuera, el motor que parecía nuevo empezó a fallar, hasta que al final con un golpe de pistón, se trancó y dejó de funcionar totalmente, sin remos ni velas, lo único que nos quedaba era esperar la muerte, al ser inevitable que se estrellase el bote sin motor contra los corales por las fuerzas de las olas.

No teníamos tiempo para más, me acordé del celular y llamé al número de teléfono del Guachinango el que permanecía en la orilla, observando con sus propios ojos la inevitable tragedia. - Oye Guachinango, ¿dónde coño estas?

Con una voz de desesperación salida de lo más hondo de su pecho me informó que permanecía en la orilla mirándolo todo, que era lo que pasaba.

Le comuniqué en las condiciones que estábamos y que mandara una lancha a sacarnos de allí, después de un segundo de vacilación nos contestó:- Esperen ahí, que ya van para allá a sacarlos.

Con tan buena suerte y en pocos minutos una chanchy como le dicen aquí a las lanchas de turismo con dos motores Yamaha de sesenta caballos, vino por nosotros y en aquel momento se me encendió el bombillo. Si el patrón de la embarcación que nos venía a rescatar, se pegaba a nosotros con la gasolina que teníamos, podíamos aprovechar para secuestrarlo y continuar nuestro viaje, le hice saber de este plan a todos los que se encontraban conmigo, pero parece que el patrón de la embarcación que venía en nuestro rescate sospechó de mis intenciones y en ningún momento se aproximó demasiado a mi cascarón de huevo.

Al llegar próximo a nosotros, nos tiró de lejos un cabo y remolcándonos a la playa desembarcamos en la orilla, allí al desembarcar nos confundimos con los turistas comportándonos como si fuéramos uno más entre todos aquellos vacacionistas la embarcación fue recuperada por El Guachinango, que arrastrándola por la orilla como si no hubiera sucedido nada, la llevó hasta el lugar en el que siempre acostumbraban a amarrarla.

Permanecimos tirados en la arena como una hora descansando de aquella malograda salida, Manuel se acostó encima de un bote que estaba varado y nos quedamos descansando debajo de los rayos del tibio sol a esa hora de la mañana. A nuestro derredor todo estaba tranquilo, el Capitán de la Marina había cumplido con su palabra, todos los que estaban allí habían visto el intento de fuga, pero nadie se había movido para detenernos.

Nos levantamos con toda nuestra calma de la arena y abandonamos el lugar, muy tranquilos después de tomarnos un café en un chiringuito al lado de la arena.

Llegamos al Hotel mojados y salpicados de arena hasta el pelo, entramos a la habitación, nos bañamos nos cambiamos la ropa y salimos un rato al portal de la cabaña.

El comentario de Manuel era desastroso con respecto al Guachinango y toda su camarilla, me costó mucho trabajo convencerlo de que, en realidad, aquel individuo no tenía culpa de lo que había sucedido, el mar estaba demasiado picado para una embarcación tan pequeña y tuvimos la buena suerte además, de que el motor no nos correspondiera, pero todo como digo yo, tiene un ¿Por qué?

Comenté con Manuel, si el motor no se hubiera descompuesto en las condiciones en que estaba la mar. A esta hora fuéramos comida segura para los tiburones en el estrecho de la Mona, así que no hay mal que por bien no venga. Ese era el consuelo y la justificación de haber perdido en aquel intento cincuenta mil pesos dominicanos y casi la vida misma. Estábamos Manuel y yo comentando todos estos pormenores cuando de repente fue a buscar algo en su cartera.

Advertí que salió hacia del portal como un loco con las manos en la cabeza, pensé en una subida repentina de la presión arterial o de un dolor de origen desconocido. El resultado era que había dejado en el lugar donde estábamos descansando y después de salir del susto con El Guachinango todos sus documentos.

Así que tuvimos que virar para la playa otra vez. La suerte que en el mismo lugar donde habíamos descansado y encima del bote donde él se quedó reposando, encontramos todo. Al rato contemplamos con asombro y alegría que las olas amenazaban con arrastrar a casi todas las embarcaciones que se encontraban en aquel lugar.

Los trabajadores con sogas las amarraban fuerte a pilotes clavados firmemente en la arena, procurando con esto que el mar con aquel mal tiempo que se había presentado de momento, las arrancara de la orilla con aquella increíble fuerza.

Viramos contentísimos para el Hotel, por primera vez en esta historia nos alegrábamos de no haber podido lograr esa mañana nuestro tan pujado objetivo.

La cubana

Sentados en el portal de nuestra cabaña en la Anacahona y debajo de una intensa lluvia, observábamos como los empleados del Hotel, regularmente cruzaban la cerca trasera utilizando un hueco en los alambres de la misma, para ir a comprar comida y refrescos a un pequeño restaurante, llamado lo de la Cubana, nosotros estábamos en una situación crítica ya que habíamos perdido todo nuestro dinero en nuestro último intento y prácticamente, no teníamos ni para comer, además no nos quedaba ni siquiera para pagar el alquiler de ese día en el Hotel aquél, me decidí y cruzando la cerca trasera por el mismo agujero que lo hacían todos, imité a aquellos que tantas veces había visto y me dirigí hacia los dominios de aquella que le decían. *La cubana.*

Al llegar al lugar me encontré con un pequeño local donde se habían habilitado unas ocho o diez mesas para almorzar, dos maquinitas de juegos y una mesa de billar, cumplimentaban los accesorios de aquel pequeño negocio. Detrás del mostrador una negra alta como una palma atendía a todos, llevando un control estricto de lo que consumían y bebían en aquel lugar, varias empleadas en su ajetreo servían a los consumidores que entre cosido de patas, salcocho y mondongo en salsa. Conversaban sin dejar de consumir aquella inevitable y refrescante presencia que nunca está ausente en la mesa del buen dominicano nombraba. Cerveza Presidente.

Moví hacia mí, una silla y me decidí por lo menos a tomarme una soda. Con esto pretendía por lo menos observar con un poco de calma aquel lugar, buscando en alguien un posible apoyo. ¿De quién? Pues porque no de alguien mejor que de algún coterráneo.

Al rato de estar sentado allí, dándole vueltas a la botella se dirigió a mí un señor con acento español preguntándome de donde yo era, al contestarle yo que era cubano, me dijo: - Ah, de la tierra bella de mi esposa.

A partir de ese momento aquel hombre y yo, entablamos una conversación que duró hasta que cerró el negocio. Al cerrar la cuenta de la última mesa y después de trabajar aquella mujer como una bestia se me acercó muy lentamente y me preguntó:

-¿De qué parte de Cuba tú eres?-

-De la Habana.

-Yo vine de allá hace como un mes, fui a ver a mis hijos y viré muy preocupada, ya que la situación de Cuba está cada vez peor, me dijo.

- Espero que para el mes de diciembre pueda tenerlos al fin a todos conmigo.

Supe que aquella mujer se casó con aquel español en Cuba y habían viajado posteriormente a España y después de cierto tiempo continuo viaje a la República Dominicana, donde montaron sus negocios, yo sin conversar mucho le comenté que estaba de transito por aquel lugar y le pregunté que, si ella tenía posibilidad de darnos trabajo a mi amigo y a mí, ya que nos habíamos quedado cortos de dinero y necesitábamos trabajar. Sin decir mucho nos aceptó a los dos por la comida y la habitación. Con aquella gestión habíamos matado dos pájaros de un tiro y a partir de ese momento, comenzamos a trabajar y a vivir en aquel lugar.

A la mañana siguiente Manuel y yo, nos levantamos muy temprano y abrimos el negocio colectamos las máquinas de juego y lo mismo trabajamos de cocineros, como de meseros cajeros, electricistas o pintores el trabajo era muy variado el salario no existía, pero con la comida y el techo nos alcanzaba para vivir y tener tiempo para tomar fuerzas y prepararnos para nuestro próximo intento de viaje.

Corría ya el mes de noviembre, el trabajo en aquel lugar a parte de darnos el sustento, nos entretenía, pero sin alejarnos de nuestro principal propósito, continuábamos gestionando contactos para tratar de salir de allí lo mismo por mar, que por aire.

En una ocasión me decidí a abordar a un asiduo cliente que venía a almorzar todos los días al Restaurante, él era piloto de helicópteros de una compañía particular que operaba en el aeropuerto de Punta Cana y como a mí ya me daba lo mismo como dice el dicho, chicha que limoná, le planté el asunto encima de la mesa como si fuera un mismísimo plato de mondongo.

Después de una extensa conversación con aquel piloto quedamos en varias variantes pagadas todas por supuesto, una de ellas y no menos peligrosa que las otras, se simplificaba a nada más y nada menos, que a un salto en paracaídas desde un helicóptero en plena noche, aterrizando Manuel y yo en la desolada Isla de la Mona, este ya territorio Americano que gracias a dios no se realizó después de algunos preparativos por suspender y no renovar nuevamente el gobierno de Puerto Rico, el permiso para volar de aquellos aparatos por encima del territorio americano, pero les aseguro que con la desesperación que a mí me embargaba, o me estrellaba o de seguro llegaba.

Entre planes y promesas de algunos contactos pasó el tiempo hasta que al fin el 25 de noviembre nos despedimos del español y la cubana. Dejando bien claro nuestro sentimiento de agradecimiento por la atención recibida y sin mediar entre todos ningún tipo de explicación y solo con el motivo de continuar nuestro viaje, salimos del Cortesito a las doce de la noche en dirección a La Romana donde nos esperaría una persona que nos llevaría desde ese pueblo y por mar en un yate hasta nuestro destino.

El costo de la travesía seria mil quinientos dólares americanos por cada uno pagados por supuesto, al llegar nosotros al final de nuestro viaje.

La Antesala del Infierno

Los adornos de Navidad con sus lucecillas decoraban los jardines de las casas en los pueblos por dónde íbamos pasando las Navidades ya se acercaban. Este recorrido me producía cierta sensación de melancolía y tristeza pues todo aquello me recordaba tiempos pasados, la vida junto a mi esposa y a mi hija en Cuba y en general echaba de menos la vida pasada con toda mi familia.

Unas de las preocupaciones mayores que tenía era una llamada telefónica que había realizado a Cuba, y por la que me había enterado que mi esposa sufría de una fractura de cadera que se produjo en un accidente cuando se encaminaba a su trabajo en su bicicleta, y la que por esa razón permanecía en cama, siendo su estado actual de extremo cuidado.

Hacía más de cuatro meses que yo estaba dándome trastazos en aquel país para reunirme con mi hija en los Estados Unidos, había salido de Cuba el 20 de julio y ya casi estábamos en las fiestas de Navidad, parecía que al fin y después de todo aquel sacrificio ahora sí y con este nuevo intento de viaje acabaría de lograr mi tan ansiado objetivo.

Al llegar al lugar donde debían de esperarnos para ponernos al tanto de los planes nos encontramos con la primera dificultad el viaje no se haría por La Romana, como se había previsto, nos vendrían a recoger a la mañana siguiente para trasladarnos a Samaná, lugar que se encontraba al Norte y al otro extremo del país, atravesando por el centro de una punta a la otra a La República Dominicana.

Yo allí mismo y cansado de que me estuvieran tomando el pelo le manifesté al representante de aquella empresa mis deseos de retirarme, pero Manuel después de sostener una larga conversación conmigo, me convenció de continuar ya que como nos había ocurrido siempre, de todas formas estábamos allí y no teníamos nada que perder con hacer la nueva prueba (eso pensábamos). Como en definitiva había que esperar y era bastante temprano todavía tomé el teléfono y marqué el número de mi casa en la Habana. A los dos timbrazos contestó mi esposa y después de informarme de su actual estado de salud me dio la tremenda noticia.

El caso era que desde el mes de Septiembre en mi casa, se había recibido todo el paquete de planillas enviada por la Oficina de Intereses de los Estados Unidos en la Habana, referente a la reclamación hecha por mi madre de mi caso a las autoridades Americanas, o sea, que yo prácticamente llevaba más de dos meses tratando de salir de República Dominicana hacia Puerto Rico clandestinamente, y sin embargo en mi casa mientras esto sucedía, habían llegado desde hacía mucho tiempo estos documentos, que me daban la posibilidad de salir legal y ordenadamente desde mi propio país hacia los Estados Unidos en menos de un año.

Cerré el teléfono y respiré profundamente, para que no se me fuera a reventar con aquella noticia, una de mis arterias.

Después de fumarme como media cajetilla de cigarrillos en un total silencio, seguidamente le conté a Manuel todo lo referente a las buenas nuevas, poniendo tremenda cara de velorio al escuchar mi historia Manuel me dijo de esta forma.- Bueno mi hermano no hay más remedio, tienes que virar para Cuba, todavía estas a tiempo pues no han pasado los once meses y ahora puedes entrar de nuevo sin problemas a Cuba. Por supuesto nadie sabía mejor que yo el trabajo que cuesta salir de ese país y lo indecisa de su política referente a la emigración, no quería volver a verme encerrado en Cuba sin esperanzas de salir de aquella prisión por lo que le hice saber a Manuel, que me quedaría hasta agotar todas las posibilidades para llegar a Puerto Rico, utilizando esta misma vía.

Prácticamente no dormimos aquella noche, como a las ocho de la mañana salimos caminando hasta un lugar en La Romana donde nos esperaba un auto, que nos llevó hasta San Pedro de Macorís, ahí tomamos un pequeño ómnibus para Hato Mayor donde nos quedamos en la parada de los buses para Sabana de la Mar, al llegar al lugar inmediatamente subimos a otro pequeño bus que como un bólido nos traslado por carretera, pasando por muchos poblados como Anguilla, Arroyo Higüero La Rodera, El Valle y nos detuvimos al llegar al fin, en Sabana de la Mar donde abordamos un barco que nos cruzó la Bahía de Samaná terminando al final de nuestro viaje en el muelle del Puerto Viejo de Samaná. En el muelle nos estaba esperando el organizador de aquel nuevo viaje, el que nos llevó directo en una moto hasta un bellísimo Hotel.

Eran aproximadamente las dos de la tarde y yo ilusoriamente pensaba que ese mismo día saldríamos de aquel lugar. El Hotel de primera, tal fue así que la habitación constaba con dos camas enormes, incluía aire acondicionado, agua fría y caliente, por lo menos las condiciones de esta vez, eran muy distintas a todas las anteriores y eso me gustó, pues no es lo mismo estar en el monte picados por los mosquitos que permanecer en un lugar como turistas vacacionando, desde el balcón de la habitación podíamos disfrutar de una deslumbrante vista, cocoteros llenos de frutos y habitados por loros y papagayos a la orilla de un brazo de mar, y al centro del mismo tres pequeñas islas verdes, llenas de una vegetación exuberante provista de bellos colores, dibujaban una linda vista alrededor de sus aguas, paisajes dignos de envidiar por cualquiera que haya visitado las playas cubanas, aquellas aves con su canto y la tranquilidad que se respiraba en aquel lugar me hacían sentir como si me encontrara ojeando las páginas ilustradas de un libro de maravillas.

Nunca por mi mente pasó que aquella podía llamarse la antesala del infierno y el que jugaría con nuestras vidas a partir de ese momento, sería el mismísimo diablo.

Esa tarde la pasamos en el balcón contemplando toda la belleza de aquel lugar, al rato tuvimos la visita del motorista que nos había conducido al Hotel cuando llegamos a Samaná. Un moro con una cara de criminal y un peinado de trencitas en la cabeza que dejaba mucho que desear, el mismo nos trajo dos pica pollos (porciones de pollo frito) agua, café y una cajetilla de cigarrillos, después con una sonrisa que dejó ver unos dientes blancos y muy parejos, nos informó que esa misma noche no saldríamos de viaje, por tener que esperar hasta el otro día a que entrara de guardia, el grupo de la Marina que apoyaría nuestra salida de aquel lugar. Al parecer todo hasta el momento pintaba muy bien, una organización perfecta y hasta el momento lo que se tenía planificado estaba sucediendo.

Esa noche la pasamos Manuel y yo haciendo un largo recuento de nuestra aventura por toda aquella tierra, desde que pasamos la primera frontera de Cuba en el aeropuerto José Martí, hasta de los trabajos para cruzar la de Haití con República Dominicana, hablamos de las Catatas en Palo Bonito de las sanguijuelas y los cocodrilos en la Laguna de Nisivón y de todas esas peripecias en que nos habíamos visto metidos, a nuestra avanzada edad.

En algunos momentos nos reíamos como unos tontos porque hasta nosotros mismos estábamos admirados de nuestra propia resistencia, ya que por supuesto no éramos tan jóvenes para estos trotes. Manuel y yo pasábamos de los 55 años de edad y por lo menos yo con todos mis achaques y operaciones me sentía agotado físico y sicológicamente.

Además, después de conocer por mi esposa en aquella conversación por teléfono de sus actuales condiciones físicas producto de un accidente en mi ausencia y que mi salida del país estaba ya hacía varios meses en sus manos, más renuente estaba de continuar jodiéndome la vida testarudamente en aquellas aventuras, pero ya estábamos allí y esa sería por lo menos para mí la última tentativa y eso le hice saber irrebatiblemente desde ese mismo momento, a mi amigo Manuel.

Al amanecer me dirigí al centro del pueblo para buscar algo de comer, al pasar por un timbiriche donde confeccionaban pizzas me detuve. Ahí y sentado comiendo en una de las mesas se encontraba el moro, el individuo aquél que había estado la noche anterior en mi habitación y nos había llevado la comida y los cigarrillos, al verme me llamó haciendo que pusiera en el toda mi atención y muy sigilosamente me dijo:

-Cuba, tengo que hablar con usted.

Yo esperé a que llegara a mi lado, para caminar juntos por la acera en dirección a unos bancos de hierro que se encontraban al lado del mar.

Nos sentamos y encendiendo ambos un cigarrillo comenzamos una conversación que, al terminarla, me llevó a tomar en ese instante nuevas precauciones.

El moro como yo lo había bautizado me confesó, que ellos estaban preparando esta salida hacia mucho tiempo, pero por problemas de brujerías, no lo habían podido lograr y me confesó que él y su hermano mellizo que en definitiva era el que en realidad me habían llevado los alimentos a mi habitación la noche anterior, practicaban la religión vudú.

En verdad no sé por qué motivos él se había dirigido a mí con tanta seguridad pues no habíamos tenido ningún momento para poder intercambiar palabras tratando estos asuntos, pero mientras disfrutaba de aquel aire fresco a la orilla del mar y después de meditar un segundo, me di cuenta el porqué de estas confesiones.

Desde que me enrolé en todos estos viajes y prácticamente desde que salí de mi casa en Cuba y a la vista de todo el mundo en mi cuello lucía los collares que me identificaban como devoto a la religión Afro Cubana, en todas sus manifestaciones allí y a la vista de todos estaban identificadas todas las identidades del panteón Yoruba y por lo tanto, al verme en el cuello todos aquellos atributos, automáticamente me fue el ser reconocido como creyente de su misma religión, que como les toqué muy levemente en capítulos anteriores, no hay entre ellas nada en similitud.

Es por eso que entendí el porqué se me acerco el jimagua para hacerme tales confesiones.

"Candela" llegó la misma expresión de siempre a mis labios, donde nos habíamos metido y además, asombrado estaba del tremendo parecido que tenían estos jimaguas entre sí, aquellos dos individuos eran iguales y comprobé desde esa misma conversación y reafirmando mis observaciones que en aquel ambiente existía un aire místico, en todas las acciones que se tomaban habían vestigios religiosos, como hierbas granos de maíz en las puertas del Hotel y algunos integrantes del grupo, que después fui conociendo se presentaban a las reuniones con collares de hueso y cuentas de madera adornando su cuello.

Pero bien aquello no era de mi incumbencia, mi objetivo era uno y aunque fuera en el tridente del diablo, yo me montaría para llegar a Puerto Rico.

Después de estar cierto tiempo conversando con aquel sujeto, me retiré a mi habitación en el Hotel, llevando en mis manos conmigo dos sendas pizzas de camarones, una para Manuel y otra para mí.

La segunda noche en aquel lugar fue un poco más entretenida, hicimos amistad con los vecinos de la habitación contigua intercambiándonos algunas cosas, como caramelos chocolates y hasta un pedazo de pollo que les habían sobrado de la comida, todo lo habíamos compartido entre Manuel y yo. Intercambiamos con ellos opiniones y en fin, nos sentimos muy a gusto con aquella compañía ya que eran personas bastantes receptivas y nos habían aceptado entre ellos, como dos más integrantes de su propio grupo.

Ellos eran dominicanos y se encontraban esperando la salida del mismo viaje al que pertenecíamos nosotros.

Esa tarde se presentó en nuestra habitación el organizador de todo aquello para, puntualizar bien como serían las cosas y dejar bien claro, el pago de nuestro viaje, que solamente se efectuaría al llegar nosotros sanos y salvos a Puerto Rico.

El plan estaba concebido de esta forma, saldríamos de un lugar cercano en la embarcación, solamente doce personas ocho dominicanos un matrimonio salvadoreño y los dos Capitanes, encargados de hacer navegar la embarcación que medía, veinte pies de largo por cinco pies de ancho. Llevaríamos comida y agua en abundancia, para que no faltara en ningún momento, un motor de cuarenta y cinco caballos montado en la embarcación y otro de repuesto de nueve, para cualquier eventualidad que se presentara en el viaje y combustible sobrante.

Hasta ese momento todo estaba perfecto y por parte de nosotros no hubo absolutamente ninguna opción.

Como a las diez de la noche nos vinieron a recoger en una pequeña camioneta, esta nos llevó como a unos dos kilómetros del Hotel, casi terminando de subir una loma nos detuvimos y atravesando a pie por un trillo llegamos a un punto dentro del monte, donde ya permanecían un reducido número de personas.

En aquel lugar acampamos como unas dos horas y esperamos allí mismo a Roberto, que era como se hacía llamar el organizador de aquel viaje.

Al cabo de las dos horas se apareció el mismo Roberto guiándonos posteriormente por un camino dentro de aquel monte, el mismo nos llevó hasta un lugar donde se encontraban como unas cuarenta personas, pensé cuando vi aquello, que la historia se repetía. Llegamos a un pequeño campamento a la orilla del mar y fui directamente hacia Roberto y sin esperar ni un segundo más le hice saber, que si estas personas estaban esperando por el mismo viaje yo y mi compañero, nos retiraríamos inmediatamente de allí y que después de esto no podía contar con nosotros púes él me había dicho que era un viaje de doce personas y ya había contado en aquel lugar, más de cuarenta.

Roberto con mucha diplomacia y de una forma muy convincentemente me informó que todas aquellas personas en su momento, no montarían en la embarcación y que me tranquilizara que confiara en él y dejara aquel asunto en sus manos, que todo lo resolvería a su debido tiempo.

Aquella conversación me tranquilizó un poco, recordé todas las otras tentativas y lo que sucedía siempre al instante de la salida, los organizadores de viajes se las arreglaban de alguna forma u de otra y llevaban a los que querían y la cantidad que determinaban así que, no seguí pensando más en aquel asunto y me dediqué a observar detenidamente a todos para averiguar quiénes serían mis acompañantes futuros en aquel viaje.

Como a las dos de la mañana nos introdujeron dentro de una pequeña cabaña donde se guardaban los avíos de pesca, en la puerta dos de los responsables comenzaron a registrar a todos los presentes, incluyendo a las mujeres buscando escondidos en sus cuerpos, armas de cualquier tipo, de fuego o cuchillos los que cuando se ocupaban, inmediatamente eran retenidos.

Nosotros no fuimos registrados en ningún momento pudiendo yo conservar oculto en un bolsillo una pequeña cuchilla tipo sevillana, que había comprado unos meses atrás en una ferretería en el pueblito de El Ceibo y que me había acompañado a todas partes, permanecimos en aquella casucha con un calor espantoso y encerrado herméticamente hasta que amaneció.

Ese día se limitó todo a la espera de los acontecimientos, comiendo cocos, que tumbaban unos muchachos que trepaban los cocoteros con una maestría dignas de profesionales, en la tarde y después de hacerles ciertos ajustes al motor de cuarenta y cinco caballos, nos dijeron que esperaríamos a que oscureciera para que la lancha de la Marina, llenara nuestra embarcación de gasolina para realizar el viaje, la que no habían arrimado a la orilla en ningún momento manteniéndose está muy lejos, en el centro de la bahía.

Y llegó la noche y completamente a oscuras se sintió un motor de una lancha rápida que se acercó a la nuestra, era la Marina y sentimos el acarreo de tanques en la oscuridad, me imaginé que estaban trasfiriendo el combustible de una lancha a la otra. Por lo visto ya estaba todo preparado.

Cuando llegó la hora de la partida una pequeña chalupa se aproximó a la orilla desde el centro de la bahía, siendo Manuel los salvadoreños y yo, los primeros en trasladarnos a la embarcación, la que nos esperaba bastante lejos de la orilla, así fueron trasladando poco a poco todos los escogidos para realizar aquel viaje. Como una hora estuvieron en aquel movimiento hasta que vi y conté encima de aquel barquito treinta personas con todo su equipaje, más nueve tanques de gasolina de dieciséis galones cada uno y un motor de repuesto de nueve caballos más toda la comida, el agua y un cargamento de maletines acumulados en el piqué de proa, que no había podido detectar hasta ese momento a que material correspondía su contenido.

Aquello era demasiado para aquella embarcación y al subir Roberto el último le pregunté:- ¿Oye Roberto en que habíamos quedado tú y yo? –Cuba, me dijo acompañado con un movimiento negativo de su cabeza, Cuba, tienes toda la razón pero el jefe de la Marina me obligó a subir todos los demás, por ser un asunto de él y me dijo que si no lo hacía, no me autorizaba la salida y con una mueca en su rostro continuó diciendo.- Así que no me quedó más remedio que aceptar porque si no, no hay viaje,- Cuba,-- no hay viaje, el tiempo está bueno y te aseguro, que no vamos a tener problemas en la travesía, tratándome de convencer con una sonrisa y sus palabras me reafirmó.- Piensa positivo Cuba que ya nos vamos y diciendo esto último y no dejándome otra alternativa, porque de rehusar a todo aquello tendría que tirarme para retornar a nado a la orilla, salimos en aquel viaje hacia.- "La antesala del infierno".

Apilonados en aquella embarcación como sardinas en una lata cerrada, salimos a navegar en un mar completamente calmado como el aceite.

Nos guiábamos por la costa que a estribor se mantenía aproximadamente a unas cinco millas, pasamos a la altura del Cabo San Rafael y después de navegar unas tres horas, ya podíamos divisar el faro de Cabo Engaño a popa, el que nos fue guiando hasta que desapareció de nuestras vistas indicándonos con esto, que estábamos ya en aguas internacionales aproximadamente a unas doce millas más o menos fuera, de las costas de la República Dominicana.

El mar estaba aceitoso, una calma chicha como dicen los conocedores de mar se presentaba ante nosotros, en esos momentos y por nada del mundo podíamos imaginarnos por lo que tendríamos que pasar en las próximas horas.

En la embarcación los capitanes se guiaban por una vieja brújula que mantenían suelta y sin fijar a la izquierda de uno de los capitanes, permaneciendo a popa la misma encima de uno de los tanques de gasolina.

Al entrar de lleno en el Océano Atlántico, el mar en menos de minutos se tornó extremadamente violento.

Las olas gigantescas parecían montañas, las que una tras otra golpeaban la proa de la embarcación repetidamente convirtiendo aquella cáscara de nueces, en un frágil juguete en manos de un niño revoltoso.

Continuamos navegando rumbo al Noreste, tratando de evadir las rutas transitadas por todas las embarcaciones oficiales y evitar con esta acción, cualquier encuentro desagradable con lanchas Guardas Fronteras.

Aquellos creadores de la imaginaria carta náutica por la que nos guiábamos en aquella pesadilla, no tuvieron en cuenta que también con esta acción de alejamiento de toda ruta transitable, nos aislábamos de toda ayuda y en caso de confrontar algún problema que desembocara en una inevitable desgracia, nos alejábamos de la posibilidad de recibir cualquier rescate, de esta forma y sin saberlo nos desviábamos cada vez mas de nuestra ruta, dirigiéndonos directo en dirección a la Fosa de Puerto Rico en el mismo centro, del Triángulo de las Bermudas.

Casi todo el mundo producto del movimiento excesivo de aquella marejada empezó a marearse, convirtiendo aquello en un riego constante de vómitos y orines. Manuel y yo para evitar esto, nos refugiamos dentro del piqué de proa, evadiendo así que nos empapara la lluvia que caía copiosamente en aquellos instantes y que llegaba a nosotros acompañada también de los vómitos de aquellas gentes.

Como a las dos horas de estar encerrados en aquel pequeño y angosto espacio del piqué de proa, las espaldas de muchos de los ocupantes nos tapaban la única entrada de aire por el que nos llegaba a nuestros pulmones un poco oxígeno ocasionándonos de inmediato una casi total falta de aire.

Acostados encima de aquellos bultos ni siquiera podíamos acomodarnos, permanecíamos un rato de medio lado y cuando tratábamos de mejorar nuestra posición, de repente cambiábamos de lugar debido a los contantes golpes de la quilla contra las olas, lo mismo remetíamos contra estribor que de pronto y sin poderlo evitar, nos golpeábamos a babor, aquello parecía una licuadora y nosotros dentro de ella, su triturado y bien magullado contenido, con nuestros cuerpos destrozados y llenos de golpes por doquier, estuvimos navegando durante muchas horas, terminando con lo que quedó de toda aquella noche y alejándonos cada vez más hacia el Noroeste, buscando sin mucha suerte en la inmensidad de la noche y de aquel mar embravecido, un punto clave desde donde nos descolgaríamos en la dirección a 120º Sureste, para partir según el capitán que dirigía aquella embarcación, al final de nuestro viaje el centro de una playa cercana, a San Juan de Puerto Rico.

Al amanecer del próximo día el mal tiempo continuaba y se aferraba a nosotros cada vez más, convirtiendo nuestra situación en algo insoportable, las olas entraban en la embarcación por cualquier parte, acumulando en el fondo de la misma, una enorme cantidad de agua.

Manuel y yo habíamos salido a cubierta a empujones y con mucha dificultad, ya que el estado de nuestros cuerpos era tal que después de haber permaneciendo en aquel piqué de proa durante tanto tiempo, nos habíamos convertido en un amasijo de moretones proveniente de los insoportables golpes que recibía la embarcación contra las olas, pasó el tiempo entre agua viento y salpicaduras, que cada vez se hacían mayor nos calándonos hasta los mismos huesos, con la claridad del día la situación se hizo más alarmante, en la noche muchas cosas que pasan en la oscuridad son inadvertidas, pero cuando llega el día nos percatamos de que algo pasa y por muy difícil que parezca el problema, todo se descubre, el agua dentro de aquel cucurucho de bote nos llegaba casi hasta las rodillas convirtiendo la embarcación en una bañadera lista y sin momento fijo, para irse al fondo del mar, al parecer a nadie de los que estaban junto a mí, le importaba aquella situación, pues actuaban como si estuvieran todos muertos y fuera de la realidad, ensimismados en sus propios pensamientos, todos allí permanecían paralizados y nadie de aquellos condenados a una muerte segura, sacaba del fondo de aquel cabrón bote, ni siquiera una gota de agua.

Aquella gente al parecer estaban paralizadas por el miedo permanecían en el piso de la embarcación sobrecogidos en sí mismo, como si ya no hubiera más nada que hacer y esperaban resignados a que de cualquier parte, les llegara la muerte.

Al percatarme de lo peligrosa de la situación, me tiré en el suelo del bote y con un pequeño trozo de esponja, comencé a sacar agua por la borda, ayudado en algunas ocasiones por el ligero esfuerzo de mi amigo Manuel.

Las olas cada vez eran mayores y aquellos capitanes que debían de asegurar en la embarcación la dirección de todas las maniobras, malamente ponían su atención en poder subir la embarcación, encima de la cresta de alguna de aquellas enormes olas, que unas veces nos mantenían peligrosamente encima de ellas y otras nos lanzaba en una carrera que nos perdía navegando como un rayó, en el abismo casi sin fin, de aquella interminable masa de agua.

Como a las tres de la tarde según mi reloj, divisamos a lo lejos y en dirección más al Norte acercándosenos cada vez más a nosotros, un enorme yate, del que en silencio y sin remedio vi cómo nos fuimos alejando, para con esta rápida escapada, no ser descubiertos.

Yo le indiqué a Roberto después de pensarlo mucho y al ver lo difícil de la situación, que debíamos pedirle ayuda al yate utilizando unas bengalas y un equipo de radioseñales lumínicas que yo poseía en mi mochila, regalo de un amigo en Santo Domingo el cual sabía de mis preparativos, pero ellos no se dieron ni siquiera por enterados de tal observación.

Metiendo máquina y alejándose cada vez más, pusimos mar por medio entre nosotros y aquel yate.

Y fue a partir de este momento cuando reafirmé una sospecha que, desde el principio de este viaje, me había invadido. Como en otras ocasiones algo era más importante para aquella gente que los hombres que allí se transportaban algo que de caer en manos de la justicia, equivaldría a penas más duras que las que se aplican para el sencillo tráfico internacional de inmigrantes y no me cupieron más dudas, ese era el motivo de tales conductas.

A partir de ahí guardé absoluto silencio como una precaución más para conservar mi pellejo, pero después de tener esta última experiencia, un escalofrío invadió mi columna vertebral que en todo este viaje no me abandonó jamás y me acompañó como un eterno fantasma permaneciendo en todo momento dentro de mí. Ahora si estaba convencido y completamente seguro de que estábamos más que complicados en otro maldito viaje.

Todo parecía indicar que aquellas gentes, no les convenía bajo ningún concepto, ser interceptados y menos rescatados por ninguna embarcación. La situación era alarmante y se ponía a cada instante más difícil, estaba bien convencido de que el tiempo que Dios me había concedido, se me estaba acabando y que la suerte que había tenido en toda mi vida, me estaba abandonando, ya no existía otra causa para no ser tragado por una de aquellas enormes olas, desapareciendo con todos mis desafortunados acompañantes, en el fondo de aquel ensordecedor y embravecido mar.

Seguimos durante toda la tarde peleando a brazo partido para ganarle la batalla a la muerte y poder seguir gozando de mi pobre vida, azotado terriblemente por aquel mal tiempo.

Mis manos adoloridas y completamente cansadas no me daban reposo, el esfuerzo para poder sacar toda aquella agua acumulada dentro de aquella puta embarcación, era sobrehumano, aquel insoportable olor a gasolina y el batuqueo de las olas que no paraban de golpear aquella cascara de huevo ni un momento, me tenían ya completamente mareado, mojado hasta los huesos, sentía que mi tiempo se acababa, sentía que las fuerzas me abandonaban y que ya no podía más, que desfallecía, a cada grito que daba pujaba con mis reclamos a todos los que me escuchaban y les pedía que no se acobardaran que vendieran cara su vida al mar que a todos nos aguijoneaba, y me percaté de algo, percibí en aquellos que me rodeaban un extraño sentimiento que nos conducía a la derrota entre las fatigas y un extremo cansancio, lancé una última mirada a mi derredor para observar lo que pasaba, y entonces fue cuando quedé completamente anonadado.

El panorama que llegó a mis ojos provenientes de lo que pude apreciar dentro de aquella embarcación, me causó en vez de odio una gran lástima y me llevó a sentir por todos una profunda compasión.

Aquellas gentes continuaban encogidos en el fondo del bote, al parecer estaban totalmente confundidos, apilonado con sus cuerpos hecho un bulto unos encima de otros, como si fueran moscas acabadas de fumigar.

Y de pronto aquel sentimiento de compasión y de lástima que había sentido unos minutos antes, se transformó en otro que tomo un curso muy diferente, sentí un nuevo sentimiento que se convirtió de repente en odio, desprecio e impotencia por todos aquellos que no eran capaces de luchar ni siquiera por su propia vida, me embargó un estremecimiento tal, que me llevó a cometer uno de los errores más grandes de toda mi vida.

Levantando mi voz, acusé, insulté a todo los presentes ofendí, maltraté de palabras y enjuicié a todos aquellos que a mí alrededor estaban. Les manifesté públicamente mi desprecio gritándoles a la cara improperios con todas mis fuerzas y les dije que si salía con vida de aquella contienda, jamás me enrolaría nuevamente en ningún viaje donde hubieran personas como ellos, ya que había descubierto en todos los que allí viajaban, el espíritu de la cobardía, el servilismo, la resignación y el conformismo.

A partir de ese instante fui considerado por todos los integrantes de aquel viaje un enemigo tan indeseable, como el mismo mar que nos azotaba.

En un bandazo producido por el choque directo con una de aquellas enormes olas, los Capitanes perdieron la brújula que cayó al mar y como todo esto fuera poco, se vertió también uno de los tanques de gasolina dentro de la embarcación agregándole a toda aquella mezcla asquerosa, de agua vómitos y excrementos que ya estaba, un nuevo y peligrosísimo componente.

Y llegó de nuevo la noche y con ella nos invadió la oscuridad más absoluta, el mar no cesaba en su empeño de someter a aquellos que habían tenido la osadía, de retar su fuerza y magnificencia. Yo continuaba entre fatiga y fatiga tirado en el suelo, con todo mi cuerpo impregnado de aquel líquido pestilente.

No paraba ni un instante de sacar agua de aquella embarcación, pues con esta acción, pensaba que era la única forma de salir con vida de aquella ratonera, sabía que así disminuía el peso de la carga y así evitaba un motivo más para zozobrar.

Sin brújula aquellos capitanes no sabían navegar y en aquellas pésimas condiciones solo alcanzaron a mantener la embarcación a flote en un rumbo impreciso, que nos llevó a perdernos cada vez más, en la inmensidad de aquel retumbante mar.

Pasaron horas no sé cuántas hasta que amaneció, sin agua y sin comida nos sustentamos Manuel y yo gracias al pequeño paquete de chocolates y un poco de solución de dextrosa que por suerte, siempre nos acompañó desde el primer intento de viajes. Mi piel me ardía desde mis piernas hasta la cabeza aquella gasolina diluida en aquella pestilente agua, en contacto constante con mi cuerpo, ya conseguía sus siniestros resultados.

Al oscurecer de ese día el motor de cuarenta y cinco caballos dejó de funcionar, dejándonos a merced de aquel mal tiempo por varios minutos los que para todos, parecieron interminables horas, con mucho trabajo y a costa de perder su propia vida, uno de los capitanes haciendo un acto equilibrista a pesar de todo aquel movimiento desmontó el motor averiado y seguido a esto lo reemplazó por el de nueve caballos, para así y de esta forma, poder seguir controlando malamente, ahora aquella más lenta y menos segura embarcación. Cubiertos por un cielo lleno de estrellas solo veíamos en la profundidad del firmamento el vuelo de algunos aviones que pasaban a gran altura, ignorantes de que en aquel momento un grupo de seres humanos en aquel lugar tan horrible, esperaban les llegara de cualquier parte un milagro o la misma muerte.

Así seguimos perdidos en aquel Océano, lejos de toda posible salvación cuando recordé que Manuel tenía en su poder una pequeña brújula de tierra, la que nos había sacado de algunos apuros y que, de seguro, podíamos utilizar para guiar a duras penas, aquella ya insegura y perdida embarcación.

Desde ese mismo instante en que Manuel mi amigo, tuvo en sus manos la mencionada brújula, se convirtió en el hombre del momento. Quiero decirles que Manuel antes de estos viajes solo había montado un barco atracado en el muelle, la única ocasión que había salido a navegar apenas a las dos horas de estar en el mar, sus acompañantes tuvieron que retornarlo a la orilla porque padecía de vértigos. Ahora Manuel se había convertido de la noche a la mañana, en el capitán guía de aquella embarcación, quien decía a dónde dirigirnos era él y aquellos hombres le preguntaban todo lo que podía estar relacionado con el viaje, como si él, hubiera sido un verdadero lobo de mar, en definitiva el destino lo había puesto en aquella encrucijada y en sus manos estaban el éxito o la pérdida de aquella acción.- "Quien lo podía creer".

En estas condiciones pasamos horas, navegábamos dos metros hacia delante y uno para atrás, increíblemente no se sabía cómo aquel pequeño motor podía con tan pesada carga y el mar en vez de calmarse parecía a cada instante multiplicar su fuerza y cada vez más se enfurecía, mire al rato entre los dos capitanes que se encontraban en la popa sentados y me pareció ver unas luces a lo lejos, esperé un tiempo para estar completamente seguro de lo que veía y no darle al grupo una falsa alarma, después de un largo tiempo observando entre la oscuridad de la noche ya no me quedaba duda era un enorme barco, que alumbrado como una ciudad se acercaba a nosotros y pensé en silencio antes de dar la voz de alarma. Al fin acabaríamos con nuestras penurias, pensé que después de lo que habíamos pasado Dios, no había permitido que nos ahogáramos en el Estrecho de la Mona y nos mandaba aquel barco para de seguro, ser al fin rescatados.

Grité con tremenda alegría, Roberto mira detrás de ti hay un barco que se acerca, señalándole en la oscuridad con la punta de mi dedo índice el tremendísimo barco y el lugar donde este navegaba.

Desde las penumbras él me contestó con una voz que en vez de trasmitir alegría, solo comunicaba al que lo escuchara una terrible decepción.

Si Cuba, ese es el Ferri de Puerto Rico me dijo y sin mirar hacia atrás ni dar razón ni importancia a lo que yo le indicaba continuo dándole maquina con aquel pequeño motor a la embarcación, alejándose cada vez más y más de lo que yo creía que representaba para todos, nuestra única salvación y con esta acción, se fue adentrando con aquel ataúd flotante en la oscuridad de aquel inmenso mar, yo sin contar con nadie pensando que lo que hacía era lo más correcto en estos casos metí mi mano en la mochila y saqué de ella el transmisor de señales de luces y seguidamente lo proyecté hacia el Ferri. No pasaron unos minutos que del alumbrado barco comenzaron a hacernos señales de luces, poniendo seguidamente este, proa a nosotros. Estaba segurísimo que habíamos sido detectados por el barco que a toda velocidad y desplazando toda su potencia se acercaba a nosotros cada vez más.

Una discusión en voz baja se produjo entre aquellos que tenían el mando en aquella embarcación y después de estar cuchicheando un rato. - Roberto me gritó, Cuba apaga esa luz que en este viaje o se llega hasta el final o nos vamos todos al fondo del mar y sin esperar un segundo más aceleró a fondo aquel pequeño motor, lanzándonos de lleno a la inmensidad de la noche, alejándonos cada vez más de aquel barco, que pensé representaba para todos en aquél momento, nuestra única salvación.

Por órdenes del que tenía toda la responsabilidad en aquél viaje apagué mi equipo de señales, mirando con tristeza como el Ferri que se aproximó a unas tres millas de nosotros, fue quedando atrás, hasta que lo perdimos totalmente de vista.

El mar no decaía, las olas continuaban golpeándonos con una fuerza de gigantes, ahora podía observar que el calado del barco cada vez era mayor, había mucha agua dentro y ya no me quedaban fuerzas para seguir sacándola. Manuel seguía de espaldas mirando hacia la proa y dirigiendo el rumbo de la embarcación hacia un lugar imaginario y en el transcurso de menos de una media hora más, la situación se empezó a poner mucho peor, olas que venían de diferentes direcciones corrientes que nos llegaban de cualquier parte, gigantescos ríos que nos azotaban dentro de aquel enorme mar.

En la oscuridad se podía observar que en la corriente venían pedazos de madera, envolturas de polietileno, hasta la rueda de un carro, flotaba en aquellas aguas y recordé un comentario que hiso un Capitán de barco allá en el pueblito del Ceibo, donde además estaba presente en la misma, uno de los organizadores en los viajes anteriores.

Así era como se comportaba el mar del Desechéo nombrado así por la Isla Desechéo que se encuentra entre La Mona y Puerto Rico, lugar donde coinciden todas las corrientes del Mar Caribe y se unen en este punto con el Océano Atlántico, este lugar en tiempos normales es peligrosísimo por la cantidad de remolinos que se producen en él, así que con aquellas olas y el mal tiempo que estábamos afrontando en esos instantes ya podíamos considerarnos completamente acabados, así le hice saber en voz baja a Manuel, que mirándome con cara de lobo de mar pero sin dientes, me dijo en voz alta.

Ya tú estás viendo visiones, que Desechéo ni Desechéo ese resplandor que vez al frente y señalándome con el dedo índice de su mano derecha y recalcándome sus palabras con un convencimiento tal que me hizo dudar, no puede ser otro que las luces de San Juan y volteando la cabeza al frente me dijo.

Así que prepárate que ya estamos llegando a Puerto Rico.

Mire hacia el cielo y no pude orientarme, las estrellas por las que yo acostumbraba a guiarme en tierra, en el mar me cambiaron todas de posición, desorientándome de tal forma que no sabía ni siquiera, hacia donde se encontraba el Norte.

Estaba resignado a morir ya y mirando a mi compañero de viaje se lo hice saber con gran conformismo y seguidamente le dije, bueno Manuel si esta de que Dios nos quiera ahogados en el medio de este mar, que así sea y dándole un abrazo de despedida, me limité a esperar por el desenlace del inevitable momento final.

En aquella oscuridad no nos veíamos ni siquiera nuestras propias manos, pero hay algo en el cerebro humano que nos prepara para la vigilia.

Yo con mis ojos bien abiertos veía como si tuviera luz propia en ellos y no fueron alucinaciones, no, en varias ocasiones y cuando todos casi estaban rendidos del cansancio y permanecían dormitando en el fondo de aquel bote, advertí como lanzaban a una persona al agua sin ni siquiera esta, dar un solo grito de alerta, al poco rato otro y después otro más hasta que deduje que estaban matando y tirando gente al agua pensé que algo feo se nos avecinaba y los que mandaban en aquel absurdo viaje, tomaron la determinación de aligerar la carga ¿Cómo? Pues lanzando al mar lo que menos valor para ellos tenía, en este caso, la gente.

Me acerqué a Manuel con mucho sigilo y le susurré al oído.- Manuel fíjate bien, que están matando gente y tirándolas al agua.

La reacción de Manuel fue todo lo contrario a la que yo esperaba, manifestándose como un loco y de una forma para mi inesperada hizo todo lo contrario en estos casos, y lo que de él jamás yo esperaría y en voz alta me gritó.

¡Tú estás viendo visiones! Aquí nadie está matando a nadie.- Y entonces ahora sí que después de estos gritos, todo se había jodido.

A partir de ese momento, mi vida no valía ni un vomito de aquella gente y toda mi atención de asentó en cuidarme las espaldas para no ser yo, el próximo cuerpo sin vida que cayera al agua. Cambie mi posición en el barco y pegando la espalda al piqué de proa, no me dejé acercar a nadie ni aunque fuese, para ofrecerme un poco de agua, mis ojos multiplicaron su tamaño permaneciendo mucho más abiertos y aunque jamás se habían cerrado desde que salimos de Samaná, se convirtieron aún más en mis eternos defensores.- Halando bruscamente a Manuel por un brazo me olvidé de la cabrona brújula que llevaba en sus manos y lo hice sentar en mis piernas, para evitar que en un descuido, aquellos que yo había descubierto, me lanzaran al agua con una puñalada por la espalda.

Así continué mi vigilia toda aquella noche, sintiéndome constantemente acosado por uno de los jimaguas, el que no perdía la ocasión para buscar un pretexto y de cualquier forma acercarse a mí, originándome con su actitud ese sentimiento de ser yo el asustadizo ratón y él, el vigilante y ladino gato.- En todo momento continué acosado como una fiera herida en aquella embarcación, entre la oscuridad de la noche y olas de la altura de una casa de dos pisos, mezcladas por corrientes de agua que venían de todas partes hasta que al fin, una voz salida del silencio nos trajo a todos, una ya perdida esperanza.

Por allá creo que vi una luz roja, dijo uno de los salvadoreños, el que viajaba delante mirando completamente agotado hacia el frente, yo sin espejuelos graduados soy un topo, pero no sé qué pasaba, mi vista se había agudizado tratando de ver en la noche de tal forma, que se convirtió en una tan aguda herramienta que era capaz también de ver aquella luz, que de vez en cuando aparecía y desaparecía, a lo lejos en el horizonte.

Unos decían ese es Puerto Rico, otros que Miches en República Dominicana, lo que si estábamos claros y bien seguros, que esa luz representaba la cercana tierra y que allí a unas cuantas horas de aquella pequeña máquina, estaba nuestra salvación.

Los claros del día fueron apareciendo y con ellos se fue conformando la costa, que muy lejana todavía entre aquellas olas, en ocasiones aparecía y desaparecía como si ante nosotros surgiera de la nada un espejismo. Navegábamos muy lentamente con aquel motor de nueve caballos que casi sin fuerza para maniobrar aquella embarcación tenia, había que hacerle un monumento en medio de la plaza más famosa del mundo, pues nos había salvado de no hundirnos en el medio de aquel espantoso mar, otra cosa sería injusto si no reconociera también, la fuerza, el tesón y la osadía que tuvieron aquellos dos Capitanes los que no flaquearon ante nada ni ante nadie.

Aquella costa se acercaba cada vez más y según Manuel estábamos llegando ya a Puerto Rico. La alegría de sentirme llegando a tierra de libertad me convirtió de la noche a la mañana en un hombre más seguro, aunque en ningún momento me descuide del gato, para al final del cuento no convertirme en uno más que cayera muerto al mar

Aquella sensación que sentí la noche anterior de impotencia ante lo inevitable, fue desapareciendo poco a poco y la realidad fue cada vez más convincente.

Me percaté de algo que a las claras había sucedido durante todo el viaje y lo que me convenció de que en ningún momento había estado equivocado, fue solo cuando al llegar los claros del nuevo día, pude reafirmar.

En aquella pequeña embarcación que se había echado a la mar en El Puerto Viejo de Samaná unos días atrás, habían embarcado y contadas por mí, treinta personas y ahora solamente, yo contaba doce, así que no me había equivocado en aquella chalupa que apenas si podía navegar actualmente faltaban un total de dieciocho personas, así que en la primera oportunidad que tuve, le ratifiqué a Manuel, que mis observaciones en la oscuridad la noche anterior, no eran tales alucinaciones como él pretendía hacerme creer y sin tener a su favor ninguna prueba, con gran terquedad me discutía. En fin, para que ponernos a discutir ese asunto, si en aquel momento lo que más importaba era llegar a tierra lo antes posible.

Fuimos aproximándonos poco a poco a una playa, donde se enmarcaba el trayecto con luces semaforizadas, las que se encontraban muy a propósito encima de las olas indicándonos la vía, de esta forma la navegación parecía ser segura para todas las embarcaciones, pero en vez de seguir por aquel camino aquellos capitanes tratando de escapar de los guardias fronteras, se fueron alejando más a cada momento del camino indicado, dirigiéndose más hacia la derecha trataron de bordear la costa, para de esta forma burlar una compañía de guardias marinas que ya en la orilla, esperaban por nuestro desembarco.

Las olas y la fuerza del mar se multiplicaron y junto a la euforia que totalmente me invadió al verme tan próximo a la costa, me hiso sentir como un súper hombre, seguro ya estaba de todo el éxito de aquella aventura, pues pensaba estar en Puerto Rico, gritaba de alegría a voz en cuello, deseando estar más cerca de la orilla para acabar de lanzarme por la borda y llegar nadando a la orilla.

-¡Ya estamos en Puerto Rico! ¡Ya somos libres!, ¡Ya somos libres! Gritaba contantemente, pero conocedores de aquella zona me decían:- Cubaaaa déjate de locuras que esto es Miches pero lleno de optimismo y multiplicando mis sentimientos en unas condiciones psíquicas que me llevaba a un estado fuera de mis cabales, jamás podía creer que después de tanto sacrificio, el destino nos iba a hacer pasar por tan mala jugada.

Los capitanes de aquella embarcación y Roberto al ver los guardias en la orilla, trataron de poner proa al mar nuevamente y fue cuando el buey manso dejo de ser manso y se reviro, de ninguna forma podía permitir ser llevado otra vez hacia los dominios de aquel mar embravecido, el que me había dado una segunda oportunidad de salir con vida de aquella contienda y seguro estaba, que por nada ni por nadie volvería de nuevo a sus dominios, y fue cuando tomando la cuchilla en mis manos les señalé con un gesto la futura dirección que debían tomar y con cara de pocos amigos, me dirigí a Roberto. ¡Oye coño! So hijo de puta ¡Dale pa la orilla, pa adentro otra vez no, pa' la orilla!

Recibiendo el mensaje como un buen entendedor de lo que allí sucedería si no acataba mi orden, Roberto puso nuevamente proa a la arena, montándose en la cresta de una gigantesca ola que nos llevó a una vertiginosa velocidad a enterrarnos en los duros arrecifes, a unos quinientos metros de la orilla.

A la derecha en la playa, dos o tres personas observaban lo que estaba ocurriendo, a la izquierda y como a tres kilómetros y todavía bastante lejos de nosotros un grupo de uniformados corrían a nuestro encuentro con sus armas largas en sus manos completamente listos para interceptarnos. Había que tomar una rápida decisión pues el tiempo apremiaba, como yo pensaba estar ya en una playa de Puerto Rico a mí no me podían coger en el agua, pues la ley de ajuste cubano lo decía bien claro, si tocabas tierra estabas completamente salvado por lo tanto, con todas estas cosas en mi cabeza busqué donde se encontraba Manuel en ese instante. Mi objetivo ahora, era llegar cuanto antes a la orilla, antes de que cualquier embarcación pudiera interceptarnos en el mar, por eso y porque no aguantaba más ni un segundo el estar en aquella zozobra, me dirigí a Manuel y con voz decidida le grité.

-¡Tírate cojones! Y diciéndole esto y sin pensar en nada más me arrojé por estribor hacia aquellas encrespadas aguas.- Al ver los dos capitanes que varios de los pasajeros junto conmigo se habían lanzado al agua, quisieron virar la embarcación a la redonda en dirección al mar nuevamente para con esta maniobra, eludir a la guardia marina que ya teníamos encima prácticamente.

Los capitanes acelerando el motor y haciendo un giro brusco de la embarcación en su intento de huida hacia el mar abierto yo en el agua no pude evitar que la hélice del motor me golpeara en la frente y me enredara en su torbellino toda la ropa que apenas cubría mi cuerpo, dejándome en medio de aquellas aguas, casi sin conocimiento, ensangrentado atolondrado y prácticamente en cueros.

El instinto de conservación me hizo nadar hacia la orilla, mi desesperación y mi deseo de vivir acrecentaron mi miedo y nadé, la sangre me cubría los ojos, pero casi sin fuerzas continúe nadando, aquella contienda era entre el mar y yo, la lucha continuaba y yo estaba decidido a ganar aquella batalla cuando de pronto recordé a Manuel y mire atrás. Luchando entre las olas y a unos sesenta metros de distancia, dentro de aquel embravecido mar descubrí a mi compañero, mi hermano y mi amigo aquél que como yo, había sacrificado todo para llegar al final de toda aquella aventura, Manuel no estaba nadando no solo se mantenía a duras penas flotando entre aquellas violentas y embravecidas aguas, que de vez en cuando se lo tragaban y de nuevo lo escupían como si fuera el bocado de un gigantesco monstruo que no desea tragar, mandándolo de un tirón una y otra vez a la superficie y fue cuando viré en redondo y volví atrás y me dije a mi mismo que tenía que salvarlo. Manuel sabía nadar pero con grandes dificultades, si no lo ayudaba a salir de aquel apuro, mi amigo estaría perdido.

Nadé hacia él a pesar de las condiciones del mar y en contra de todas las olas que me golpeaban de frente, en mi estado aquello era casi imposible, mis fuerzas ya no me acompañaban y sin ni siquiera esperarlo en ese mismo instante surgió un milagro.

Manuel increíblemente como si lo cargaran entre brazos invisibles fue levantado en vilo por una de aquellas olas gigantescas y montándolo milagrosamente encima de esta, fue llevado de una vez y con una velocidad increíble hasta un lugar donde daba pie, yo solo me dediqué a esperar otra de aquellas olas milagrosas y de igual forma llegué a salvo a la misma orilla.

Playa el Macao

Con el pecho ensangrentado dando gritos como un loco de viva la libertad y sin saber a dónde correr ya entendía estar felizmente en Puerto Rico, la alegría que sentía embargaba totalmente mi corazón, hinchaba totalmente mi pecho hasta casi reventarlo, me hacía sentir un ser completamente realizado y dueño de todo mundo. Había salvado mi vida y logrado según creía, mi tan esperado objetivo. Caminé desesperado por la orilla buscando a alguien que me pudiera informar donde me encontraba y lo encontré, como si la misma Virgen María lo hubiera puesto en mi camino.

José el buzo se dedicaba a recoger caracoles y todo lo que pudiera proporcionarle dinero, como después supe así se hacía llamar aquel individuo, el mismo me informó que estaba en la playa El Macao, nada más y nada menos que en la Provincia de Miches en la República Dominicana.

No lo podía creer, caí de rodillas mirando al cielo completamente derrotado. Habíamos empezado otra vez de cero. Ahora no importaba nada más, la prioridad era escapar no dejarme capturar por la Marina, que prácticamente ya tenía encima de mis espaldas, Manuel perdido en la playa, buscaba entre los despojos del naufragio todas las identificaciones que nuevamente había extraviado.

El momento de reacción llegó, me incorporé del suelo y dándole gritos a mi amigo llamé por fin su atención, mientras a la vez conversaba con aquel hombre para que me indicara como carajo podía salir de aquella ratonera. Mi frente destrozada continuaba sangrando, mis ropas habían desaparecido totalmente de mi cuerpo y casi sin fuerzas, me dirigí a la embarcación que virada de lado como un pájaro sin alas permanecía enterrada en la arena acosada todavía por las turbulentas olas en la orilla, busqué dentro en su interior y pude hallar un pantalón y un pulóver medio destrozados y sin pensarlo siquiera me los tiré encima para cubrir escasamente mi extrema desnudes y sin esperar más me lancé a la carrera Manuel después de mis muchos gritos atendió por fin a mi llamado, reuniéndose en cuestiones de segundos a mi lado y a pesar del comprometedor momento después de mucho insistir y de la forma que fuera, convencí al buzo, que por cien dólares americanos y en su moto, nos sacara de aquel lugar lo más rápido posible.

Tomando por un atajo que solo él conocía, salimos como volando de allí, burlando a los guardias de la marina, que ya prácticamente pisándonos los talones estaban.

Tomamos por trillos casi perdidos dentro de los mangles encontrándonos por el camino con algunos sobrevivientes de toda aquella odisea que andando a pie, sin un rumbo fijo trataban de escapar también del acoso de los guardias que se acercaban. Llegamos al fin y después de mucho andar a un pequeño riachuelo, donde nos detuvimos un momento para tratar de lavar mis heridas y acicalarnos un poco y tratar de mejorar algo nuestro aspecto personal, que a las claras se veía deplorable, sin zapatos con aquella ropa hecha añicos con tremenda herida en la frente y lleno de quemaduras por todo el cuerpo, llegué a un colmadito donde nos detuvimos para comprar agua, ya que estábamos completamente deshidratados, en aquel lugar me tomé dos refrescos de un tirón y en un abrir y cerrar de ojos compré también una caja de cigarrillos y una fosforera y seguido a esto, abrí la cajetilla y prendí uno, aquel cigarrillo me supo a gloria y fue el más exquisito que he fumado en toda mi vida.

Con la gorra de Manuel metida hasta las cejas, trataba con esta acción de que no se viera mi herida en la frente, pero la mala apariencia era impresionante, las personas que estaban allí o llegaban al colmado para comprar víveres en ese mismo instante, me miraban curiosos con pena y también con lástima. Una señora al verme en el estado tan deplorable en que me encontraba se llevó la mano a la boca y lanzando un grito de espanto y dirigiendo seguidamente sus ojos al cielo exclamó.- ¡Ay pobrecito! Sálvalo de la muerte virgencita de la Altagracia.

Yo me limité a ponerme el cigarrillo en la boca y sonreírle en ese momento apareció el buzo y con un gesto de su mano me apuró para montarnos nuevamente en su moto.- Transitando por un largo y escabroso camino a cada bache yo gritaba de dolor por el motivo que me producía el rose de las ropas con mis quemaduras, las que no me dejaban lograr mantenerme sentado completamente derecho, en el asiento trasero de aquella moto.

Pasamos por Sabana de los Martínez, Arena Gorda, Los Ranchitos, El Cortesito, lugares donde fuimos seguidos de cerca por dos miembros de la cruz roja que en otra moto, al vernos en aquellas condiciones tan desastrosas, pensaron que necesitábamos pronta atención médica, pues se veía a las claras que bien y de paseo, en aquel vehículo no transitábamos rápidamente me dediqué con un movimiento negativo de mi mano a depreciar su preocupación y continuamos nuestro camino para llegar al fin al pueblo de Verón, donde Manuel y yo alquilamos otra vez un cuarto, en el conocido hotelucho llamado Anacahona.

Nos habíamos dirigido hacia aquel lugar, porque allí teníamos algunas amistades que conocíamos de nuestra anterior estancia y pensábamos que más vale malo conocido que bueno por conocer.

Esa noche la fiebre no me dejó tranquilo, en mi cuerpo no existía lugar que escapara de las quemaduras de aquella gasolina, mi espalda, piernas brazos, glúteos, incluyendo mis órganos genitales, se habían ampollado como si me hubieran acabado de sacar de un horno de microondas, me introduje debajo de la ducha y al contacto con el agua, un grito de dolor hizo que Manuel se personara inmediatamente en el baño pensando que me había dado un ataque al corazón, su asombro fue enorme, como cien veces más que en Juan Dolio, al ver en las condiciones en que se encontraba mi cuerpo solo pudo exclamar. "Yo no sé cómo es posible que tú hayas podido dar un solo paso, en este estado".

Dándome una mano para salir de la ducha por segunda vez en esta contienda, Manuel me sacó con mucho esfuerzo otra vez del cuarto de baño, para así desnudo y sin nada que me rosara el cuerpo, acostarme trabajosamente en el suelo encima de una blanca sábana que a su contacto inmediatamente cambiaba de color, pues en aquellas condiciones el liquido proveniente de las quemaduras de mi cuerpo, la teñían de un color amarillo produciéndome un ardor y unos dolores insoportables.

En la Habana todos se preocupaban por nuestro paradero nadie sabía nada de nosotros, en Miami, la información por los canales de televisión de diez desaparecidos y un superviviente ocupantes de una balsa salida de Matanzas el día 27 de Noviembre del 2004 en el estrecho de la Florida, hacia Historia otras informaciones por el canal 23 de Miami difundían varias noticias referentes a hechos y desastres inmigratorios ilegales tanto en las costas de República Dominicana, como en el Canal de la Mona y el Estrecho de la Florida.

Era para mí de tremenda importancia, comunicarme rápidamente con mi esposa en La Habana y también porque no con toda mi familia en Miami.

Una Decisión bien Acertada

El estado físico y psicológico en el que había quedado después de este último revés recibido, prácticamente no dejaba margen para otra alternativa que no fuera, mi retorno inmediato a Cuba, por lo tanto, después de practicarme algunas curas a base de plantas medicinales como la Zábila, la Manzanilla y de mejorar sin mucha suerte un poco mi aspecto físico, al fin y después de unos días pude, comunicarme con mi familia en Miami.

La principal preocupación de todos era si tendría alguna complicación al regresar a mi país con las autoridades de inmigración y se preguntaban qué sucedería con mi persona si mis gestiones futuras lograban tener como resultado el poder a Cuba retornar, esa era la máxima inquietud de todos, yo sabía que mi permiso de salida me permitía permanecer en Haití por once meses, pero yo no podía justificar de ninguna forma, mi estancia en República Dominicana por eso, aunque existiera otra razón aun así, mi determinación de regresar no tenía discusión alguna.

Como ya era de mi conocimiento desde antes de este nuevo intento en mi casa de la Habana y en poder de mi esposa estaba la reclamación de mi madre para viajar a los Estados Unidos por lo tanto, no quería por ningún concepto permanecer en aquel lugar ni un minuto más, solo esperaba curarme un poco de todas mis heridas y aunque los agentes de Fidel Castro me descubrieran y tomaran cualquier tipo de represarías con mi persona, lo prefería antes de continuar metido en toda aquella locura.

Pasaron varios días y mejoré de mis heridas físicas, solo quedando la secuela en mi ojo derecho de la pérdida de un 50% de la visión a consecuencias del golpe en mi frente, propinado por la hélice de la embarcación cuando hube de lanzarme al mar, mas mis múltiples cicatrices que figuraban por todo el cuerpo, pero déjeme decirles que la mayor de estas cicatrices la conservaba en mi corazón, pues de mi mente no escapaban los recuerdos de todos aquellos que como yo, habían luchado con menos suerte dejando sus vidas entre las turbulentas aguas del canal de La Mona, por ganarle a la vida un poco de libertad.

Por lo menos Dios me había dado la dicha de conservar mi vida y no estaba dispuesto bajo ningún concepto, a regalarla a nadie tan fácilmente.

A partir de ese momento solo tenía un objetivo, viajar, aunque tuviera no sé cuántos riesgos de regreso a Cuba y salir desde allí hacia los Estados Unidos a través de una emigración legal y correctamente ordenada.

Ese día por la mañana, era un día de sol y de un calor insoportable Mayra la prima de mi yerno me vino a recoger en su auto para llevarme a Santo Domingo. Mi intención era sacar un pasaje para Cuba presentando el pasaporte, el que conservaba a duras penas después de no sé cuántos chapuzones. Me despedí de Manuel en la puerta de la habitación con un fuerte abrazo, una gran tristeza se reflejaba en mi rostro.

Aquel hombre había sido más que un amigo, un verdadero hermano, mi compañero de alegrías y calamidades y lo único que le pedía a Dios a Changó y a La Virgen de la Altagracia, que llegara a su destino lo antes posible y él terminara por lograr, el sueño de nuestras vidas.

Las gestiones con respecto a mi salida de República Dominicana se resolvieron sin ningún tipo de problema, viaje de regreso a Cuba el día 20 de Diciembre del año 2004 pudiendo pasar junto a mi esposa, las fiestas de fin de año.

Mi familia en Miami recobró al fin su tranquilidad, pues yo conservaba la vida y pronto nos reuniríamos de seguro todos en los Estados Unidos. Manuel a los once días exactos de nuestra separación se enroló en otra yola, que lo llevó al fin sano y salvo, en un nuevo intento de salida a las costas de Puerto Rico, pudiendo al fin realizar parte de su sueño Americano.

Increíble que estuviera tranquilamente entrando por el aeropuerto otra vez de regreso a mi país, e increíble también que aunque había pasado tan corto tiempo, ni mi esposa ni mi suegra pudieron reconocerme al yo pasar por su lado, cuando agotadas las dos de tanto esperar aguardaban mi llegada en el salón del aeropuerto, mis condiciones físicas eran tales, que aquel hombre que partió de Cuba hacia unos meses atrás gordo lleno de vida y rozagante, ahora era todo lo contrario.

Había perdido más de 50 libras de peso y a la vista de todos, mis condiciones eran deplorables, por eso sin fuerzas e invadido por una depresión terrible, perdí todo deseo de intentar algo nuevo y permanecí en mi casa junto a mi esposa esperando el desenlace final, del capítulo de esta historia.

Quedaron incrustadas para siempre en mi memoria todas aquellas aventuras, aventuras que dieron lugar a este momento final que me llevó a viajar sin pesares, hacia los Estados Unidos en busca de lo que más necesita cualquier ser humano. La Libertad.

Pienso que aunque hagamos lo que hagamos y pasemos lo que pasemos, llegará el momento también que a nosotros en Cuba se nos permita pensar como hombres libres, Dios nos dio este derecho al nacer y nadie que no sea él, tiene la potestad de quitárnoslo. Por todo esto, han muerto muchos hombres desde la guerra con España y mucho antes como todos sabemos desde el mismo descubrimiento de América, por lo tanto estamos convencidos que ya como una tradición el cubano no cesará de luchar hasta que consiga para siempre, su verdadera libertad.

Quiero decirles que planifiqué durante mucho tiempo innumerables salidas clandestinas para poder escapar de Cuba. Utilicé como trampolín en mis planes de evasión tantos lugares que perdí la cuenta y al fin de esta historia comprobé que la suerte uno nunca sabe dónde está, pues al final y de un muy impensable modo, pude lograr desembarazarme del régimen de los Castros, alcanzando de una vez y por todas, mi tan ansiado deseo.

Mi gran preocupación jamás me abandonó, como dejar mi tierra tan vulnerable a las tribulaciones de aquel mentiroso sistema él siempre asentir a todo lo que nunca estuve de acuerdo por el temor sembrado junto al miedo a ser delatado incluso, hasta por mi mejor amigo. Como poder callar, temía que al final del camino recorrido y después de tantos sacrificios y privaciones en un arranque de ira me viniera a la garganta todo aquello que desde lo profundo de mi ser, crepitaba como un fuego en maleza y de una vez y por todas dejara salir de las profundidades de mi sentir, todas mis verdades, solo pensaba en el incierto credo y en el futuro tambaleante que les esperaba a toda aquella gente dejada atrás, con aquella estúpida cartilla releída una y mil veces con su peso insostenible encima de sus agotados y hambrientos hombros, acompañados de obligados lemas que repetíamos desde que teníamos uso de razón.

Y no les miento pues recuerdo aquel que después del tiempo retumba en mis oídos y que nos obligaban desde muy pequeños a decir cientos de veces al comenzar todas las mañanas en la escuela… Pioneros por el Comunismo y todos repetíamos como loros amaestrados con la mano derecha bien en alto. Seremos como el Che, adornándolo al final con la famosa e incrédula frase de Patria o Muerte, Venceremos.

Arrepentimiento el mío quizás, tal vez si me hubieran dado la posibilidad de escoger, de actuar o de luchar en el momento oportuno, de seguro y estén convencidos que el camino a tomar por mí, hubiera sido muy pero muy diferente.

De nuevo la partida

Desde muy temprano aquella mañana fría del mes de febrero esperaba con gran impaciencia aquel pájaro de hierro, pensé que con su llegada al aeropuerto ese día junto al esperado avión me llegaría una vida nueva llena de esperanzas y de alegrías y que al fin se verían realizadas, de una vez y por todas mis ilusiones y delirios, delirios que reprimidos durante mucho tiempo y combinados con una mescla de esperanzas me llenaban el corazón de sentimientos que no puedo explicar, los que se agitaban en mi pecho desde hacía mucho. Jamás descubrí lo equivocado que estaba y a qué distancia de lo lógico y de lo real, mi vida se desarrollaba.

A partir de ese día he vivido acompañado de una enorme tristeza que no me ha abandonado jamás y llegué a la conclusión con el paso del tiempo de que toda mi vida, hube de estar inmerso en las profundidades de una nube de utopías y a una enorme distancia, de todo lo real y verdadero.

Sentado en un rincón del aeropuerto, ojeaba a cada instante aquel pasaje de ida solamente, al que le daba vueltas y vueltas entre mis manos, como si fuera para mí, la última carta a jugar en aquel viaje sin regreso.

¿Escapar? Pensaba en silencio y la sangre me golpeaba las sienes casi reventando mi piel, deteniendo casi en su lento andar, a mi viejo y cansado corazón.

Sentía odio a lo injusto, impotencia y también miedo sentimientos acumulados en mi pecho por mucho tiempo los que en un abrir y cerrar de ojos se tornaron en emociones completamente imposibles de mantener ocultas, combatir las mentiras para mí era cada vez más necesario y como el agua al sediento, todas mis palabras querían de una sola vez brotar de mi garganta, palabras que junto a un ensordecedor torbellino de verdades consumían en un abrazante fuego todo mi yo palabras que saltaban como vomito incontenible a mis labios en un ensordecedor y arrollador lenguaje de libertad, el momento llegaría y en cualquier instante la ocasión desde cualquier lugar emergería y abriendo la más mínima brecha sacaría a la luz aquel torrente incontenible de ideas justas y de lógicos reclamos dirigidos a los que a la fuerza y sin previo aviso, impusieron aquella obsoleta y cruel filosofía, utilizando una irreal e imaginaria envoltura dándonos cientos de vueltas, mareándonos totalmente en un mundo de promesa y de lejanas fantasías. Necesitaba gritar algo que me permitiera manifestar de alguna forma todas mis inquietudes e inconformidades, las que durante mucho tiempo habían permanecido como un tizón ardiente atenazado en mi pecho, el poder manifestarme libremente era lo que más quería y en un abrir y cerrar de ojos a la claridad seguro surgiría.

¿Por qué escapar así? Me preguntaba observando al guardia vestido todo de verde detrás del cristal, balanceándose en su silla recreándose con todos mis documentos en la mano mirando de soslayo la cámara situada a mis espaldas para tomar la decisión con su acostumbrado culto al ego, como un enano desde su ilusorio pedestal, de enviarme por la puerta ancha hacia la libertad o lleno de patadas y empujones como acostumbraban, por la puerta estrecha hacia las conocidas y odiadas mazmorras creadas por el miedo, momentos anteriores mal vividos y sufridos, Cuba paraíso del tabaco y el café maravilla del mundo, escenario de historias y de verdaderas batallas, de mis acuerdos y desacuerdos, de mis eternas protestas, galillo constante instando a aquellos que sin esfuerzos, tuvieron a su alcance la anhelada solución y solo por caprichos, nunca lograron con sus fracasos culminar y coronar el éxito, dejando al azar y abandonados para siempre en nuestros recuerdos, todos los bellos e inalcanzables sueños, por los sentimientos, por mi aire por mi mar, por el olor a mi tierra por las esperanzas de vivir en una sociedad mejor y verdaderamente justa, la que fue prometida tantas veces y que solo en libros mentirosos y obligados a estudiar, supimos que existía.

Por qué escapar de mi gente, de mi música de mi inocente alegría, escapar del amor, de mi esencia, de todo lo que tanto quise y de todo lo que tanto amé. Me pregunto ¿Y por qué?

Sabía que al partir de mi tierra seria para siempre y al hacerlo estaba seguro que perdería mis esperanzas de verla convertida en todo lo referente al significado que encierra la palabra. Libertad, libertad de que, libertad de quienes, preguntas que acuden a mi mente de una en una, desde el momento que tomé la decisión de partir de mi Cuba, de esa hermosa y bella isla.

Suerte tuve al llegar a esta otra tierra, dura y nueva tierra, la que con diferentes costumbres y otras leyes, me recibió con los brazos abiertos a cambio de nada, considerándome como su propio hijo, sin haber nacido en ella, sentimientos diversos acuden a mi mente y me apabullan la crisma como si un enorme mazo descargara contantes y atronadores golpes sobre mi pensar.

Las constantes gestiones inmigratorias de mi madre en los Estados Unidos no se hicieron esperar y dieron como resultado que el día diez de Febrero del año 2005 y gracias a todas ellas en un abrir y cerrar de ojos y en un imperceptible viaje de apenas cuarenta y cinco minutos, llegué al aeropuerto internacional de Miami, donde ya desde muy temprano y envueltos en una contagiosa alegría, me esperaban casi toda mi familia. Logré al final de tanto tiempo el tan esperado beso de mi madre, mi hija mayor y mis tres nietos se colgaban de mis brazos caminando a mi lado de un extremo al otro del salón del aeropuerto, todos saltaban entre llantos y suspiros consiguiendo llamar de esta forma mi completa atención. La algarabía y gritos entre llanto y carcajadas estremecían cada rincón de aquel lugar, cualquiera diría que aquella familia que momentos antes parecía completamente normal, con mi inesperada llegada habían enloquecido todos en fracciones de segundo. Y mirándolos con detenimiento me pellizqué, no creía fuera verdad que aquellas muestras de amor y cariño fueran reales y me pregunté si estaría yo consultando en aquellos momentos alguna novela de ciencia ficción.

Y paso el tiempo y por el cielo un águila, y mis temores no eran infundados, aquellas incontables muestras de amor, de ternura, de aparente unión, fueron desapareciendo como arte de magia, quedando solo como algo indestructible en el amor de mi madre, quedando atrás todo lo demás como un espejismo aparente, en aquellas falsas muestras de amor y fingidos sentimientos.

Nunca imaginé que todo aquel episodio terminara en tan corto tiempo y lo comparo con la crecida de un río que al regresar de su crecida, vuelve lentamente a su cauce para revolcarse poco a poco como una fiera herida en su lecho estrecho y seco, hundiendo todo buen sentimiento en un fango negro y pestilente, en el que bellos recuerdos totalmente olvidados, sanan completamente sus grietas reabiertas en el presente al concepto de familia, el que borrando todo posible vestigio de agravio, avivaron todas aquellas bellas memorias.

Salimos del aeropuerto y fuimos a parar a casa de mi hija mayor, donde me esperaba muy impaciente el resto de toda la familia, que les pudiera contar que no les asombré, una casa con todas las comodidades, piscina, un patio enorme lleno de mesas repletas de todo y en una de ellas, bandejas donde no faltaba nada en lo absoluto, el puerco asado, la yuca con mojo plátanos a tostones, el arroz blanco y el acostumbrado potaje de frijoles negros le daban a aquella cena el puntillazo final, que más necesitaba para recordar nuestras raíces culinarias a toda aquella comida, botellas de vino de inmejorables marcas cervezas de varios tipos, postres y una buena música, para comenzar lo remataba todo.

Reíamos y bailábamos, acompañados de aquellas canciones dejadas de escuchar desde mucho tiempo en Cuba.

Celia Cruz con su canción "La vida es un carnaval" y Willy Chirino con su "Ya vienen llegando" se hicieron dueños totales de aquella primera noche.

Todos a mi derredor reían y bailaban sin apartarse de mí ni un solo instante, no sabían que más hacer para contentarme olvidando por un momento todas sus obligaciones y haciéndome sentir en aquel momento, el ser más feliz sobre aquella bendita tierra. Tierra a la que había llegado un poco o bastante tarde enfermo, cansado, y con mis ya maltrechos y bien gastados cincuenta y tantos largos años.

Esa fue una de las razones por las que en aquel momento no descubrí y solo llegué a comprender después de pasar el tiempo y convertirme en uno más entre aquellos, ahora entiendo que en aquél momento yo sería para muchos en aquella fiesta, el triste payaso que los trataba de alegrar y pensaron quien sabe, en lo complicado de mi avanzada edad en mis arrugas o en lo que podía representar para todos, mi inesperada llegada.

También pensaron en la posible carga que yo significaría en cuanto la última gota de vida faltara de mi cuerpo y recordaré aquel momento cómo todos sin dejar de observarme, danzaban con cara de diablillos al compás de las llamas del asador.

Pero bien dormí esa noche a pata suelta entre sabanas de seda y almohadones de plumas de ganso, llegué incluso a pensar por un instante, si todo aquello sería un sueño, ¿o si en realidad estaría frente a la vida que casi había perdido y que me esperaba hacía ya tanto tiempo en los Estados Unidos de América?

Qué lejos estaba de la verdad, que poco me faltaba para descubrir cuanto tendría que hacer todavía en aquella tierra llena de hermosas y perfectas fieras, para poder subsistir en aquel medio sin la ayuda de aquellos que a pocos días de mi llegada, me olvidaron y solo mostraron en el primer día, sus dotes mentirosos de inmejorables cicerones.

Atribulados y tambaleantes por tanto comer y beber a la mañana siguiente volvieron a la realidad y recuperándose de aquel bello sueño vivido la noche anterior, partieron cada cual en diferentes direcciones, blandiendo increíbles excusas para no dejar de ocuparse de sus importantísimos y vanos asuntos, que tristeza sentí en ese momento al quedarme solo con los bellos recuerdos de la noche anterior, despertando de mi sueño a la realidad y encontrarme en pocos segundos olvidado como un viejo traste abandonado para siempre en cualquier desolado rincón.

Después de despertar de un corto pero aleccionador sueño salí de Miami como un perro cojo con el rabo entre las patas, pues de mi familia nadie pudo ni siquiera darme un aventón hacia el aeropuerto, y a partir de ese instante comprendí la esencia de todo, el final de una etapa y el comienzo de la otra, poniendo los pies bien firmes sobre la tierra para empezar a vivir lo real del verdadero camino hacia el tan cacareado Sueño Americano. Mi próximo destino el pobre apartamento subsidiado para ancianos de bajos ingresos, donde vive mi madre de ochenta años en la bella ciudad de Nueva York, para comenzar a vivir de una vez y por todas, la realidad de lo que llamaremos en el futuro mi propia Pesadilla Americana.

Los recuerdos me atormentaban dormido profundamente en un sueño, pensaba no tener otra alternativa que volver a enrolarme en algunos de mis locos viajes cuando al fin desperté sorpresivamente y me llegó de nuevo el rayo de esperanza.

Los días han pasado y recuerdo mi estancia allá en Cuba cuando las noticias de salidas en lanchas desde la Habana hacia Miami difundidas por la emisora Radio Martí eran nuestra comidilla diaria, recuerdo que era el cometario en mi casa de Infanta visitada por un amigo llamado Hilario qué en realidad sus ideas nada de cuerdas tenían, ideas que pasaban de lo irreal a lo imposible, pues viajaban en metáforas fantasiosas que había veces ni lógica tenían.

Increíble todo, sin pensarlo apenas abrí mis ojos y de la noche a la mañana como en un sueño me encontré en un paraíso rodeado de vida. El cambio era tal que parecía yo haber estado dormido y de súbito despertando en un segundo de un sueño sin final.

Descubrí que la vida continuaba, el mundo se presentaba ante mí de otra forma y con otros matices. Y al fin llegué a la libertad dejando en el espacio mi melancolía, me revolqué como un muerto al regresar a la vida y mesclé el lodo de falsas ilusiones con las cenizas de nuevas esperanzas.

Al fin Nueva York cuanto trabajo, cuantos disgustos, cuantas penas y cuantos sufrimientos, pero al fin estoy aquí, al fin Nueva York.

New York

Un soplo de aire fresco rozó mis mejillas, dos lágrimas corrieron por ellas cayendo al suelo llevándose en ellas casi toda mi vida a la profundidad de aquella tierra, había perdido todas las esperanzas de poder tocar el cielo con mis propias manos.

Aquí, en el parque de los Veteranos en la rivera oeste del río Hudson y sentado muy próximo a la estatua de nuestro apóstol José Martí, contemplo a lo lejos la hermosa ciudad de Nueva York, observo como al comenzar la noche, resplandecen las luces multicolores allá en la distancia, adornando con sus diferentes destellos una de las más bellas Ciudades del Mundo el impresionante espectáculo detiene corazones y puede enfriarle los huesos, al más exigente espectador.

Increíble Metrópoli, que vista aquella, parece una estampa sacada de un bello libro de cuentos. Urbe de esperanzas y sueños, dichas y recompensas para unos, metas inalcanzables para otros y para muchos más "la nada".

En fin, por primera vez descanso mi mente en aquel bello lugar, por un instante valoro paso a paso el de cursar de mi vida mi persona, mis objetivos, el tiempo transcurrido y recordé las horas pasadas, lo perdido junto a aquellos lejanos y gastados proyectos, proyectos insatisfechos, en invariable doctrina y diferente credo.

Llegué al trono del mundo, el espíritu en alto, sueños, bellas fantasías nuevas esperanzas, sentimientos desenterrados y llenos de vida, toqué el vestíbulo de la juventud con mis propias manos y el aire y las buenas ideas hicieron el milagro, llevando un nuevo calor a mi rostro sensación inesperada pues pensé encontrarme al comienzo de la creación un increíble sentir, con fuerza arrolladora y profunda del alma, tropel agotador de mil caballos, poderío incontrolable, desbocar de toda sangre, agitando mi pecho y con nuevo brío le doy un nuevo impulso, a mi viejo corazón.

En el mes de diciembre del 2006 la ciudad de Nueva York se recuperaba todavía a medias de la catástrofe del 9-11. Habían transcurrido cinco años y tres meses del abominable y cobarde ataque terrorista a las Torres Gemelas.

Con el constante andar cotidiano por sus principales arterias de cientos de turistas, se había borrado parte del terror y el miedo reflejado por tanto tiempo en los rostros de sus moradores, dando un toque superficial de mesura y tranquilidad al contante andar de la vida diaria, de esta bella y cosmopolita ciudad. Nueva York, conocida como la Capital del Mundo, trono principal para aquellos que piensan visitarla algún día y descollar en su ego la fama de sus espirituales y utópicos sueños. Músicos y Artistas profesionales de todo género deliran y el solo caminar por su quinta avenida, los hace sentir como Alicia en el país de las Maravillas. Broadway y sus teatros Radio City, la Catedral de San Patricio, y su Parque Central por mencionar algunos de sus bellos lugares, son escenario de planes y proyectos futuros.

Todos con su patojear se revuelcan por sus calles enloquecidos de una forma aparentemente y contagiosa, feliz y completamente realizados, muchos se parten el cuello a cada instante exclamando de entusiasmo las más sorprendentes palabrotas, al ver la imponente exuberancia de sus edificios y el andar súbito y constante de su gente. "La Estatua de la Libertad". Coloso rodesiano, imponente centinela de la democracia y libertades otro de sus espectaculares monumentos.

Qué decir de su bella fuente en el Parque Central, lugar de constante movimiento, de cocheros ataviados con sus más bellas vestimentas.

Sentados con exagerado orgullo, en sus antiguos y lujosos carruajes, todos tirados por bellos caballos.

Podemos decir a ciencia cierta, que aquel lugar nos lleva hacia la retrospectiva del tiempo, haciéndonos sentir como si traspasáramos el umbral de lo irreal y nos dirigiéramos de un paso, hacia las profundidades de una dimensión distinta y completamente fuera de época.

Bella ciudad en insomnio total, que invita al extrañó a convertirse en un ávido de todo y un asiduo insaciable como si fuera un sonámbulo despierto. ¿Pero hasta ahí llega todo? Descubramos la verdad, la insoportable piedra en el zapato acompañada de la dolorosa astilla encajada en el ojo del meticuloso y riguroso vigía. Mirando a lo lejos, allá en las profundidades y totalmente perdidos, descubrimos la otra vida la otra cara de la moneda.

La arruga en el cachete nos indica hasta donde llegan las penas de aquellas gentes. Lugar de refugio para aquellos que como yo, un día llegamos y los sueños descorchamos.

Sabemos que la historia está por escribirse, y los que se rinden al primer golpe, jamás transforman su dolor en amor.

Allí están los que persisten y los que después de una pujante actuación con voluntad esperan su suerte en silencio saliendo al encuentro de la gastada moneda, que al caer al sin fondo de sus resquebrajados bolsillos, es lanzada con un marcado desdén, por la mano fría e indiferente de aquella vasta e incomprensible muchedumbre.

Único, escaso e indiferente caudal, expresado de esta forma y dirigido al paño tendido en el suelo frio, por seres que viven ya a esta altura de sus vidas, sin motivos y sin esperanza alguna. Los que en silencio en su mugriento y reducido espacio se convierten en el fenómeno que bautiza pujos en imaginarios milagros. Pesadillas cambiadas en dorados e irreales laureles logrando la triste realidad del siempre forzado a pobre, que robado en el fruto de su trabajo logra mitigar con lo poco que les queda, de sus acostumbrados, crueles y tristes retortijones. De esta forma recuerdo a todos los que con su esfuerzo y anonimato son eternos fracasados, de sus tristes e irreales sueños.

He pasado varios años en esta tierra, las emociones y esperanzas han sido indescriptibles, después de tanto tiempo y encontronazos, al fin empiezo a divisar allá a lo lejos un pequeño destello de luz.

He comenzado a comprender después de mucho, cómo funciona el sistema, los deseos las ansias, las obligaciones y las necesidades de aspiraciones, y del vivir en un eterno y desmedido consumismo. El trabajo ha sido espinoso, el cansancio y la soledad han inundado espacios vacíos hasta desgastarme los dientes.

Noches en vela bajo las constantes tormentas de nieve sintiendo la mirada del vulgo que me abrazaba hasta el interior de los huesos, la lucha, las envidias, las incomprensiones, el uso constantes de insanos manejos que emanaban de los pésimos sentimientos y la mala educación de aquellos que me rodeaban pasiones que emergieron desde las mismas entrañas del pensamiento, me embadurnaron todo en insana forma tratando de hacer quedar sin valor mis logros producto firme de mi arduo y sacrificado trabajo, todo aquello en un Santi Amen y con toda mala intención quedó sin valor, falta de apoyo incremento de la agresión a la raza a cada momento sobrevino y generó, la pérdida de valor al buen sentimiento.

Al fin un día cualquiera amaneció, la luz que partía de no sé dónde todo lo ilumino, arribando como una fresca ola en el mar recóndito de mi alma alcanzando momentos felices en el escenario de mi otra nueva vida, que me arrastró con una fuerza arrolladora a lo profundo de lo sensible, de lo creativo modo que me facilitó el poder continuar escribiendo algo positivo en mis rudas faenas, permitiéndome la necesidad de luchar por rebuscar la veta de la esencia, para beber de la nueva fuente y así poder salvar las más mínimas perfecciones, que nos puedan conducir a lo recíproco y verdadero.

Hotel Waldorf Astoria

Películas como, "Mi Pobre Angelito segunda parte" y "Perfume de Mujer" por mencionar algunas, formaron parte del arsenal de filmes realizados en los interiores del magnífico escenario en que se convierte, el lujoso y a la vez famoso hotel Waldorf Astoria. Complejo hotelero integrante del grupo Hilton uno de los más importantes y visitados de esa categoría situados en el centro de la bella ciudad de Nueva York. Increíble como el hombre se crece ante las necesidades y vence los miedos por sí mismo.

Hacia ese lugar dirigió sus pasos un día cualquiera, aquel guajiro semibruto, que había llegado con ariques amarrados en los pies y todavía lleno de polvo del camino recorrido, caminaba con una seguridad increíble de día y de noche toda aquella bella ciudad, trataba de buscar alguna forma que le ayudara a conquistar aquel pedazo de historia, entre muros de acero y concreto, de más de cien años de vida.

Que batalla, como hubiera podido vencer sin la ayuda de mi hija, la que me sirvió de intérprete desde la primera palabra dicha en la entrevista de trabajo, no importaba en lo que fuera buscaba trabajo sin ni siquiera saber decir la mínima palabra en el idioma inglés. "No importa, a todo dile que sí y veras los resultados". Esa fue la táctica usada y casi mudo y ciego comencé a trabajar en el parqueadero de carros del hotel Waldorf Astoria.

Ciego sí, porque llegué a este país casi ciego con cataratas avanzadas, las que no me dejaban ver ni un caballo a tres pasos de distancia y así estuve parqueando carros de todos los tipos, carros lujosos, de toda marca y alarmantes precios.

Qué maravilla aquellos controles para mi, eran completamente desconocidos, me sentía como piloto antiguo en un avión de nueva creación, la técnica había evolucionado en cincuenta años de tal forma, que me creía como cochero de carruajes a caballos, tripulando en fracciones de un segundo cohetes a la luna.

Estuve de sustos en sustos más de un año, pilotando aquellas perfectas creaciones de la mecánica moderna, hasta que pasó el tiempo y con mucha suerte, pude operar de cataratas con seguridad mis ojos.

Qué alivio, me operé y a partir de ese momento supe que había librado y ganado a la vida, una importante batalla, no me había dado cuenta. Antes de la operación ¡Era un ciego! Cuando pude comprobar la diferencia de mi visión y el estado en que había llegado a este país, me preguntaba una y mil veces.

¿Cómo logré mi permiso de manejar y el de parqueador en ese prestigioso Hotel?

Me ayudaron en todo momento las costumbres que me fueron infundidas desde muy pequeño, de la educación hispánica, recibida de nuestra pobre pero decente familia, de la vergüenza, de la asignatura aprendida y ya caduca en las escuelas actuales llamada Moral y Cívica, de la oportuna bofetada aleccionadora del abuelo en el momento preciso, del duro sermón acompañado del cocotazo de aquel insoportable maestro Muñoz, allá en mi Campo Florido natal.

En aquellos momentos aleccionadores de nuestras vidas a los que ni importancia dimos, nunca pensamos serían necesarios recordar. Si volviéramos a nacer y Dios nos diera la oportunidad de retener la actual experiencia adquirida. ¿Cuántos cerebros se necesitarían para almacenar de nuevo, tantos conocimientos? Nuestros padres jamás en aquellos tiempos escudriñarían nuestros rostros para poder adivinar de cuál real seria, nuestra asistencia a la escuela. En fin, es increíble como la vida nos pone constantemente a prueba y como sorteamos los escollos para lograr nuestros objetivos.

Podemos decir que es una reacción de luchas internas fuerzas, deseos y aspiraciones, los que unidos a sentimientos escondidos allá en lo hondo de nuestros corazones, producen en el ser humano una reacción en cadenas capaz, de llevarnos irremediablemente a lograr el éxito total.

Al llegar a este nivel sentimental podemos decir que estamos, en la antesala del triunfo y camino a la verdadera felicidad.

Las gestiones de mi familia en este país con los diferentes políticos de turno para conseguirme trabajo fueron infructuosas claro está, a no ser que cruzaras la línea imaginaria y te convirtieras en el contante asedio de aquella camarilla gobernante, cazadores del boto electoral del último momento y como decimos allá en mi barrio, cuando un tema no nos interesa y no nos ocupa mucho espacio en el contenedor de materia gris automáticamente lo desechamos.

El haber pasado toda mi vida en un país con garantías bien limitadas me había enseñado a mantener en toda ocasión un respeto a lo indebido manteniendo siempre una moral alta y no me dejó descender en ningún momento al subsuelo de toda aquella politiquería barata, para resolver a medias mi situación económica, afianzándome mucho más en mis firmes principios mi actitud mantuvo mi completa tranquilidad conservando un correcto proceder dentro de los parámetros de mis propios conceptos, era latoso y como decimos en Cuba un verdadero subproducto de la carne de puerco el convertirme de hoy para mañana en el aborrecido y mal visto por todos los que con un poco de vergüenza viven y ondean su bandera llamándoles a estos individuos por sus nombres "CHICHARRONES" triste calificativo con que se nombra a los elementos muy conocidos entre los cubanos de aquí y los de allá, así se les conoce a las personas que se dedican a revolcarse y a limpiar con su lengua las huellas en el fango llenándose de inmundicias dejadas por aquellos que se creen estar por encima de los designios de Dios solo por ocupar una muy endeble posición, en el corrompido sistema político de este país.

Ese no era mi propósito y me dediqué a esperar la ocasión y en cuanto viera un agujero en aquella nueva cerca por ahí mismo se escaparía este fiero toro.

Ya habían transcurridos unos tres años de mi llegada al Waldorf Astoria, mi trabajo en este lugar había sido realizado con tanto amor, que estaba extremadamente feliz, pues el hecho de llegar a este país con la edad del retiro y ser aceptado en aquél lugar de tanto renombre, significaba un triunfo y un considerable galardón al final de mi vida laboral.

Las noches bajo la nieve el frio los contantes cigarrillos uno detrás del otro para burlar las largas noches en vela, salvando diferentes y más difíciles escoyos para poder desempeñar mis labores, a cada instante que pasaba se me hacía mucho más difícil, mi avanzada edad para aquellos trotes de madrugada, los peligros debajo de las inclemencias del tiempo, actuando como un muchacho corriendo detrás de los carros a muy distantes y diferentes parqueos, me hacían desandar tremendas distancias todas las noches, para poder realizar mi agotador trabajo, todo aquel trajín me había llevado a un extremo desgaste y me convirtió con el tiempo en una figura lenta y a la vista de todos extremadamente cansada, y llegó el momento de comprender que había llegado para mí la ocasión de un merecido descanso si quería alargar un poco mi vida útil, debía dejar aquello, aquél trabajo agotador y mal pagado, ya no era para mí.

Esa noche había nevado, una nieve densa se encargó de desaparecer todos los carros en el parqueo donde tenía que recoger los autos, el lugar llamado el triángulo negro en la calle cincuenta entre Lexington y la tercera ave, era donde toda la noche combinaba el trabajo a realizar con el inventario de dichos vehículos.

Junto a Leonel, un haitiano naturalizado y Cristóbal un Ecuatoriano Americano con una tremenda experiencia en este trabajo, componíamos el trío perfecto en aquel muele huesos nocturno, mientras yo hacia el inventario ellos se encargaban del cobro y de la atención de los usuarios que se acercaban en el turno de trabajo a nosotros, solicitando el servicio de parqueo unas tres horas me llevaban terminar con el inventario de un aproximado a doscientos carros todas las noches, de esta forma estaba concebido y se proporcionaba la seguridad y buen desempeño del servicio del próximo turno matinal, para así efectuar la detección rápida de los vehículos que se habían parqueado en dicho Hotel días atrás.

Terminé al fin mi trabajo esa noche debajo de un frio terrible y una densa nieve y a la mañana siguiente, destrozado totalmente del cansancio acumulado me dirigí a casa, donde me esperaba mi otra tarea.

Durante todos estos años había combinado mis labores en el hotel con un segundo trabajo, el de encargado de un edificio donde el atender la limpieza y el mantenimiento de treinta apartamentos, era otra de mis batallas diarias, imagínese usted cumplir con estos dos trabajos por más de cuatro años consecutivos de noche y de día, mis ya casi sesenta años aparejados a mis dolencias, me hacían imposible un minuto de descanso y mi organismo cansado viejo y enfermo de tanto abuso, se fue a pique.

Y choqué con el dentista

Después de mis labores en el Hotel y dirigiéndome en mi pequeño Nissan Altima del 1997 hacia mi casa, el que siempre convertía aquel viaje después de la agotadora faena, en un motivo de placer, esa mañana se trocó en un acto desesperante.

El cruzar el Lincoln Túnel tarea que realizaba todos los días con tremenda rapidez, se me hizo esa mañana extremadamente insoportable, un terrible dolor de muelas que no me había dado tregua ni un segundo la noche anterior, reaparecía y continuaba haciéndome imposible, toda mi concentración y el muy desgraciado había sido mi inseparable torturador durante toda aquella interminable jornada de trabajo.

Aquel terrible dolor me llevó en un abrir y cerrar de ojos a la consulta del dentista. Para mi suplicio constante de hombre, el rechinar de aquella máquina solo me producía escalofríos y pasó lo que siempre uno espera.

Otra batalla más a ganar en las ilusiones de mi sueño americano, a las diez del día de aquella fría mañana la asistente del Doctor me entró a la consulta del dentista directo de la calle y me sorprendí y me extrañó tanto aquella amable atención y además había tanto silencio cuando pude percatarme que el único paciente en aquel lugar era yo. Me recostaron rápidamente en un sillón que de verdad tuve que acomodarme yo mismo la cabeza, porque le faltaba hasta un tornillo al soporte del asiento, prepararon la jeringuilla con la anestesia, un paño cubriéndome a medias mi cara, allí frente a mí se presentó un ruso blanco como de unos treinta años, el que ni corto ni perezoso me informó que mi seguro médico no me amparaba casi absolutamente nada, con respecto a mis atenciones con el dentista y que solamente cubría a lo que respecta a mi atención pequeñas reparaciones y que tenía destinado para estos casos la irrisoria cifra de mil dólares. Ehhhhhhhhhhhhhhhhhhhhhhh! ¿Cómo? ¡Y me puse a pensar! ¡Acaso mil dólares era poco! ¿Me pregunté a mí mismo?

Bueno al parecer aquella cantidad de dinero no significaba nada para aquella gente, yo con mi babero puesto debajo de la boca seguí con la vista fija en aquel galeno escuchándolo atentamente.

La asistente muy solícita y extremadamente complaciente que a la vista estaba allí más para atrapar que para alejar a cualquiera, se simplificaba a una mulata atrapa moscas como de unos veintidós años, con todos los atributos necesarios para adormecer sin anestesia a cualquier incauto, pero aunque por todos los medios traté de hacer lo contrario, el tanto mirar aquella pechuga, me causo hasta bizquera.

El médico continúo hablando poniéndose índice y pulgar en su barbilla y se dirigió a mí persuasivamente.- Su caso es muy grave y necesita en idioma inglés por su puesto, de la extracción de una raíz, además de un diente inferior los que por un anterior tratamiento quirúrgico el mismo fue afectado por un mal procedimiento médico que provocó posteriormente una fuerte pérdida de tejido óseo.- Y carraspeándose la garganta, después de hacer una larga pausa, continuó con su palique.

Aquel tipo no dejaba de mirarme a los ojos como lo hace una serpiente cuando trata de hipnotizar al casar a su presa para estar seguro de haberme convencido y poder ver en mi cara reflejada la reacción estúpida y de asombro que el escuchar tantas palabras me causaba. Todo esto tuvo por consecuencia... Continuo sin dejarme poner una ya que continuaba con mi boca abierta, que al de cursar de los años se produjera la perdida de una enorme cantidad de hueso ejemmmmm se raspó la garganta de nuevo, motivada por una acumulación de saliva a medio tragar y siguió con su estúpida retórica.

Pensó que con esta ensalada de palabras que yo por supuesto entendía perfectamente, ya me encontraba casi como un pez en el jamo y como buen cocinero me vio ya en el sartén completamente frito.

Sintiéndose dueño de la situación insistió mirándome fijamente y arqueando una ceja, me lanzó su veneno mortal como una serpiente escupidora completamente todo y de sopetón a la cara diciéndome. Usted tendrá que pagar la mitad del costo del procedimiento pues su seguro médico como le dije anteriormente solo le ampara el 50% del total. - A la verdad les digo que ahí mismo me dieron ganas de levantarme y dejarles la jeringuilla y el babero enganchado en el bigote a aquel tipo, que había cambiado el juramento de Hipócrates por un puñado de dólares.

Pero bien el dolor de muelas se había calmado y con mucho trabajo pude resistir un rato más aquella conversación que para mí ya no tenía interés ninguno. Mostrándoles una serenidad londinense y una seriedad capaz de convencer a aquel estafador mentiroso, hice creer que lo continuaba escuchando y le presté a su retórica mucha atención, se precisa de un tornillo para fortalecer un diente al maxilar inferior que su valor es de trescientos dólares. Una corona de porcelana cuyo costo es de mil doscientos, el tratamiento de canales para matar el nervio de un diente doscientos cincuenta y además de la extracción de dos dientes inferiores a doscientos dólares cada uno, con un total de hasta ahora pues yo llevaba cuidadosamente la cuenta, de mil novecientos dólares claro está, sin contar la mano de obra del médico, la ayudante, sus honorarios, el costo de la anestesia que no entra en la cuenta anterior, más las dos prótesis que hay que hacer, después de todo esto, aumentémosle el impuesto federal que llegaría a la desesperante cifra, por supuesto después de un largo camino de citas y por fin terminando todo aquel suplicio a la cantidad de nada más y nada menos de tres mil novecientos no sé cuantos más pues perdí la cuenta, la que descontando el 50% tendría que ser pagado por mí la mitad en ese mismo instante, y el resto después de terminar todo el trabajo. Jejejejejej, una larga carcajeada le solté en la misma cara a aquel apestoso, y sin decirle ni siquiera hasta luego ni despedirme de la preciosa modelo, digo perdón, de la inmejorable asistente, salí de allí sin mirar hacia atrás y sin ni siquiera poner las paticas en el suelo.

Qué les parece la novela, es de horror o de misterio o una de las historias clásicas de Corín Tellado, si la pudiéramos encajar en el primer género la llamaría.- El sistema médico asesino. Y si correspondiera a la categoría de drama de amor. Tristeza del que fue y ya no es, pero para mí el mejor título seria.- El futuro viejo sin diente.

El primero trataría de como un paciente asesinaría a su dentista después de informarle el costo de su tratamiento dental.- Y la segunda historia, como dejaría una esposa de casi cuarenta años a su marido, cuando se enterara que había perdido irremediablemente todos sus dientes.

Bueno espero que entiendan bien esta historia y no me tilden de Comunista pues de seguro cometerían un grave error sé que esta historia llegara a oídos de personas que están maravillados y muy entusiasmados con el mentiroso y tan controlado sistema de salud de este país, que como muchos otros frentes entre ellos el de la educación se organiza desde las entrañas de un enorme monstruo al que puede acceder a sus dominios solo aliándote con aquellos que se revuelcan dentro de su propio chiquero, formando con esto un block de constantes mentiras dejando solo tener acceso al final del camino a los ricos que durante cientos de años se han convertido en los únicos beneficiados del verdadero Sueño Americano.

Una llamada telefónica

Recostado en mi lecho y en un ligero instante de reposo de mi espectacular dolor de muelas sonó el teléfono interrumpiendo de un timbrazo mi necesario descanso, del otro lado una voz desconocida. Helo, helo ¿quién habla?, pregunté entre sueños y pensé, en algún que otro inoportuno vendedor.

Soy yo tu primo el de Miami, y después de una pequeña pausa me dijo.- Oye te gustaría venir a trabajar conmigo en mi empresa.

De un salto me incorporé de la cama, no era posible que aquellos que yo pensaba que me habían olvidado ahora después de tanto tiempo y cuando más lo necesitaba, me pusieran las manos en el hombro, escuchaba aquella voz y no lo creía. La conversación continuó solo por unos minutos más y seguidamente me dijo. -Date una vuelta cuando puedas por Miami y hablaremos del asunto.

No me hice esperar y a la semana siguiente, a pesar de mi contante dolor de muelas, estaba montado en un vuelo desde New York ¿Mi destino? La Ciudad de Miami.

Sentado en el avión pensando en el paraíso que yo esperaba encontrarme y que había conocido años atrás, con miles de planes y de esperanzas en mi cabeza creía a pie firme que me había llegado por fin el momento de lograr definitivamente mi Sueño Americano.

Pero ¡ay mi madre! que equivocado y que lejos estaba como siempre de la verdadera y cruda realidad. El vehículo que me recogió con mi querido sobrino Alex en el aeropuerto llegó silencioso a la entrada de la enorme mansión. Allí frente a la casa un Mercedes Benz casi nuevo, permanecía sucio y medio abandonado aruñado en ambas puertas, a su vez un hombre todavía relativamente joven con un enorme tabaco en la boca se balanceaba incesantemente sin parar en un viejo y enorme sillón, eso fue lo que al llegar a aquel lugar logró alcanzar mi vista y a su vez mi mente se trasladó a viejos tiempos y sin siquiera poder evitarlo, subió un grito a mi garganta. Y grité a voz en cuello "Guajiro"

Aquel hombre como si estuviera entumido, lanzó una mirada perdida y vacía a la distancia y muy lentamente, levantó su mano como si estuviera saludando a alguien extraviado desde otra dimensión y al que veía por primera vez en su vida los años y las enfermedades habían mellado aquel jiqui convirtiéndolo en serrín y ya el guajiro, ni siquiera me conocía.

Había algo raro, que pasaba con aquel hombre que en mi niñez había llevado tantas veces la comida a mi boca y el que habitaba mi casa como un integrante muy importante de mi propia familia, porque ahora se manifestaba como un ser extraño al que jamás yo hubiese conocido, mucho después y al paso del tiempo pude enterarme en conversaciones con el resto de la familia, que producto quien sabe si de los disgustos recibidos día a día o de la enfermedad de Sara y además de muy mala suerte para él, aquel trinquete de hombre de la noche a la mañana padecía de un horrible e inoperable tumor cerebral y al enterarme, de nuevo llegué a una real conclusión.

¿Por qué desesperarnos, por qué maltratarnos en el diario vivir, por qué convertir el amor en avaricias? Si solo Dios es capaz de concedernos el obtener de alguna forma, nuestro Sueño Americano.

A mi llegada a Miami en el año 2005 apenas dos años atrás los había visitado en su otra casa, habíamos hablado amenamente incluso hasta de nuevos proyectos y ahora, aquel hombre que conocí años atrás, poseedor de una fuerza increíble estaba allí, sentado mirando indiferente pasar la vida como si de ella ya nada le importara en lo absoluto.

Me senté a su lado en el portal y después de un largo silencio le pregunté, dime primo. ¿Cómo esta Sara? con una mirada perdida me indicó con la mano que lo siguiera llamándome en ese momento por el nombre de mi padre.-Ven para el patio Mario, ven para acá así veras a Sara, ella está muy mal está completamente pérdida en su mundo hace mucho tiempo, su cerebro muerto ya no reconoce a nadie y prácticamente la enfermedad la volvió a la etapa de su niñez.

Caminé detrás del hombre hacia el patio trasero de aquella enorme mansión, llena de lujos por doquier, con una enorme piscina rodeada de plantas exóticas y jaulas llenas de pájaros raros y donde en un pequeño muelle permanecía un bellísimo yate azul el que jugando se balanceaba prepotente al compás de las olas. Me senté amparado bajo la sombra de aquel framboyán, el lord de aquel bello árbol era envidiable, aquella planta me producía sentimientos que me llevaban a recorrer caminos dentro de un sentido exótico y misterioso, estaba completamente florecido y alegraba con sus colores fuertes aquella preciosa tarde, todo era combinado con la brisa que me llegaba desde el mar y nos acariciaba muy suavemente el rostro, caricias que llegaban en el momento que tanto de aquello necesitaba convirtiéndose en una magnifica dosis de amor y de frescura. Todo aquel entorno desprendía delicias, que lugar tan logrado y tan maravilloso pensé y llegué a la reflexión que solo me llevó a comprender muchas verdades haciéndome una de tantas preguntas. ¿Para qué tanto lujo? Si no se tiene lo más importante, la salud, pues sin ella no puede haber alegrías aquel hombre se veía muy enfermo, como era posible que después de tantos sacrificios la vida le cobrara al final de sus días, uno a uno todos los beneficios que le había concedido.

Apenas transcurrida una hora y compartir con el primo viejas historias y alguna que otra copa de vino, hizo su entrada en aquel recinto caminando trabajosamente, Sara la que se movía como un niño dando sus primeros pasos auxiliada con sus dos manos, por una solicita asistente.

Dios mío, que era aquello, allí se resumía toda una vida de lucha y de sacrificios de grandes carencias en aquel espacio tan pequeño se consumían los troncos que habían fundado aquel imperio y los que años atrás se defendían del hambre con uñas y dientes en una casita muy pobre, de un barrio de las afueras de la Habana. Miraba todo aquello y me decía a mí mismo. Que cruel es la vida y de qué forma más dura nos paga todo el sacrificio realizado lanzando al olvido todos nuestros dolores al término de nuestro tiempo. Pasamos una tarde muy triste recordando momentos pasados, vigilados muy de cerca por la sonrisa perdida de Sara, que sumida en lo profundo de su mundo, nos miraba ausente de razón y de cuando en vez buscaba con un hondo suspiro, la lógica perdida en su avanzado estado de inconsciencia.

Al cabo del rato llego su hijo, aquel pariente lejano con el que había hablado por teléfono y bien, después de un saludo de manos nos dedicamos a hablar del asunto que nos había reunido de nuevo.- Bueno primo yo necesito una gente que sepa mandar, esas fueron las palabras con que me recibió aquel pariente, al cual casi ni conocía solo por las historias de mi madre, un ligero recuerdo tenia de él, allá en el reparto La Cumbre cuando vivían en Cuba donde todos los domingos nos reuníamos en casa de sus padres y recuerdo bien cuando muy pequeñito, jugaba en el suelo de la casa y apenas levantaba unas pocas pulgadas del piso con su cabeza llena de tirabuzones rubios llorando a cada momento por tenerle miedo a todo, ahora al transcurrir del tiempo se presentaba ante mí como un hombre lleno de fuerza entereza y desbordante de valor llevando el cetro absoluto de todo y asegurando para las futuras generaciones, el legado heredado de sus padres. Analizando todo esto le doy un respiro al sacrificio, al trabajo acometido, a lo dejado de vivir a lo poco disfrutado, nos queda el porqué y el motivo de un aliciente, creo que es lógico el habernos desmembrado por aquellos que nos preceden y asegurar el futuro a la estirpe que creamos. Visto desde este punto podemos darle un nuevo giro al significado del Sueño Americano.

¿Qué ha pasado al de cursar del tiempo? Todos llegamos a este país con una idea fija. El ganar, el triunfar, el lograr nuestras ilusiones por encima de todo y de todos. Pero aquí está el gran problema, no a todos se nos hablando el alma, aquellos que pudieron arrancar de sus costumbres la forma que por siglos mostraron ante Dios y lo que en su doctrina nos enseñó a obrar de una forma correcta ante todos aquellos que él había dotado de mucho menos, triunfaron a consta de arrancar pieles y actuando como quebrantahuesos se comportan actualmente de igual forma con todos, para obtener de ellos el más mínimo rastrojo. Estas personas con el tiempo pudieron desprenderse de corazón alma y de todo lo que conocemos con el calificativo de sentimientos, apartando de si cualquier rastro de condolencia o de solidaridad, incluso hasta con aquellos que se hacían llamar familia y fueron preparados como buitres para esta vida se comportan actualmente como águilas al acecho de toda presa moribunda, sin importarles la forma a utilizar para hacer crecer sus fortunas, aunque así les cueste empobrecerse espiritualmente cada vez más ante el mismísimo diablo.

Pese a todos los comentarios desfavorables en contra de aquella gente me hice el sordo y no escuché a muchos, comentarios desfavorables de aquellos que ya habían andado por el mismo camino y me dediqué a defender sin conocer la realidad de la mala fama y los criterios adversos que se manejaban en contra de aquellos que un día pensé, eran miembros de mi propia familia. Y les digo familia porque en realidad antes de que enfermaran aquellos troncos viejos llenos de pura vergüenza, todo era muy diferente a lo que vemos hoy en día.

No había un ser más complaciente y solicito antes de su enfermedad que Sara, recuerdo en mi viaje anterior a este país y faltándome apenas unos minutos para mi regreso en el viaje que realicé por el año 1991, se presentó de improvisto en el aeropuerto con un paquete de sopas de pollo para que le llevara a mi hija que permanecía en Cuba, a cualquiera de los dos tanto a Sara como al Guajiro, podías llamarlo en cualquier momento y bajo cualquier circunstancia y siempre de seguro los encontrabas.

En la actualidad ya nada es igual, pues con este nuevo pariente yo sabía hasta por su forma de caminar, que había en él una gran diferencia. Pero eludiendo vientos y mareas y a sabiendas de que todo era muy diferente, acepté aquel trabajo y comencé en el esa misma semana.

Qué difícil es escribir, como hacer brotar sentimientos que despierten el mínimo de interés para ensalzar de alguna forma el escaso intelecto con el que fue dotada esta manada de bárbaros que actualmente nos rodean, los que solo interesa en su incontrolable arrogancia, lucir el brillo en oro en sus cuentas y deformes cornamentas. Y me pregunto, ¿sería posible avivar la llama educativa y cultural de la que carece en lo absoluto este insípido y abrupto ser?

Acaso cambiarían su torpe proceder si conocieran la ínfima distancia que los separa del agujero negro que los succionara tragándolos irremediablemente y conduciéndolos hacia el centro mismo de la nada. Me siento solo y abandonado en este cruel entorno, como un ser fuera de contexto, sufriendo al ver cómo nos alejamos más de lo sentimental, de lo artístico, de la fuerza al deseo, de lo culto y el saber, vamos a pasos agigantados perdiendo la práctica cotidiana a las buenas maneras, mirando con pena como el sentido común se ausenta totalmente de nuestros días disipando lentamente la luz que nos alumbraba sin percatarnos que una tenue neblina, nos ha hecho perder actualmente toda visión y vestigio de cordura. Olvidamos por completo el hábito al buen conducirnos, el sacrificio a lo difícil, estamos cayendo cada día más hacia las profundidades de un abismo sin fin, cubriéndonos totalmente con la manta fría de un conformismo vulgar, cultivando en un solo plano el mustio prado de lo absurdo y lo banal.

Sabemos que nos llevan poco a poco como dóciles corderos hacia un inevitable final, nos percatamos de eso y como un cobarde más entre tantos, sufro con las manos cruzadas y añoro el tiempo perdido y me inquieto cuando me embarga un profundo sentimiento de desesperanza por todo lo que perdí. Que linda se nos hacia la vida vista desde allá desde la distancia muy triste y cruda fue la realidad cuando al fin después de tantos sacrificios, nos sumergimos de un tirón en las agua profundas de esta contagiosa e insoportable ignorancia.

Bastó solo el viaje de ida entre los claros oscuros del arcoíris, más el vuelo de un colibrí, para descubrir los disfraces al buen decir, de esta superficial y falsa alcurnia y la que por mucho que lo evitemos, despertaran de este sueño un día como un volcán dormido en el miedo, recibiendo el inevitable castigo por tratar de hacernos vivir en tanta mentira.

Un Manager de mentiritas

A partir de ese instante me dediqué en aquel nuevo trabajo siempre a cuidar y a velar por todo lo que pudiera afectar desde su misma raíz, lo que creía mío y de verdad que llegó el momento de reaccionar con respecto a los problemas del trabajo, como si realmente todo aquello me perteneciera, el salario era una miseria, comparado con lo que otras compañías pagaban por desempeñar el mismo puesto pero bien, era la familia y cuando yo hablaba de familia los incluía a ellos en mis conversaciones como si fueran el centro mismo del universo y diferenciándolos como si pertenecieran a una clase muy especial.

Jamás pude imaginarme que aquél que pensaba me trataría en lo sucesivo como un integrante del mismo gremio, solo vería reflejado en mí y en lo adelante el verde contaminante del dólar en mi frente, aquel niño que desde pequeño le tenía miedo a todo, el sistema capitalista lo había convertido en una fiera al asecho de las más míseras ganancias. Y ya verán por qué cuando aplicamos los refranes acostumbrados de nuestro argot del que aprendemos casi todo y que con gran acertado testimonio nos dice que. "Cuanto más tienes más quieres".

Convirtiendo sentimientos encontrados en aquel hombre, el amor en vanidad y el egoísmo en un completo maltrato a todos aparejado de una enfermiza ambición solo reflejada en su avaro proceder, capaz de trasportarlo a cualquier nivel en una depredación descomunal absurda y ridícula.

Pero señores es increíble lo que aprendemos con el tiempo y con los cabezazos siempre ganamos en experiencia. La vida es solo una, o la vives o la mal vives, no quiero decirles que malgastes lo que tienes y tires a la basura lo que tanto trabajo le ha costado obtener a tu familia, pero vivir como un miserable teniendo a tu disposición millones de dólares, eso se ve solamente en este especial tipo de gente.

Bien, mi primer día de trabajo se concretó, a conocer a todos aquellos que tenía que ver con el pésimo funcionamiento de aquel coloso improductivo, que en verdad de coloso solo tenía la palabra, yo ni me imaginaba cómo sería posible que en un país de tantos adelantos, tuvieran a un hombre llenando botellas de jugo de naranjas a mano y digo esto porque me quedé boquiabierto el ver como para llenar una botella de ese producto, un hombre corría al paso de una maquina a riesgo de perder sus manos o incluso hasta su propia vida, aquello tenía un solo calificativo. "Desastre".

Aquel lugar era nada más que el nombre y se mantenía gracias a la sangre de sus trabajadores, veía como corría el dueño de aquí para allá entre aquellas obsoletas maquinarias recogiendo tapas plásticas del piso al ser desechadas por una vieja máquina de tapar botellas, que después de ser lavarlas minuciosamente por él en un cubo de agua sucia eran recicladas para tapar manualmente de nuevo el producto y así de esta forma ahorrarse con este trabajo, apenas unos cuantos centavos.

Vigilar al dueño de reojo para evitar que probara con sus dedos sucios la textura y el sabor de la mayonesa, estaba incluido como mi trabajo diario, pues a pesar de mis críticas contantes, el dueño sin obedecer la indicación introducía el dedo en la mezcla y se relamía saboreándose de gusto mezclando en el producto, dedos sucios y lengua junto a su propia saliva.

Aquello me causó un trauma terrible al ver como se jugaba con la salud de la gente y como se menospreciaba la mano de obra calificada, cada día pedían mucho más esfuerzo en aquellas viejas máquinas, pagándoles a todos un salario irrisorio y cuando no se podía cumplir con los antojos del dueño amenazaban a todos con el despido, tanta injusticia me llegó a cansar, y aborrecí desde mis propias entrañas pertenecer a aquella familia y participar en aquella practica inhumana diaria.

El haber estudiado mecánica de maquinarias y trabajado durante algún tiempo en Cuba en distintas fábricas de producción de alimentos, me había dado alguna experiencia en aquel trabajo, claro está que mucho me favoreció ya que conocía a la perfección aquellas maquinas antiguas que allí se estaban utilizando, me parecía estar en un complejo industrial perteneciente a los años cincuenta, maquinas iguales estuvieron en plena explotación durante muchos años al principio de la Revolución en Cuba, pero después de los años sesenta fueron remplazadas poco a poco por modernas tecnologías provenientes del campo socialista, ya que como sabemos, el sistema capitalista se detuvo en Cuba, a partir del el año 1959.

Que sorpresa la mía al llegar a este lugar y encontrarme tecnologías que debía haber formado parte hacía mucho tiempo ya de un olvidado cementerio y más sorprendido quedé cuando sus dueños pretendían hacer producir aquellas maquinarias como si fueran estas, de una actual manufactura.

De errores, atribuciones indebidas y de caprichos estaba lleno todo aquel andamiaje, todos querían mandar, desde el que limpiaba el piso, hasta el borracho y drogadicto que operaba la máquina de llenado de pomos de aceite de maíz y como en un gallinero, todos pasaban el tiempo de reunión en reunión cacareando como gallinas para justificar el no hacer la mitad de la producción planificada.

Aquello me llevó a un intenso trabajo y muchos disgustos el tratar de encaminar en tan corto tiempo lo mal hecho en tantos años fue para mí casi imposible, existían muchos miedos y compromisos del dueño con el personal existente, los que habían sembrado muy malos precedentes y durante varios meses me dediqué de lleno a organizar a vigilar y a tratar que aquello funcionara lo mejor posible y en menos de unos días tuve algún éxito, dejé activada y produciendo al máximo más de cuatro líneas de trabajo en el lugar que meses atrás solo se trabajaba a mano limpia.

Me levantaba con el sol y me acostaba con la luna día tras día semana tras semana en mis labios cigarrillo tras cigarrillo a cada día iban mellando mi salud, esto, más la defectuosa alimentación aparejado con toda aquella mescla de problemas y un mínimo descanso que se sumaba a los berrinches personales y a las discusiones con aquellos que trataban de evadir responsabilidades, dieron al traste con mi salud propinándole a mi corazón el inevitable campanazo. Y en fin mi cuerpo no resistió más aquella extrema locura, que casualidad y digo esto porque para mí este día era más que conocido, ya que hacía muchos años atrás, esta misma fecha marcó una huella inolvidable para mí, que no ha sido muy fácil de olvidar.

El día tres de diciembre del año 2007 mi corazón no resistió más y un infarto al miocardio acabo con mi nuevo intento de lograr en este país, mi Sueño Americano.

Las sirenas de los carros policiacos y las ambulancias se escuchaban a lo lejos, mientras en mis ojos las luces del traspatio de mi casa se apagaban lentamente, un sudor frio bañaba mi frente acompañado de un insoportable dolor en mi brazo izquierdo, el que no me dejaba siquiera sostener en mis manos, aquel viejo teléfono con el que momentos antes, había llamado al 911.

Eran las dos de la madrugada de aquel desafortunado y por qué no decir también afortunado, día tres de diciembre del año 2007.

A mi llegada desde Nueva York para trabajar en la planta de mi familia, había rentado un pequeño departamento en casa de una hija de crianza donde en el mismo patio de la casa Alexander mi sobrino más querido compartía junto a mi otro pequeño espacio, así vivíamos aquellos que nos considerábamos en realidad, integrantes de una verdadera unida y misma familia.

Alex mi sobrino se encontraba durmiendo cuando apenas sostenido por mis tambaleantes piernas y dando traspiés lo llamé a su puerta, lleno de dolores en mi pecho y con una muy marcada expresión moribunda en mi rostro, al verme me preguntó asustado y medio dormido todavía.- ¿Qué pasa, qué te pasa tiñosa?, así nos decíamos casi siempre cariñosamente uno al otro.

Esas fueron de aquel día las últimas palabras que recuerdo salidas de sus labios. Después, llegan a mi mente pasajes muy borrosos, estos corresponden a los del interior de la ambulancia donde un paramédico luchaba para abrir mi boca trabajosamente y meter unas pastillas debajo de mi lengua mientras aquella ambulancia desandaba a toda velocidad el camino que me llevaría quien sabe hacia dónde, si al encuentro con la vida o hacia la misma muerte.

Al llegar al hospital vi recostado a una blanca columna entre la multitud el rostro de Alex mi sobrino, el que había llegado al cuerpo de guardia momentos antes y con sus propias manos ayudó a cruzar mi cuerpo a otra camilla dando gritos como un loco, agitando a todos por los servicios de un médico de guardia, así era como mi sobrino con sus gritos y gestiones apresuraba mi traslado hacia el interior del inmueble.

Muchas horas pasaron y mi cuerpo permanecía abandonado en un rincón entre preguntas y más preguntas moría mucho más de tristeza que del mismo infarto, al darme cuenta que lo que más interesaba a todos aquellos, era encaminar sus trámites para cobrar los servicios que todavía muy lejos de prestarme estaban, si mi restablecimiento hubiera dependido de aquel mecanismo diabólico, mis huesos limpios de cualquier vestigio de carne vaya usted a saber, a qué cementerio hace mucho tiempo hubieran ido a parar. Pero Dios al parecer nuevamente puso en mi camino a uno de sus ángeles, prácticamente un niño vestido todo de blanco y con una franca sonrisa en los labios se me acercó muy silenciosamente después de examinar minuciosamente mi corazón y haber comprobado con esto mi grave estado, mandó hacerme un electrocardiograma, los resultados de las investigaciones no se hicieron esperar.

El médico con una expresión en su rostro muy lejos de esconderme alguna duda o sentimiento fuera de lo normal con su voz tratando de ser lo más consoladora posible y después de comprobar mi actual situación médica me dijo, mi padre, usted está haciendo un infarto al miocardio debe de estar tranquilo pues aunque hoy es sábado y el hospital no ha podido determinar la validez de su seguro, a pesar del imprevisto su estado de gravedad es tal, que nosotros haremos todo lo posible por que usted salga airoso de este problema.

Mi reacción fue ilógica para aquel momento, pero en ella les aseguró se manifestaba todos mis verdaderos sentimientos.

-Llévenme para Cuba si voy a morir quiero que sea allí en mi linda tierra, esa fue mi reacción.- El médico me miró con una gran tristeza reflejada en el rostro y moviendo negativamente su cabeza me dijo.

-Yo también soy cubano y quisiera que fuera así, pero eso es imposible no llegarías con vida, ni siquiera al aeropuerto-.

Pasé allí el sábado y todo el domingo con mi maltrecho cuerpo prácticamente abandonado detrás de un paraban verde acompañado de los sonidos y los persistentes bips de aquellas ensordecedoras máquinas de chequeo médico.

La mañana del lunes llegó entre sustos y alertas pues no podía dormir, en menos de veinticuatro horas habían partido hacia el otro mundo, casi todos los que junto a mí, se encontraban en aquel lugar, sentía detenerse los monitores y el correr del personal de guardia que atendían a todos aquellos que en aquella sala se encontraban y me alegré de amanecer vivo entre los casi ya muertos del Hialeah Hospital de la ciudad de Miami.

Cuando ya creía terminar aquel día se acercó a mí aquel ángel de Dios, el Dr. Alexis Gutiérrez, quien me tomó de la mano para decirme.- Te vamos a mandar al Mount Sinaí, allí te atenderá un amigo mío me dijo, el Dr. Manuel Londoño.

Aquello fue como si me regalaran una entrada gratis al paraíso y así pues el tal Dr. Londoño según me enteré posteriormente, gozaba de una fama envidiable, que lo acreditaba como uno de los mejores médicos en la microcirugía cardiovascular, no invasiva de aquellos momentos. O sea en cuanto mis pies tocaron aquella famosa institución fui atendido por uno de los mejores grupos de cirujanos que existía en todo el territorio de los Estados Unidos de América, increíblemente la suerte me tocó con su barita mágica y Dios y Alexis Gutiérrez me habían salvado la vida.

Los resultados del procedimiento arrojaron los siguiente.- Infarto al miocardio producido por la obstrucción de la arteria coronaria derecha en un 95% a la altura de la 2da bifurcación por lo que se practicó el cateterismo y seguidamente la implantación de dos Epstein en el lugar de la obstrucción.

A la semana siguiente salí del Hospital después de haber pasado por uno de los tantos sustos de mi vida. Mi recuperación fue bastante rápida, tal fue así que después de pasar apenas una semana descansando en casa de un familiar aquí en la misma ciudad de Miami, me dirigí en un viaje de placer donde pretendía pasar una pequeña temporada de esparcimiento y una muy necesaria y segura recuperación. Sentía la necesidad de encontrar el aire tan buscado y que había perdido como si fuera un casi ahogado sumergido y sin aliento, precisaba de lo espiritual y de lo físico que ya no tenía después de este tremendo momento.

Tenía que salir de aquel estado depresivo y del propio encierro en el que me encontraba, volver a sentirme vivo, pensé en mi tierra en mi Cuba el estar junto a mi gente, a mis amigos y principalmente partir al encuentro de aquella mujer que siempre me daba con sus consejos la fuerza que necesitaba recuperar en los momentos más difíciles, sabía que todo aquello me haría salir del agujero sin fondo en el que en este momento me había metido y pensé en aquella que, buscaba siempre la solución lógica para continuar adelante, esa mujer era mi esposa que durante más de treinta y cinco años me había acompañado en todas nuestras batallas y esperanzas y porque no decir también un cómplice silencioso y promotor de todas mis locas y descabelladas aventuras.

Cuba mi mejor medicina

Mi estancia en Cuba pasó como un soplo de tiempo, después de una larga ausencia de dos años sin ver mi tierra mi permanencia allí se me hizo extremadamente corta, pues todo lo que captaban mis ojos me parecía completamente nuevo y entonces me di a la tarea de tratar de revivir de nuevo aquellos lindos momentos en que en tiempos pasados me habían hecho un hombre completamente feliz.

Pasear por el Barrio Chino, la Plaza de la Catedral, el Palacio de la Cerveza y mi Malecón Habanero era casi necesario visitarlos diariamente, aquel malecón testigo de tantos momentos de dichas y desdichas, cuando años atrás en compañía de mi esposa y mi hija desandábamos semana tras semana su totalidad, con la mirada puesta allá muy lejos siempre en un punto fijo en su horizonte y buscando en la lejanía aquella luz que nos indicara la brecha a tomar para ponerle fin a nuestras angustias y sin sabores.

Visitamos el Centro Gallego donde trabajamos mi esposa y yo durante muchos años allí fui recibido por todos aquellos que en tiempos atrás fueron también mis compañeros de trabajo y los que ahora me miraban como si fuera un insecto raro bajado de la luna.

Ya no era igual, ya no pertenecía al mismo colectivo y aunque no se viera, se sentía la distancia y el muro invisible que se interponía entre aquellos que fueron mis amigos y que ya por un problema de miedo, ahora me evitaban para no manifestarse de forma pública o abierta. Sentí a mi derredor el deseo de todos aquellos, de estar en mi misma orilla para acabar de una vez y por todas, con el abismo que los separaba de aquella enorme distancia.

En el transcurso del tiempo me dediqué a hacer gestiones de papeleos, había prendido en mí la idea de hacerme ciudadano español pues mi abuelo paterno, había nacido allá en la madre patria como se dice y para eso tenía que buscar una serie de pruebas, como el lugar de nacimiento de mi abuelo en fin, donde nacieron mis antepasados.

Para toda aquella nueva locura porque podemos catalogarla así y de esta forma cualquier gestión que usted trate de hacer en Cuba referente a papeleo es un completo problema, alquilé una moto pequeña de esas que le facilitan a los turistas, para distancias cortas y traté así de facilitar con esta acción todos mis movimientos, porque una de las cosas más difíciles en Cuba en estos tiempos, como todos ya sabemos, es el asunto del transporte.

Aproveché esa noche y como el mejor ciclista de sesenta años y con los bolsillos vacíos de dólares, monté a mi esposa detrás de aquella moto y nos dedicamos a pasear por La Habana como si fuéramos un par de turistas más, nos dirigimos a la Habana vieja para visitar el casco histórico y nos sentamos por vez primera en el Palacio de la Cerveza un centro turístico creado para el disfrute de todos los que visitaran La Habana y hoy abierto a aquellos que tuvieran la forma de pagarlo con dólares, nos deleitamos en aquel increíble lugar donde me tomé una cerveza tan fría como si estuviera el mismísimo Polo Norte y una sorpresa recibí al ver como se cocinaban entre brazas de carbón una rica fritada de mar y tierra compuesta de camarones y trozos de langosta cocinado al aire libre junto a sendos pedazos de cerdo fresco, los que hacían reventar de gozo el ambiente de aquel sitio, siempre vigilado por los ojos de sus pobres vecinos detrás de sus entornadas ventanas, sufriendo casi muertos del hambre aquellos ricos olores.

Allí estuvimos un rato acariciando aquel ambiente, casi no pudimos disfrutar de las delicias que nos brindaba el lugar, pues mi esposa estaba esperando el aviso para ser operada de su vesícula y por ese motivo llevaba varios días con una dieta extrema la que le había hecho perder mucho peso, en fin que cuando no era una cosa era la otra, pero lo importante de todo aquello fue el estar allí y colocarnos en el verdadero lugar que nos correspondía ocupar, desde hacía muchos años atrás.

Al día siguiente unos toques fuertes nos despertaron del dulce y reparador sueño nos demoramos un poco en abrir la puerta ya que no fue fácil poner los pies en el suelo después de haberme tomado la noche anterior, cierta cantidad de jarras de cervezas.

Una muchacha vestida de enfermera y sudando la gota gorda debajo de un sol achicharrante, esperaba con tremenda cara de pocos amigos que le abrieran la puerta de la casa, en sus manos la orden de ingreso para la operación de vesícula de mi esposa, que se debería efectuar a la semana siguiente. Qué bien había hecho mi esposa al no tomar la noche anterior ni siquiera una cerveza, era como si supiera el día exacto que le avisarían para su operación jejejeje en fin, ya era hora porque si hubiera demorado una semana más con aquella auto dieta impuesta, posiblemente el cirujano no encontraría de ella, nada más que los huesos.

Estábamos en el mes de febrero y dos meses atrás la familia había pasado por momentos muy difíciles, la muerte precisamente de mi cuñado y excelentísimo flautista Félix Duran, motivo de una mala práctica médica en el Hospital La Benéfica, lo cual había dejado en todos, un trauma tal, que ni deseos de comer teníamos. Una idea me vino a la cabeza.

¿Por qué no tomar unos días de descanso en Varadero? Aquella playa maravillosa y que hacia tantos años no visitábamos, pues desde muchos años atrás estaba destinada solo para turistas, recordaba cuando diariamente y para ganarme el pan de cada día llevaba a sus arenas blancas a extranjeros en mi viejo cacharro, tenía que esconderme todo el camino de la policía, para poder entrar y disfrutar a medias de aquellas bondades de mi linda Cuba y que solo obtenía a escondidas un pequeño baño de arenas finas aguas claras y constantes miedos un triste plato de comida si acaso era llevado a mi boca y metía en una imaginaria bolsa, toda posible relación de amistad con aquellos que había llevado a disfrutar de todas esas virtudes, que en realidad me pertenecían y de las que jamás siendo cubano, había podido disfrutar, solo comprendí en aquel momento que había estado todo ese tiempo lleno de limitantes y de constantes acosos, solo por el hecho de ser cubano y no turista, ahora todo para mí y los míos había cambiado y solo por el simple hecho, de haberme escapado de Cuba.

Ahora al regresar tenía el derecho a todas estas maravillas había que aprovechar aquella oportunidad y no desperdiciarla jamás, no creía en lo que veía, habían pasado solamente dos años y mi estatus había cambiado tanto, que aunque mis bolsillos estuvieran vacíos de dólares el solo hecho de ser turista, había propiciado que mi vida en este país, tomara un rumbo completamente diferente.

Nos levantamos tempranito en la mañana y un bici taxis tomamos para llegar al Parque Central, donde nos esperaba el ómnibus que nos llevaría hacia la playa de Varadero en el viaje nos detuvimos en un paradero donde inteligentemente habían puesto un lugar cerca de Santa Cruz del Norte algunos animales con el solo hecho, de entretener a los turistas y de buscar un motivo de descanso, para aquellos visitantes ávidos de Cuba, su historia, su escasa flora y su aniquilada fauna.

Estuvimos una media hora contemplando todo aquel lugar entre unas viejas gallinas de guineas, cuatro faisanes, una jicotea y un tanque con unas destructoras clareas dentro…. "aclaración "Clarea.- Un Pez traído desde Tailandia cruzado en Cuba con el pez gato y que puede abandonar su hábitat acuático para convertirse oportunamente en un animal terrestre alimentándose de todo ser viviente que encuentre a su paso y que le quepa por su enorme y elástica garganta"

Allá al frente, contemplamos las apagadas chimeneas de la fábrica de ron Habana Club que en silencio trataba de pasar desapercibida y muy callada desde la distancia como un coloso maravilloso que en un tiempo grande fue, estábamos ya al sucumbir de aburrimiento y fastidio, cuando el chofer al darse cuenta de nuestra desesperanza, nos instó a subir al ómnibus para continuar el camino rápidamente hacia la linda playa de Varadero.

Bueno en un pestañazo llegamos al Hotel Caguama lugar para turistas y muy exclusivo en Varadero donde pensamos pasar nuestras pequeñas vacaciones.

Increíble lugar, como podíamos pensar que en menos de escasos minutos la vida podía dar un vuelco tan radical y que en menos de un suspiro estuviéramos caminando hacia bellas residencias llenas en sus patios de gallinas las que picoteando muy tranquilas se acostumbraban a la presencia y el andar diario de los turistas, seguras de no parar desafortunadamente en la cazuela de cualquier hambrienta cocina cubana

En fin, si podíamos llamarle turistas y de alguna forma a todos los que se encontraban en aquel lugar. El Hotel era visitado por nacionales que manejaban el dinero como si fuera el agua entre sus dedos, todo lo contrario a mí, que sabía el trabajo que costaba ganarse un dólar en los Estados Unidos, el comportamiento de aquellos era tan despreocupante con sus finanzas, que lo mismo gastaban en un banano como en un plato de frijoles negros, aquello no tenía límites ni medidas y así y de esta forma pude comprobar el ansia reprimida que tenía toda aquella gente, en vivir un poco lo que el sistema les había quitado durante tanto tiempo.

Como obtendrían la divisa, pienso que el que más y el que menos tiene un familiar fuera del territorio nacional y familiar que no escatima de seguro en molerse los huesos trabajando por tal de darle a aquellos que viven dentro de Cuba y bajo un régimen dictatorial y terrible, un poco de felicidad, el gobierno sabe eso y determino producto de las escaseces de divisas hacer algunas concepciones con todos aquellos que tuvieran las posibilidades para pagar algunos de estos servicios, los que fueron vedados por mucho tiempo para todos los nacionales que tuvieran o no posibilidades económicas para disfrutarlos.

Yo rompiéndome el lomo para lograr mi Sueño Americano y muchos en Cuba viven mejor que yo a costillas de todos aquellos que se pasan la vida arañando el suelo por tal de mantener una forma de vida, muy lejos de la real en aquellos que como familia viven en el fingido paraíso del sacrificio ajeno. Sueño americano acaben de entender que aquí todos vivimos con nuestros sacrificios a cuesta y cueste lo que nos cueste, el que no trabaja no come y si no se pagan las deudas que a cada minutos contraemos en este país vamos a parar a la calle o quizás a dormir debajo de un puente.

Señores basta ya, bájense de esa nube que el extranjero no es Cuba aquí hay libertades pero hay que pagarlo todo, renta, médicos, escuelas y hasta las medicinas.

Un firme Propósito

Muchos se peguntarán si yo seré comunista, pues no, solo he tratado de partir siempre la naranja al centro, pues durante mucho tiempo critiqué los malos ejemplos y uno de ellos ha sido el abuso y la desconsideración de algunos personajes que viven en Cuba, con aquellos familiares amigos o simplemente conocidos que residen fuera del país.

Estos piensan de que nosotros solo con el hecho de estar en los Estados Unidos o en otros países automáticamente somos dueños de inmensas fortunas y que el dinero nos viene del cielo como si fuera una lluvia interminable de constantes estrellas pero si de verdad conocieran el sudor el sacrificio y las penurias que nos cuesta el solo hecho de pagar una renta y mantenernos para vivir decentemente debajo de un pequeño techo cambiarían de seguro, su forma de pensar, blandiendo el concepto de familia o de amigos, utilizan la eterna bandera de la necesidad, a favor de sus irreales y rimbombantes deseos y en vez de luchar en contra del sistema que los está apabullando y reduciendo durante cincuenta años a un podrido estiércol viven por el resto de sus conformes y miserables vidas alimentándose dentro de sus palomares como pichones con el buche ajeno.

Como me gustaría ver a todos aquellos que nos exigen sin el mínimo respeto los más costosos artículos, modernos teléfonos celulares, equipos de música, ropas de buena marca solo por lucir como payasos tratando de vivir de una forma ilusoria, en un país que su futuro es cada día morir más de hambre, como se las arreglarían trabajando aquí y pasar por momentos difíciles para obtener después de todos los sacrificios todas esas baratijas, pagando renta y seguro médico con horas enteras limpiando culos por apenas unos centavos, de sol a sol largamos el pellejo trabajando solo para mandarle a la mal llamada familia, más de lo que en realidad necesitan.

La verdad es que, es tan difícil para las personas de edad avanzada como yo, llegar a los sesenta años y vivir definitivamente la vida del emigrante en un país extraño, con otras costumbres y hablando otra lengua no es fácil para nadie la comunicación, puertas que se te cierran en tu misma cara por no manejar el idioma y en fin las posibilidades de avanzar día a día son cada vez más escasas, la realidad es otra y no es la maravilla que nos pintaban allá en mi tierra y que cuando llegamos a la verdad era muy diferente no se podía coger el salten por el mango, tenías que cogerlo por la candela aunque se te quemaran hasta el tronco de los dedos.

En fin una buena mañana y esas de las que tengo yo con el negro que llevo dentro muy atravesado, cansado de tocar puertas para que me las cerraran de un tironazo en mi propia cara, me propuse ser uno más entre aquellos que luchan a brazo partido para no ahogarse en el mar de los deseos insatisfechos, me dirigí a las oficinas de mi comunidad y solicité mi admisión para el examen de la Ciudadanía Americana, cosa que a la verdad con mi avanzada edad y sin conocer muy bien el idioma a todos les parecía otro paso de locura.

Te imaginas el cerebro endurecido de una persona que había dejado sus estudios muchos años atrás, el comenzar de nuevo a frecuentar una escuela y prepararse para un examen que significaría el cambio total en la vida de un hombre y su familia en aquel país de extraños, solo el pensarlo era muy difícil.

Los días y las noches se juntaban entre sí, combinaba el trabajo con los estudios de aquellas cien preguntas para el examen de la ciudadanía, no dormía y aquellas ideas se hicieron cada vez más fuertes en mi mente, convirtiéndose en una constante obsesión, tenía que lograrlo pues de eso dependía un cambio total en mi futuro y en el de toda mi familia.

El tiempo pasó hasta que el día del examen llegó, los nervios en mi ya no existían sabía que de mi dependía mis posteriores beneficios y de qué forma cambiaria todo si obtenía de una vez mi Ciudadanía Americana, mi manera de pensar y de proyectar mis futuras ideas, de cómo mirar al presente y olvidar un poco aquel pasado de tantos sacrificios y de tantas desventuras, que me golpeaban contantemente y que había vivido durante tanto tiempo en aquella islita tan bella llamada Cuba.

Y llegó por fin el momento, la entrevista delante del oficial de inmigración impasible y seguro de sí mismo, el que con mucha amabilidad me mandó a sentar frente a él y después de hacerme algunas preguntas en Inglés, que se limitaron a como estaba el día, en que había llegado a la entrevista, si me habían traído o había venido solo en fin, parecía que quería suavizar el estado de nerviosismo y de templequeo que invadió mi cuerpo desde que vi frente a mí, aquel pequeño pigmeo por primera vez en mi vida.

Increíble cómo era posible que después de haber estudiado tanto, noche tras noche, no entendiera nada de lo que me decía aquel hombre, sus palabras se perdían entre sus labios y eran completamente inentendibles para mí, eran mis oídos o en realidad el inglés durante tanto tiempo estudiado, no había servido de nada, en fin agucé mis sentidos y fijé la mirada como un águila entre los labios de aquel que con sus contantes preguntas, acosaban mi intelecto y le partí hacia adelante a la fiera poniendo mi mano derecha en su escritorio y echándome hacia atrás en un gesto de comodidad, le dije en mi imperfecto y casi inentendible idioma inglés.

Es posible que usted repita su pregunta por favor, una mirada de águila lanzó hacia mi aquel pequeño hombre, e inmediatamente después y cambiando la vista hacia el papel que tenía delante, movió el lápiz sobre la aplicación rápidamente marcando uno a uno, todos los " Yes" y los "No" llenó todos los cuadros de mi solicitud para con esta acción naturalizarme como Ciudadano Americano, solo le bastó dos preguntas más una referente a la historia de los Estados Unidos y la otra, que contesté correctamente en un inglés bastante chamuscado referente a la política exterior del partido demócrata liderado por el presidente Barak Obama, me llevaron triunfante al "Congratulación".- Ya usted es ciudadano de los Estados Unidos de América muy sonriente y sin dientes en su parte inferior me dijo, prepárese para hacer el juramento a la bandera, en ese mismo instante me di cuenta que en realidad mi sentido auditivo para comprender el idioma no estaba tan herrado, el motivo era claro, me estaba tratando de entender con una persona que no podía pronunciar correctamente, por la falta de sus dientes en la parte inferior de su boca, jejejejeje mi inglés aprendido no era tan defectuoso.

Ese día la emoción inundo mi pecho como pocas veces en mi vida y a las tres horas exactas levanté mi mano, jurando por segunda vez en mi vida fidelidad a una bandera, primero a mi bandera natal, a la cubana desde que nací y ahora a la bandera de los Estados Unidos de América, convirtiéndome en un cubano americano más, uniendo con este hecho en sinceros sentimientos y lazos de amor a dos pueblos y dos tierras hermanadas para siempre, le correspondí con lealtad a este país que sin muchas objeciones me había aceptado como un hijo más, abriendo sus brazos y permitiéndome pensar, vivir trabajar y descansar por siempre, en su seguro y cálido regazo.

Sueños y Tribulaciones

La oruga convertida en mariposa comenzó a libar el dulce néctar del sistema. Imaginarme jamás un cambio en mí de tal envergadura. Atónito quedaba al ver como se convertía mi vida en una constante batalla. Y al fin encontré mi "Yo"

Después de tanto buscar la verdad descubrí el porqué de tanto sacrificio y el objetivo que tiene la doctrina al trabajo. Este es un país de familia, del sacrificio de todos y de unión extrema sin haber logrado estas primicias tendremos que hacer como decimos cuando nuestros proyectos no culminan de la forma deseada.

(Borrón y cuenta nueva)

Lograr la unión de la familia, luchar por un mismo objetivo, motivados todos en defender nuestros propios intereses, deja al descubierto la única forma y el secreto que nos ha impedido por siempre transitar hacia el triunfo verdadero.

Aplicar los resultados de aquel viejo proverbio africano que dice: "Con un solo palo no se hace el Monte"

Tener muy en cuenta los puntos anteriores y de esta forma. Se nos abren los caminos hacia la realidad y es cuándo único logramos dirigir nuestros primeros pasos para alcanzar el vestíbulo del verdadero Sueño Americano.

Amaneció nuevamente, arribamos a una nueva etapa como saltimbanqui ciego entre las sombras, sabemos que de algún lugar nos llegará la luz que llenará de estrellas esta interminable noche y con los claros del día y sin apenas cerrar los ojos, nos preguntaremos una y mil veces ¿en qué momento nos tocará el esplendor que apartará de nuestras vidas, la oscuridad que limita lo lógico y enmudece totalmente al sentido común?

Tantas penas y amores, agotado estoy de saciar mi sed en la fuente turbia de esas bellas ilusiones, cruentos engaños que aparecieron de la nada e hicieron mí existir en este mundo mucho más difícil.

Pero al fin dije basta y de un coletazo liberé mi mente pensé acopiar los frutos que surgirían del encuentro entre esos dos elementos, el agua y el fuego y después de todo, poder disfrutar de los beneficios de sus resultados finales.

La historia después de siglos se repite y nos quedamos todos como peces atontados ante el retumbar del trueno sumergido sin aparentes culpas en el silencio profundo de un lago de impotencias, soportando el confesarle a todos con rabia nuestras penas.

Seguro estoy que pondremos la mejilla para ser golpeada de nuevo por ese vulgo infame, que como en épocas anteriores quedara por siempre embadurnado con los olores de sus estériles sentimientos, los que hablaran por sí solo de la fetidez que emana de las ulceras podridas de ese mentiroso y vil sistema. Si mentiroso y vil, por años hemos permanecidos anonadados pensando en el irrefutable cambio y con nuestros corazones llenos de esperanzas, aguardamos por años sin razón el alumbramiento de una irreal y ansiada criatura y mientras esto sucedía, nos alimentábamos con miedo de las migas de otros con más suerte, rezongando en un mar de irreales ilusiones y muriendo poco a poco, ahogados de husmear entre desechos putrefactos y heces mal olientes.

Un salto en el estómago me provocó el llanto, a donde hemos llegado ¡barbaros! bestias incapaces que en un solo instante sucumben al cambiar sus ideas y cambian la cruz salvadora por el garrote vil de la impotencia, descabellada e incierta filosofía, inmundicia humana, cuanto castigo para nuestro pueblo que al fin y después de tantos años, despierta de su largo sueño ¡Dios mío!

Pero no pequemos con el error en nuestras mentes, pues estos años vividos son experiencias y espacios vacíos para aquellos que ni siquiera acercarse a la verdad pueden, hemos vivido años de engaños, de mentiras y de falsas promesas ¿cómo es posible que sigamos doblegados ante el monstruo y por miedo? solo alcancemos a depositar la mirada en el firmamento, rogándole a un Dios el milagro que perpetúe por siempre nuestra súplica, les aseguro que seremos felices, aunque paguemos con nuestra propia sangre para obtener nuestro pacto de felicidad aunque tengamos que mover por largo tiempo nuestro cuerpo al compás de esa confusa música.

Hemos recibido un gran castigo, pues pasamos por alto nuestra historia y al primer descuido, escapamos en estampidas tumultuosas de nuestra isla como cobardes liebres asustadas olvidando la esencia del propósito y echando al pozo del olvido todas nuestras tradiciones. Y al pasar el tiempo, después de enormes sacrificios en diferentes predios, creemos acomodarnos dentro de una irreal abundancia y junto a todas estas utópicas ilusiones, a cada paso que damos, llenamos a cada instante más los bolsillos, con toda la mierda que podamos, mostrándonos con aquella tierra lejana cada vez más indiferente, olvidándonos para siempre de aquellos que marcaron con su sangre nuestra bella y a su vez desdichada patria y evadiendo todo compromiso entre burlas y sonrisas con nuestra gente.

¡Pues no! ruidos de pasos rebotan en mi cabeza acompañados de puntillazos que producen en mi un amargo dolor, un dolor que desde siempre permanece vivo en mi interior, sin apartarse de mí ni un solo instante.

En mi sueño me introduzco en un desvelo total y con toda mi razón al rebasar a medias mi crisis, solo puedo confiar mi desesperación y mis pesadillas a la suerte.

Recuerdo todas mis ansias, alucinaciones y esperanzas de surcar el mundo dándoles a todos a mi alcance, un sorbo de vida sacada del fondo del baúl de mi verdad. Equivocado estaba y aunque encerrado en mí vivía permanecía el tiempo escondido en mi improvisado caracol solo con mis dedos pude alcanzar a la humanidad para conocer de sus dolencias, llamémosle así de esta forma dolencias, ya que aunque traté de mirarlas desde otro ángulo son solo eso dolencias. El odio, la indiferencia, la envidia, la avaricia aparejado de los insanos sentimientos, dan paso a un sinfín de razones mentirosas, virtudes o dolencias no sabemos qué pudrió a la humanidad, qué sentimiento o pasión desvió al hombre del verdadero camino desde el comienzo del mundo, desde la primera pedrada lanzada al vecino, desde la primera traición concebida en contra del intachable amigo. Pero en fin a pesar de todo les digo, en experiencias gané le doy gracias a Dios por el tiempo concedido, pues a pesar de todo sigo por la senda de las buenas intenciones, tengo mis propios motivos para brindarle a todos aquellos desmemoriados el amor que llega en torrentes a mi corazón, sé que aunque no me lo proponga al final de esta lucha venceré, claro está que les aseguro que tendré muy en cuenta los actos engañosos, de aquellos representantes de falsos sentimientos, que con sus actos cobardes, creen continuar manejando el destino de los demás como acomodados mentirosos, conformes con su falsa vida, dentro de su efímero e irreal castillo de naipes.

Recuerdos y Realidades

Quien de nuestra época no tiene una anécdota que contar referente a nuestros abuelos, viejos troncos que permanecían sentados en un sillón con su bastón listo para partir espaldas meciéndose pacientemente y saboreando después de una taza de negro café, uno de aquellos enormes tabacos o sencillamente, masticando dos o tres cigarrillos en su boca que después de un largo tiempo y mezclando la picadura con su propia saliva, arrojaban de un certero escupitajo a la escudilla que pacientemente, esperaba el acostumbrado acto en cualquier rincón.

Respeto o miedo que les podemos decir de aquel sentimiento, pero de verdad que la diferencia de épocas es enorme, la de ayer a la de hoy, será que todo se debe al desarrollo y los adelantos, los cambios y los nuevos conceptos al parecer, extrañamos la práctica diaria del bofetón en el momento preciso o el aleccionador regaño cuando más lo necesitamos.

Jamás se nos ocurrió decirles a nuestros mayores de llevarlos frente a la policía por aplicarnos cualquier método disciplinario por muy difícil que nos pareciera este para enmendar nuestra conducta y de seguro les digo que por muy duro que hubiese sido, jamás hubo tanta delincuencia como la que tenemos hoy en nuestros tiempos.

En fin, qué más podremos hablar de la actual y muy depurada educación, instrucción superior que constantemente enarbolamos como un logrado trofeo que lejos de ser el mejor es el deterioro brutal de una involución de aquella rígida educación formal, de la que todos estamos orgullosos y que desde la niñez, muy felizmente de nuestras familias todos heredamos.

Por años pensamos que al llegar a este país nos encontraríamos con un nivel educacional muy distinto, acorde al que debiera de existir en el país más poderoso del mundo, pero que lejos estábamos de la realidad.

Las constantes inmigraciones del tercer mundo y el bajo nivel de sus integrantes, sumado a la ínfima preocupación de nuestros representantes políticos por preservar el nivel educacional de nuestro pueblo, han sumido a este país en un abismo político económico educacional y cultural de tan baja envergadura, que si no se le encuentra una rápida solución a este asunto, en unos cuantos años más, nos convertiremos en el vertedero, de toda la inmundicia humana.

Como podemos observar y de eso no les quepa duda, a través del tiempo hemos visto que no solamente nos han atacado los distintos grupos radicales con sus actos de terrorismo como el efectuado últimamente en la ciudad de Boston, eso no es solo lo que se nos muestra y vemos en la superficie de un mar revuelto en el que en su interior existen muchos más peligros que están escondidos a los ojos de muchos y que resultan mucho más peligroso para una sociedad que los ataques terroristas anteriormente mencionados.

La falta de nivel educacional tanto cultural como social invaden a este país desde el centro mismo de su medula espinal, sumiéndolo en una ignorancia descomunal que nos ha llegado de las constantes inmigraciones que como patos carentes de plumas en sus alas, vuelan trabajosamente hacia el lugar que según ellos creen, les brindará un seguro medio de vida y una consolidada subsistencia.

Claro está y de seguro que solo al llegar aquí chocan con la verdad, son víctimas de la explotación más cruel y salvaje del que se tenga conocimiento y esto los lleva a un mal aprovechamiento de sus más mínimas capacidades, este método es practicado contantemente por dueños de negocios, individuos sin ningún concepto de humanidad que actúan de una forma cruel solo por sacarles de sus espaldas, las más ínfimas ganancias e irremediablemente después de algún tiempo trabajando son convertidos en casi esclavos, recibiendo por su sudor un salario irrisorio.

Esto ha llevado a encuentros entre distintos grupos, solo creando una lucha interna contra todo lo que huela a inmigrante, asiáticos, latinos, chicanos, también americanos blancos contra indios centro americanos, todos seres humanos que en luchas raciales, destruyen sin equivocación las buenas maneras de este país, que aunque no le demos la importancia que el caso requiere, son un problema actual que se ha transformado a una peligrosa escala y en un latente desastre social.

Recordemos que vivimos en un país de emigrantes y que sus primeros colonizadores formaron parte de su población y dejemos de pensar que con el simple hecho de vivir en él, tenemos derecho de ser considerados naturales de esta gran nación, recordemos que los únicos oriundos de este lugar fueron los indios que nacieron en estas tierras y después de años de lucha hace mucho tiempo desaparecieron a la fuerza.

Creo que es responsabilidad y deber de todo el que sienta un poco de interés por la vida misma, ayudar a crear en este país una sociedad llena de virtudes de educación y de positivos y reales sueños.

Llenemos de amor nuestras vidas, de logros, de ciencias y de humanidad, dejémonos de luchar por la destrucción y encaminémonos a la construcción de una sociedad justa y para el disfrute de todos.

Basta de guerras, de luchas de poder, de sangre derramada inútilmente, hagamos lo que Dios pretendió cuando creo el paraíso y junto a este, en ese mismo instante vio que era necesario algo más al crearlo todo, ese otro ser para que juntos uniéramos la fuerza en una mezcla compacta de ingredientes positivos, para así continuar la vida misma, ese ser tan indispensable "La mujer".

Procreemos, construyamos, preparémonos preocupémonos por hacer más para todos y no llenemos de mentiras y de ignorancia nuestra bolsa, mezclándolas con toques de egoísmo y de arrogancia junto a sentimientos malignos utilizados en armar guerras y fortunas ficticias, estas dirigidas a beneficiar a algunos en este rio de maldades, para vivir de aparentes abundancias que son distribuidas en una sola de sus orillas.

Se detuvo el tiempo es hora de recoger las redes y contar los peces atrapados en los vericuetos de sus laberintos, pues las horas pasan y con ellas el tiempo de nuestra vida se agota, la existencia es una sola y va aparejada muy de cerca con el fruto de las cosechas.

La semilla utilizada sabemos que no fue la mejor, en el suelo escaseo el abono y desgraciado sea el tiempo perdido esperando que del cielo nos callera un poco de lluvia, que según pensábamos sería el elemento suficiente para alcanzar la buena cosecha y de ella obtener el esperado buen grano para continuar la siembra.

Esperábamos la paz, y también un poco de mesura, pero al contrario día a día la aguja sin descansar rechinaba encima de disco rayado y el tema se desgastaba de tanto escucharse en la misma victrola de turno.

El cansancio nos llega al colmo y sacudiendo la melena como un león herido, me lanzó al vacío sin importarme siquiera el súbito despertar del letargo en que me encuentro, sufro de pena y de incomprensiones de ignominias y de faltas de memoria, que pena que las vergüenzas hayan sucumbido en el silencio del tiempo y aquellas buenas acciones sirvieran solamente para atizar el fuego en un infierno de malas lenguas que acompañan en sus desatinos, al que se convierte día a día en un ciego a la fuerza.

Desde la época del surgimiento de la especie humana, el principal objetivo del hombre ha sido crear, poder construir en un mundo donde todos por igual disfrutemos de una sociedad verdaderamente justa y podamos obtener de esta, lo que nos ganemos, con nuestros propios esfuerzos.

El hombre cuando se siente libre en un país que le ofrece garantías tanto socio económico como políticas, puede rebasar todas las metas que se le imponga y de poder constar con el más mínimo de estos derechos, multiplicaría sus triunfos en una sociedad segura y completamente firme.

Con todas estas ideas y esperanzas puestas en un futuro mejor, la humanidad se incentiva a sí misma, se fortalece física y espiritualmente y a su vez, prepara el terreno para que fructifique sin demora la vida en cualquier nación, no darle libertad al hombre en el manejo de su propia economía, atenta en contra de sus más pequeñas aspiraciones, frenando de seguro el desarrollo común, aumentando la miseria y aún más el hambre a todo su derredor, conduciéndonos irremediablemente más allá de una abrumadora y terrible indigencia, por eso los pueblos agotados de tantas mentiras se revelan, buscan la democracia y junto a ella, la posibilidad de implantar en su ámbito el sistema perfecto, donde el individuo obtenga con su trabajo, la seguridad que para su vida y la de su familia tenga, el que se le considere a sí mismo el componente más importante, de la sociedad que compone.

Estamos en el umbral del momento y sé que de una vez y por todas llegaremos a la construcción de ese maravilloso proyecto, capaz de ennoblecer una nueva forma de vida, la cual nos llevara de seguro hacia la cúspide de una verdadera perfección.

Pienso que será muy importante para lograr este o cualquier otro proyecto, ensalzarlo con ideas frescas, ideas que logren perdonar y con el perdón junto a nuevas concepciones, evolucionen con inteligencia los sistemas, proyectos que estoy seguro nos llegaran de cerebros jóvenes que unidos entre sí, aplicaran planes serios y bien firmes dentro de una nueva y positiva corriente filosófica, que nos asegurara por siempre en este mundo, nuestra propia existencia.

Para muchos el comienzo de una era es la terminación de otra, para mí es todo lo contrario, significa el conjunto de varios eventos que al unirse todos entre sí, su resultado nos lleva a nuestros más ansiados objetivos. A través del tiempo hemos considerado que las emociones parten de una manifestación de sentimientos que nos vienen de no sé dónde, pero que influyen en nuestras decisiones y son muy capaces de transformar nuestros más anhelados proyectos.

Día a día se suscitan en nuestro medio hechos que transforman nuestro diario vivir, unos de un perfil favorable hacia nuestros deseos, otros van en una carrera cuesta abajo y sin paradas, dirigidos a deteriorar el concepto del triunfo en nuestros más desenfrenados pensamientos.

En fin, solo Dios sabe con qué nos premia en esta vida tan corta, sin dejarnos pensar en nada más que en el vivir con el egoísmo de acometer cuéstenos lo que nos cueste, nuestras más desenfrenadas y anheladas aspiraciones, o arriesgando y después de perderlo todo, acurrucarnos en un rincón para esperar segundo a segundo por un milagro que nos saque del estupor en que nos hemos metido, gastamos nuestras mentes en asuntos sin importancia, aquellos que en realidad no nos colmarán en nada con el fruto de lo real y verdadero, solo nos acercamos con esta actitud desde tiempos remotos, al deterioro erróneo de bellos sentimientos, alejándonos cada vez más del logro de algo que sabemos que existe, y a pesar de todo continuamos en un viaje hacia la nada a pesar de desear con toda nuestras fuerzas, encontrar aquellos sentimientos que perdimos en tan larga y sentida ausencia. Fallezco al ver que la fruta que maduramos en el árbol suspendida aún está, no estamos en primavera pues ya pasaron los momentos de gloria y llegan junto a nosotros, nuevos tiempos revueltos en hiel, crece no te derrotes, el hecho en el silencio es nuestra arma y nuestra fuerza en la palabra nos conducirá a la victoria.

El tiempo se nos acaba, recuerda que la vida es una sola, sorprende a todos y para lograr algo lucha con todo, la cosecha corre en el reloj del miedo, nos asaltan las dudas al arribar junto a nosotros misterios sin resolver, esfuérzate más y aprende de los golpes, pues estos son los únicos maestros capaces de enseñar.

Nunca comprenderemos la frustración que nos embarga al descubrir el no tener en nuestras manos, la solución de los problemas de aquellos que uno quiere.

No soy un loco, jamás he mirado hacia el lado contrario de lo que me ha tocado vivir, solo escucha el runrún del agua limpia y clara que corre entre mis dedos, aproxima tu boca a mis manos y si puedes, te invito a beber, pues jamás me interesaron las ofensas y solo te atraigo en lo adelante, a gozar de una paz dentro del consuelo de un verdadero y completo silencio. Un poco de sobriedad después de haberme detenido un tiempo en el letargo de un borracho en su mundo abstracto vuelvo a la realidad y me inmovilizo para recibir en mi piel el verdadero calor, he pasado mi vida montado en un carrusel de esperanzas y al final del camino, me encuentro como un ciego en una terrible encrucijada, sentimientos encontrados y vivencias que para muchos son fáciles de olvidar, el ser se sume a la esfera de la vida y trata de compartir con su prójimo las experiencias de su diario vivir, pero al paso del tiempo, mi desconfianza es incontrolable al no poder después de todo encontrar reciprocidad en nadie.

Me sumerjo de lleno en un lago helado donde depósito en sus negras profundidades mis tristes impotencias, ya me encuentro cansado y sin pretenderlo me convenzo de que después de tantos sacrificios, estoy sin los resultados esperados, y me retuerzo el cuello y desespero al realizar de inmediato uno y mil proyectos basados en prosperas ideas, que solo llegan a remover pobres y endebles contornos en quien uno quiere, pequeños espacios de materia gris que me rodean y me revientan la cabeza de tanto pensar, cuanto cerebro, cuanta fuerza desperdiciada en un punto imaginario donde fijamos la mirada y creemos poder combatir el eterno almohadón de plumas, que solo lleva a depreciar la esencia de la vida y perder en los brazos de Morfeo totalmente el tiempo.

Conocemos que los planes futuros se desvanecen en los sueños y sin pretenderlo, nos introducimos poco a poco en el vestíbulo de la nada y tomando un descanso me pregunto ¿Qué haremos para volver del limbo en que nos hemos sumergido? Como llegar a que entiendan que hay un solo mundo y que es el mismo mundo en que todos vivimos y que por mucho que nos escondamos dependemos de nuestros esfuerzos para lograr nuestras metas y llegar triunfantes a lo más recóndito del infinito, cuánto tiempo hemos perdido, cuantas ideas basadas en los sueños, en lo vano e insípido de lo incierto. Mirémoslo así sabemos que los buenos proyectos ocupan espacio y tiempo, la elaboración y el logro de nuestros planes nos llevan al final de una eterna carrera, que después de constantes sacrificios y con mucha paciencia, obtenemos al final de la siembra la anhelada cosecha, eso nos hace sentir realizados y nos forja para triunfar en este mundo, soportando día a día todos los absurdos.

Muchos no entienden que la vida es una sola y que el tiempo pasa, que los reales proyectos no son aquellos que están a la vista de todos, estos están llenos de fríos destellos que reposan en una lejana estrella que con su luz casi apagada, esperan por nosotros para ser descubiertos y recibir así el impulso que necesitan para ser dirigidos hacia la coronación.

Me he pegado al borde de la acera, vivo con todas mis experiencias vividas guardadas en el arca del olvido, permanezco mirando al suelo contando las gotas de lluvia que salpican el gastado y viejo musgo adherido al badén de mi espalda y me detengo en mi andar por la vida para reflexionar y preguntarme ¿Aclarara en esta eterna oscuridad que nos rodea un instante para dejar de llover esas falsas estrellas? No me visto de ángel no lo soy, solo soy un mortal que de tanto soñar y soñar muero al comenzar mi propio sueño, que pena estar ilusionado con algo que parecía real a pesar que según dice el sabio refrán, que Dios le da barba al que no tiene quijada.

Otros con menos llegan a más, solo es el desear y querer poner los pies sobre la tierra, tener paciencia para escuchar opciones y opiniones y no hacer ruidos innecesarios ni oídos sordos, pues desde la cuna nos enseñaron que del cielo jamás nos llegan los imposibles, pues de él solo nos cae lluvia, rayos y centellas.

El cubano, como integrante activo del mundo en que vivimos no escatima en esfuerzos para lograr un futuro mejor.

Pues bien, de esta forma yo, Abilio Trujillo y Martínez el verdadero autor de Tolomea, doy por terminada mi obra estimo que falta mucho por hacer y decir, pero eso se lo dejo a las nuevas generaciones, regreso a mis pensamientos a mis tranquilos sueños, a mis quimeras, a mis ilusiones y esperanzas de que pude haber tenido la posibilidad de llegar y aunque mucho luché, el tiempo pasó y me hice viejo para dentro de mi vejez jamás lograr la totalidad de mis ansias.- Esperanzas de poder vivir algún día bañado en mi tierra por las aguas de un refrescante y verdadero amanecer de libertad.

Mis propias conclusiones

Tenemos nuevas noticias, y basadas en ellas nuevas esperanzas, aquellas que muchos han esperado durante más de cincuenta años.

El día 17 de diciembre del año 2014 el presidente Barak Obama basado en una resolución Presidencial anunció a toda la población, que pretendía reanudar las relaciones entre Cuba y los Estados Unidos, suspendidas estas desde hacía más de cincuenta años.

Durante muchos días y en conversaciones sostenidas entre ambos gobiernos a espalda de la opinión pública internacional se habían puesto sobre la mesa de negociaciones los primeros 13 puntos de estos acuerdos, muchos años y que yo recuerde hemos esperado la solución de algunos de estos problemas, tanto de una parte como de la otra, estamos agotados de subsistir dentro de leyes absurdas y de eternas disposiciones bien agresivas por cierto que lo único que han obtenido que yo recuerde desde nuestra niñez, inundarnos de falsas promesas creadas por ambos gobiernos que solo han servido hasta el momento para abundar en la fortuna de unos y acrecentar el hambre y las necesidades desmedidas de todo el pueblo de Cuba.

No creo que las intenciones basadas en las buenas ideas con que se ha formado el actual proyecto del Presidente de los Estados Unidos lleguen a tener un éxito total, pues estas, están basadas en la democracia y se espera el proceder lógico con que reaccionaria cualquier sistema inmiscuido en él y que no fuera dirigido totalmente por las ideas únicas y retrogradas de un grupúsculo de personas, acostumbradas ya por muchos años a jugar con el futuro destino de todo un pueblo.

Démosle un pequeño bosquejo a la Historia de nuestra Cuba y recordemos a todos aquellos que con su sangre trataron de escribir en el perfil de nuestra nación y en lo fértil de nuestra tierra cubana, en las cárceles, en el estrecho de la Florida y en todos los lugares recónditos del mundo, las pequeñas pero patrióticas líneas que cada día abundan más en el sacrificio y la esperanza de la lucha por los derechos humanos y los pensamientos democráticos en la ya distorsionada historia de nuestro pueblo. Recordemos los pasajes auténticos de nuestra verdadera y real historia y después de analizar con detenimiento la misma, lancemos al Mundo una pregunta.

¿Acaso podremos confiar en la veracidad y la credibilidad de las acciones de gente, que han llegado a formar parte de un gobierno que, con su diario proceder, ha aplastado durante años las ideas y las acciones de aquellos que han tenido la osadía de criticar con fuerza sus miles de errores?

Mientras que los Castros y su claque gobernante dirijan los hilos del poder en Cuba,   sus acuerdos y   determinaciones carecerán de seriedad alguna, sin garantías de ningún tipo y solo trataran de obtener de esta coyuntura todas las ventajas posibles, haciendo prevalecer en todo momento su total egocentrismo en sus designios y por lo tanto, aunque se pretenda obtener de este consenso lo mejor, no esperen de él colaboración para reconciliación alguna, recuerden que no se puede mendigar valores, conceptos y menos preceptos, ni ideas, ni la sangre, ni el sudor y mucho menos. ´

La libertad de todo un pueblo.

Abilio Trujillo

Table of Contents